JEAN LAVIGNE

LETTRES
DU
VILLAGE

EXTRAITES DU

JOURNAL DE SAONE-ET-LOIRE

PRÉCÉDÉES D'UNE PRÉFACE

DE M. Jules RICHARD, DU *FIGARO*

TOME II — 1881-1885

MACON
IMPRIMERIE PROTAT FRÈRES
1885

LETTRES

DU

VILLAGE

JEAN LAVIGNE

LETTRES
DU
VILLAGE

EXTRAITES DU

JOURNAL DE SAONE-ET-LOIRE

PRÉCÉDÉES D'UNE PRÉFACE

DE M. Jules RICHARD, du *FIGARO*

TOME II — 1881-1885

MACON
IMPRIMERIE PROTAT FRÈRES

1885

PRÉFACE

Au temps où la France avait encore le droit de rire de ses malheurs, — car elle entrevoyait le moyen d'en sortir, — en 1849, en plein Paris, tout chaud encore des balles de juin, au théâtre du Vaudeville, on chansonnait les Parisiens qui voulaient faire la loi à la France. Les plus charmantes femmes du théâtre, sous les traits de la Gascogne, de la Normandie, de la Provence, de la Bretagne, de la Champagne, de la Bourgogne, de l'Auvergne et de cette regrettée Alsace, — que nous oublions trop au milieu de nos réjouissances républicaines, — déclaraient à Mgr Paris qu'elles ne lui obéiraient plus. Que, désormais, il n'eût plus à compter sur leurs vins, leurs victuailles et tous ces produits charmants qui font de la capitale de la France un véritable paradis terrestre. Et l'on applaudissait à tout rompre. Que les temps sont changés! Aujourd'hui la province continue à envoyer à Paris ses meilleurs comestibles et ses plus belles productions; elle lui prodigue même avec un peu trop de libéralité — sous forme de députés et de sénateurs — tous ses inutiles, tous ses ridicules, tous ses vani-

teux. Journalistes sans lecteurs, avocats sans clients, vétérinaires sans malades, agents d'affaires véreuses, médiocrités de toutes les espèces se ruent sur la grande ville et viennent y chercher fortune. Mais on ne rit plus et les Parisiens désenchantés se figurent que la province ne vaut pas mieux qu'eux ; ils croient la France perdue.

Non, la France n'est pas perdue et la province peut encore la sauver ; j'en atteste ce livre, pour lequel on m'a fait le grand honneur de me demander une préface. Son auteur, Jean Lavigne, est un Bourguignon, un Bourguignon de la bonne souche, ne se départant d'une bonne humeur d'excellent aloi que pour devenir ironique lorsque l'adversaire en vaut la peine.

Mais, direz-vous, pourquoi Jean Lavigne ?

Et pourquoi se cacher quand on a tant d'esprit ?

C'est que le pseudonyme est resté dans les mœurs du journalisme de la province, quelque chose comme le léger loup dont les femmes se couvrent le visage pour parler sans contrainte au bal masqué. Pseudonyme et velours ne cachent rien, mais la crânerie avec laquelle on les porte, la liberté qu'ils autorisent ajoutent un charme de plus aux agréments du discours. Il faudrait, certes, un triple masque à certains discoureurs que je connais ; celui de Jean Lavigne, au contraire, est bien léger et si peu impénétrable, que de la Nièvre à l'Ain, du Jura à l'Allier, de la Côte-d'Or au Rhône et à la Loire, tout le monde sait que Jean Lavigne, c'est Charles Deton, le courageux polé-

miste du Journal de Saône-et-Loire, *l'aimable et savant président de l'Académie de Mâcon.*

Alors, ajoutera-t-on, pourquoi ce pseudonyme répété sur le second volume des Lettres du village, *pourquoi ne pas rendre à César tout ce qui appartient à César ? C'est qu'aujourd'hui Jean Lavigne est à la fois Charles Deton et Jean Lavigne. La gloire du nom d'emprunt opportune et gêne parfois — il faut bien en convenir — celle du nom véritable. Nombre de paysans et de bourgeois, dans les foires et les réunions où son éloquence facile et persuasive est bien connue, saluent Jean Lavigne et se soucient moins de M. Deton. J'aurais voulu que ce nom, entre deux parenthèses décentes, apparût cette fois en petits caractères ; mais l'éditeur m'a répondu que cela ne se pouvait pas, je n'en ai pas moins enfreint la consigne dans la préface que le lecteur passe d'ordinaire sans la couper pour aller tout de suite au livre.*

Je ne suis pas d'ailleurs un de ces préfaciers pleins d'astuce qui se figurent en analysant les chapitres — dont ils doivent simplement annoncer la venue comme un coureur précède un grand seigneur, — qu'ils dispenseront le lecteur d'aller plus loin. A mon humble avis, une bonne préface ne doit jamais parler du livre qu'elle présente, elle ne doit parler que de l'auteur, de son talent, de ses tendances, de son milieu et du résultat qu'il veut atteindre. Avec M. Charles Deton, je ne suis pas embarrassé. Si je veux parler de son talent et de son érudition, je me rappelle tout de suite certain petit volume sur Maître Adam, *qui fut publié en*

1882, à Nevers. Ces plaquettes-là en disent toujours plus qu'elles ne sont grosses. Elles ont l'air d'être la menue monnaie de l'érudition littéraire, tandis qu'au contraire elles en sont le véritable fond. C'est avec des travaux de ce genre qu'on a refait toute l'histoire littéraire du XVIe et du XVIIe siècle et compté pas à pas les progrès de notre belle langue française.

Professeur distingué déjà, quoique très jeune dans le professorat, M. Deton a jeté sa toge par dessus tous les obstacles qui gênaient son goût pour la liberté de penser et d'écrire. Et à cette occasion, on me permettra de réclamer en faveur de ces mots : « la liberté de penser, » dont on fait un singulier abus en en détournant le sens. Ceux qui s'en parent et s'en emparent ressemblent fort au geai qui s'habille avec les plumes du paon. Eh quoi! il serait libre penseur celui qui proscrit de la conscience publique la religion de la majorité, parce que la morale contrarie ses idées, tandis qu'il supporte d'autres religions et érige en culte intelligent les grossières plaisanteries de la franc-maçonnerie. Le libre penseur est celui qui aime et défend sa foi en respectant celle des autres. Le libre penseur, le vrai, est celui qui, sans souci de la forme des institutions, poursuit en tout et partout le triomphe de la justice. Certes, il faut un grand fond de désintéressement des choses de ce monde pour arriver à ce sentiment délicat et équitable qui nous fait distinguer avec lucidité et promptitude le moment précis où l'homme de parti doit s'humilier devant l'homme de bon sens. Je dirai ne point que M. Deton soit arrivé à ce degré de dépouillement humain. Il est homme de parti et vigoureusement imprégné de toutes les doctrines des hommes de son parti. C'est là sa grande force comme polémiste; c'est ce qui lui permet de ne point reculer d'un pas dans la lutte; de ne rien céder à ses adversaires, de les attaquer, de les forcer et de les réduire au silence. Cela ajoute des piments et des fleurs à sa logique et à sa gaieté; mais c'est aussi ce qui l'enchaîne à ses convictions. On a prêté — on ne prête généralement qu'aux riches et l'homme illustre dont je vais parler était riche en doctrinarisme — on a prêté à M. Guizot un mot féroce. « L'homme absurde est celui qui ne change jamais », aurait-il dit. Ce mot-là n'est pas le Confiteor d'un désillusionné; c'est le premier article de foi de la religion opportuniste. « L'homme logique est celui qui conforme sa conduite au progrès des idées et aux besoins des temps, » voilà ce qu'aurait dû dire où ce que l'on aurait dû faire dire à M. Guizot.

Il est certain que si Louis XIV et Louis XV revenaient, ils se méfieraient des gazettes et donneraient moins de publicité à leurs petits ménages civils. Il est probable que Napoléon Ier, rappelé sur terre par quelque avatar, malheureusement fort peu probable, utiliserait dans la conduite de ses armées les chemins de fer, les télégraphes et toutes les magnifiques inventions de la science moderne. « Il faut être de son temps, » c'est là la nécessité et l'obligation des gens qui veulent conduire les sociétés modernes. C'est qu'elles vont vite les sociétés d'à présent. Il y a 75 ans, on attaquait les rois au couteau, puis on a inventé contre eux la *mitrailleuse; aujourd'hui on les sape comme des citadelles et on les fait sauter avec de la dynamite. Soyez donc, lorsque vous tenez une plume, toujours votre contemporain avec des gaillards qui, dans le bien comme dans le mal, dans le mal comme dans le bien, font des millions de kilomètres à l'heure! C'est là le difficile. Aussi ce que j'aime dans M. Charles Deton, c'est qu'il est profondément contemporain; il résiste sur le fond, mais il est conciliant sur la forme. Il s'est tracé contre la révolution envahissante une ligne de défense qu'il ne déserte jamais. Qu'il gouaille un préfet en rupture de bon sens électoral, qu'il sangle un magistrat qui rend trop paternellement la justice, qu'il fronde un abus contre la liberté de conscience commis par un soi-disant libre penseur, c'est toujours dans le but d'arrêter la tourbe qui pousse à l'arrière; ce n'est jamais pour enrayer les nouveaux besoins de notre jeune société.*

Je le loue fort de ne pas être un doctrinaire, d'apporter dans sa politique une philosophie douce et conciliante. Qui sait par quels tempéraments le besoin d'ordre et de stabilité nous fera passer prochainement? Aussi est-ce au nom de l'ordre et de la stabilité qu'il faut défendre notre foi, notre code, notre armée et nos finances. Nous ne changerons jamais là-dessus et nous n'aurions plus besoin de changer si nous aimions tous également bien notre pays. Ah! si tous les Français l'aimaient d'un amour simple et dévoué, cette belle France si riche, si glorieuse, si gaie autrefois, et aujourd'hui si gênée, si dédaignée, si insouciante! Elle est cependant la même qu'il y a vingt, qu'il y a quarante, qu'il y a soixante ans ; c'est toujours la France de 1789, ayant besoin de justice et de liberté. Mais, hélas! les hommes de direction manquent en ce moment ou ne savent pas prendre en main les intérêts de leur pays. Ils sommeillent ou ils attendent.

Il faudrait que tous les départements eussent un journaliste comme Jean Lavigne ; mais pour cela il faudrait aussi que chacun eût un Charles Deton. Et en effet, le journaliste actuel n'est d'ordinaire ni un professeur ni un lettré ; c'est généralement un monsieur qui, n'ayant pas su faire ses propres affaires, aspire à diriger celles de l'Etat. Sous de tels directeurs, le journal n'en est pas moins devenu l'abécédaire politique dans lequel l'instruction primaire épelle presque gratuitement les principes de la bonne doctrine. Le journal est le catéchisme civil des couches nouvelles. Ceux qui ne savent rien enseignent à ceux qui ignorent tout. Jolie cuisine; mais il faut croire que le poivre n'y manque pas, car on boit rudement de bocks, de pichés et de litres pour avaler la prose radicale. Ce n'est donc pas un petit mérite, quand on dit la simple vérité, de savoir se faire comprendre des humbles tout en satisfaisant les appétits les plus surexcités des délicats. C'est le grand mérite des Lettres du village. *Leur premier volume avait beaucoup plu à Grenier, ce professeur illustre, ce maître en l'art de penser et de bien dire, ce paresseux charmant, ce lecteur infatigable qui a laissé si peu de trace de sa personnalité dans la littérature après avoir occupé une si grosse place dans la conversation, dans la critique parlée de son siècle.*

XII

Voici ce que je relève dans le Constitutionnel *du 17 janvier 1881. Il faut croire que la chose tenait bien au cœur du rédacteur en chef du* Constitutionnel, *pour qu'il ait — à son occasion — rompu son silence habituel et dérogé à sa négligence accoutumée :*

« *Aujourd'hui, je reçois un volume, tout un volume émanant du* Journal de Saône-et-Loire. *C'est un recueil des* Lettres du village *sous le nom — probablement un pseudonyme — de Jean Lavigne, opportun pseudonyme pour un Bourguignon; et je ne me pardonnerais point de n'en pas faire un éloge public.*

» *C'est de la politique sensée, franche et probe, mêlée d'une littérature saine. L'esprit en est légèrement réactionnaire, mais il n'y a pas de mal à cela par le temps de maladive action qui court.*

» *Le style en est charmant. Il n'a point l'emphase, le tortillage ni le lâché du journalisme actuel. Il est simple, pur, bonhomme, fin, narquois, comme il le sied à un compatriote de Bussy-Rabutin. C'est, toute proportion gardée, du P.-L. Courrier. Pesant nos paroles, nous sommes certain de ne rien surfaire. Et c'est du meilleur cœur que je complimente l'auteur de cette œuvre délicate.* »

C'est presque un brevet que ce certificat de Grenier et je n'y ajouterais rien si, dans la collection des hommages locaux rendus aux Lettres du village, *je n'avais trouvé le sonnet d'un notaire adressé à Jean Lavigne le lendemain d'une polémique avec le recteur de l'Académie.*

Le sonnet d'un notaire, il y a là de quoi faire rêver M. de Pontmartin. Oui, vraiment, un sonnet d'un notaire et pas mal troussé du tout! Certes Pétrarque en a fait de plus beaux, mais il contenterait bien des sonneurs de sonnets de ma connaissance.

A JEAN LAVIGNE.

> *Laisse au bon Petdeloup le métier d'insulteur*
> *Que veux-tu qu'il réponde à ton ferme langage?*
> *De la sottise humaine il n'est pas l'inventeur;*
> *Si le gros lot lui vient, qu'en peut-il davantage?*
>
> *Bien dit et bien pensé les* Lettres du village,
> *Vengeresses du Droit, du Bon sens, de l'Honneur,*
> *On les lit, on les choie et ce rare bonheur*
> *N'est pas payé trop cher de quelque infime outrage.*
>
> *Tu défends les petits contre les orgueilleux :*
> *C'est bien! Ta plume est fière et ton cœur généreux,*
> *La liberté pour toi n'est pas un mot sonore.*
>
> *Ton arme est la raison, ton but la vérité.*
> *Si Bazile fait rage et les flancs se dévore*
> *C'est que le clou tient bien quand ta main l'a planté.*

(G..., *notaire à* J...).

Avoir forcé le paresseux Grenier de mettre la plume à la main; avoir fait vibrer la lyre d'un notaire! Rien n'a manqué au succès du premier volume, et celui qui se prépare pour accueillir le second ne sera pas moindre. Il aura déjà eu le mérite en paraissant au jour le jour, lettre par lettre, dans le journal, de raffermir les convictions chancelantes, de tracer une voie aux bonnes volontés décou-ragées, de susciter les dévouements nouveaux, enfin d'être pour bien des gens le grain d'ellébore qui chasse de l'esprit les humeurs bilieuses et y ramène le calme et la confiance avec la joie et l'espérance.

Je puis donc terminer en rappelant que tout livre qui a son but et le remplit est un bon livre. Or, je vous l'affirme, les Lettres du village *ont un but et un but loyal et sain.*

3 juin 1885.

Jules RICHARD.

INTRODUCTION

Je ne veux rien ajouter à la préface que mon maître et ami Jules Richard a bien voulu écrire. Ce serait pour moi un voisinage trop périlleux. Tout au plus me permettrais-je de dire que mon éminent confrère a été pour moi trop élogieux : il a lu mes lettres avec les yeux de l'ami plus qu'avec ceux du critique.

Je demande aussi à partager ces éloges avec mes lecteurs dont les persévérantes sympathies m'ont soutenu pendant ces sept années.

Cette double observation faite, j'ajoute quelques brèves explications sur la manière dont a été composé ce recueil.

Comme dans le premier volume, j'ai éliminé toutes les lettres qui avaient perdu, avec l'actualité, toute leur saveur ou qui traitaient des questions agricoles. De deux cents lettres environ qui ont paru pendant cette période de

1881 à 1885, il en est resté à peine un tiers qui m'ont paru avoir gardé quelque intérêt.

Comme dans le premier volume, je n'ai pas observé l'ordre chronologique ; il m'a paru plus logique et aussi plus commode pour le lecteur de grouper ensemble toutes les lettres traitant le même sujet.

Et maintenant, chers lecteurs, je souhaite que vous réserviez à ce nouveau livre l'accueil bienveillant que vous avez fait au premier.

Jean LAVIGNE.

LETTRES DU VILLAGE

LES ROMANS DE M. DE LACRETELLE

L'OUVRIER GENTILHOMME — HISTOIRE D'UNE CABINE

A Monsieur de LACRETELLE

Député de Saône-et-Loire.

Si les électeurs vous étaient infidèles, si, dans deux ou trois ans, le scrutin de liste vous éliminait de la Chambre, vous auriez une ressource qui manquerait à beaucoup de vos collègues : vous pourriez entrer comme professeur de littérature et de style dans un lycée de jeunes filles.

Heureuses jeunes filles de posséder un tel maître ! Avec M. Paul Bert pour professeur d'histoire, M. Bouthier de Rochefort pour professeur d'orthographe, et vous, monsieur, pour professeur d'élégance et de belle littérature, un lycée de jeunes filles serait en peu de temps bien achalandé et défierait toute concurrence.

Je pensais à cela, l'autre jour, en lisant deux nouveaux romans dus à votre plume féconde. L'un, l'*Ouvrier gentilhomme*, a paru dans le *Henri IV*, l'autre, l'*Histoire d'une cabine*, est en cours de publication dans le *National*.

Je constate que vous êtes en progrès sur vos romans que j'ai précédemment analysés : progrès dans le grotesque, dans l'incohérence échevelée des situations, dans les bizarreries et l'incorrection du style. Je vais le prouver.

Dans l'*Ouvrier gentilhomme* j'ai remarqué surtout deux épisodes. Avant de les résumer je crois devoir avertir les parents de n'en pas permettre la lecture à leurs filles. Cette utile précaution prise, je commence.

Un ancien condamné politique, qui répond au nom de Maximilien, raconte à son fils adoptif ses souvenirs de déportation à Milianah : il fait ainsi l'exposé de ses misères :

« Nous étions en janvier, la saison des pluies en Afrique et de neige sur les plateaux. Je n'ai jamais eu si froid dans les moelles que dans ce pays du soleil. Quand la pluie cessa, *nous devînmes tous des bornes-fontaines et il coulait de nos têtes* UN PETIT RUISSEAU DE SUEUR *sur les faïences de nos appartements.* »

Le prisonnier passait son temps « à regarder les mouches. » De temps en temps un nègre venait avec sa sœur pour arracher les herbes de la cour. La négresse s'éprit du prisonnier, celui-ci résista d'abord. Puis... ici je laisse la parole à votre héros et je cite textuellement votre roman :

« La crétinisation devint si rapide, que de jour en jour je trouvais cette jeune guenon moins désagréable à détailler : *il me parut qu'il y avait encore de la femme dans cette adolescence noire ; j'appelai la philosophie politique en aide à ma convoitise ; je me dis qu'il était peu démocratique* de mépriser ainsi toute une espèce qui n'en peut mais de sa couleur : les sens s'éveillèrent, et je m'indigne en m'en souvenant, *elle fut à moi, ou plutôt je fus à elle.* ET IL Y EUT DES RÉCIDIVES MONSTRUEUSES. »

C'est navrant de songer que votre philosophie politique conduit à de tels résultats.

Le prisonnier eut ensuite des rendez-vous au clair de la lune avec la négresse, et il ajoute : « La lune la faisait blanche et il y eut des nuits où je la trouvai belle. » Le héros de cette idylle nous apprend qu'il abandonna traîtreusement sa négresse et il conclut ainsi :

« *Je suis vide* COMME UNE CANNE A SUCRE QU'ON A PRESSURÉE, *comme une chope qu'on enlève du plateau.* »

Coupeau, Lantier, Bibi-la-Grillade, tout le personnel de l'*Assommoir*, n'ont jamais trouvé de comparaisons aussi suaves. Votre héros dit encore avec une distinction que tout le monde appréciera : « Je te jure, mon fils, que TU ME CRÈVERAS LE BOYAU si tu vas tout à l'heure à ce club de désolation. »

Crever le boyau, voilà, je pense, un langage laïque et civique.

L'autre épisode n'est pas moins curieux, il se passe sous la Commune de 1871. Un de vos héros cherche sa fiancée, il finit par la retrouver à la prison de Saint-Lazare. Vous nous tracez alors un tableau écœurant de cette prison transformée en un lupanar des plus ignobles. Je regrette d'avoir à citer ce morceau, mais j'y suis obligé pour vous bien faire connaître, pour bien montrer à quelles conceptions monstrueuses votre imagination est descendue :

« Sibérien arriva à une des heures les plus échevelées. *L'entassement grouillait dans les dortoirs* transformés en immenses cabarets. La nudité était une des prescriptions de cet assemblage de hasard. *Les pâles voyous chantés par Auguste Barbier étalaient leur maigreur insolente et malsaine, à côté des opulences de chair de quelques odalisques des sérails parisiens* qui avaient trouvé à grignoter pendant le premier siège et s'étaient maintenues ou refaites depuis. *Les lits servaient de tables de festin. Tandis qu'on mangeait dans un coin, on faisait dans l'autre de la gymnastique amoureuse. La sueur qui se dégageait de tant de corps gluants et de respirations haletantes, se figeait en stalactites sur le plafond.* L'esprit faubourien envoyait ses saillies dans cette atmosphère morbide, tandis que les obus croisaient leurs détonations au dessus d'elles. *Le canon trouait un calembour.* Mais la gaité sinistre avait le dernier mot sur la mitraille.

« *Ce fut là que Sibérien retrouva sa fiancée. Elle était la seule qui eût conservé son vêtement.* »

Pouah ! que c'est ignoble ! J'en suit réduit à croire que vous avez calomnié la Commune et que tout le dévergondage qu'elle autorisa n'a jamais égalé les scènes conçues par le dévergondage de votre imagination.

L'*Histoire d'une cabine*, le roman que vous publiez en ce moment dans le *National*, nous offre des situations qui sont moins échevelées, mais tout aussi grotesques.

L'héroïne est une aventurière égyptienne qui traîne à sa suite tout un cortège d'amoureux épris de ses charmes, un évêque anglican, un nihiliste russe, un domestique qui joue les Ruy-Blas dans le genre grotesque, un mari qui abandonne sa femme pour aller avec cette sirène, en Amérique, dans le Texas, où ils doivent élever un troupeau de cent mille moutons, dont il sera le berger et dont elle sera la bergère.

Tout ce monde d'amoureux se retrouve sur un des paquebots de la Compagnie transatlantique et se dispute les faveurs de l'aventurière, qui ne cherche que la fortune. Le pasteur anglican, lord Painter, l'aborde et lui demande son nom ; elle lui apprend qu'elle s'appelle Rhamsès.

Je cite :

« Il s'extasia.

« Rhamsès, dit-il, comme les maris des momies que j'ai tirées après dîner du Sérapéum ! Rhamsès ! comme les constructeurs des Pyramides. Et avec ce nom, des yeux grands, rêveurs et souverains *comme ceux des Apis !* et qui me font oublier tout mon Deutéronome. *Vous aussi vous avez élevé une pyramide d'amour et dans mon cœur.* »

Là-dessus, Rhamsès annonce à lord Painter qu'elle le connaît : « Nous nous sommes vus dans *un cimetière très gai (sic)*, dit-elle. »

Le nihiliste est tout aussi curieux, il s'appelle le comte

Oblowitz et il nous apprend qu'il a encore « une douzaine de villes à brûler ; » en attendant, il se laisse enflammer par les charmes de Rhamsès à laquelle il donne ainsi qu'il suit la définition du nihiliste :

« Au fait, pour qui allez-vous chanter, princesse ? — Pour vous, monsieur, mais sous une réserve. — Laquelle ? — Vous m'expliquerez ensuite ce que c'est qu'un nihiliste. — Un nihiliste, c'est moi, madame. — Athée aussi, j'espère ? — Athée, nihil ! »

Athée, nihil, il était impossible de résumer plus brièvement toute la pensée du nihilisme : athée, nihil ! C'est trouvé cela !

Quant au quatrième amoureux, le domestique, il a des favoris, comme Jules Ferry ; il porte l'habit noir et la cravate blanche et vous achevez de nous le présenter en disant : « Il était Grec et s'appelait Paléologue, *et ce n'était pas un surnom.* » Ce Paléologue, qui est le préféré de l'aventurière, reçoit des pourboires de toutes les mains ; un jour, un des passagers lui donne 20 francs, Paléologue le remercie ainsi. « Il fut très digne. » — « Monsieur, dit-il, je descends des empereurs d'Orient (sic). » Et ce descendant des empereurs d'Orient empoche dignement les 20 francs.

Divers personnages complètent cette galerie de grotesques. Il y a « un monsieur qui rougit comme un poêle ; » un autre qui est « transparent comme un aquarium ; » un conférencier qui est pédicure et photographe ; un eunuque, retiré des affaires, qui garde un troupeau d'odalisques et « montre alternativement à ses brebis un sourire et un yatagan ; » enfin un patriarche « qui ne cause qu'avec son immense barbe dont il caresse sans cesse les ondes. »

« Son système (au patriarche) était de laisser vieillir les questions qui finissent par se rendormir. » Ce patriarche ressemblait singulièrement aux députés d'à présent.

Je termine cette revue par deux petits tableaux d'un comique achevé. Voici le premier :

« Lord Painter revit Rhamsès dans une loge des Folies-Bergère. Le spectacle finissait. Elle était sans cavalier. *Elle glissa vers une voiture. Il ne la rejoignit qu'au moment où elle filait sur ses roues. Il se jeta sur les siennes.* »

Voyez-vous ces deux amoureux chacun sur leurs roues. Ce n'étaient plus des amoureux, c'étaient des vélocipèdes.

Dans *Monsignore*, j'avais trouvé le *moustique provocateur*; dans l'*Histoire d'une cabine*, j'ai rencontré le pendant : *les ânes folichons*.

Rhamsès et un de ses galants se promènent, comme c'est l'usage en Egypte, à dos d'âne. Vous racontez ainsi leur promenade :

« Leurs ânes se frottaient l'un à l'autre et les faisaient se toucher du coude. Raymond se reculait quand ce buste qui avait dû être sculpté sous le Parthénon se penchait involontairement sur lui, et il grondait son âne. *Mais les quadrupèdes travaillaient à leur liaison.* »

Voilà des ânes qui n'étaient pas bêtes. Intelligents quadrupèdes !

Il va sans dire qu'on peut, comme toujours, collectionner dans vos deux romans tout un choix d'expressions baroques et de tours de phrases inouïs :

« Le canon trouait un calembour.

« Les bombes éclataient de rire quand elles trouvaient un enfant.

« Est-ce que la fumée fait évanouir monsieur ? — Léopold ne répondit que par une allumette.

« Je crains des arquebusades sur toi : *Je dis arquebusades parce que ce seront des buses qui te les enverront.*

« Messidor vit un fiacre devant lequel ruisselait un cheval. »

J'en pourrais citer comme cela une centaine. Mais je crois avoir assez démontré que, si dans vos romans le fond est toujours grotesque, la forme est toujours ridicule. Je ne pousserai pas la cruauté jusqu'à vous rappeler que le style c'est l'homme.

Je n'ajouterai qu'une réflexion. En 1848, nous avions pour représentant Lamartine et sa gloire rejaillissait sur le Mâconnais. Maintenant nous avons Lacretelle, et j'ai bien peur qu'on ne dise : Tel député, tels électeurs. Je crains bien qu'on ne se demande ce que peuvent être les hommes qui se font représenter par un tel romancier.

25 mars 1882.

II

COMME CHEZ NICOLLET

A Monsieur De LACRETELLE

Député de Saône-et-Loire.

On s'est joliment gaussé de vous et de vos insipides romans, monsieur le Député. Aussi, puisque le sujet plaît, je vais, à la demande générale, comme on dit sur les affiches des théâtres, et sans la permission de M. le Maire, vous consacrer encore quelques instants.

Je constate d'abord avec plaisir que vous commencez à être connu et apprécié de tous à votre juste valeur. Votre « main triste » (1) est aussi légendaire que le sabre de Joseph Prudhomme. Il n'est personne qui n'en rie dans le département. Il paraît même que vos collègues de la Chambre ont fait des gorges chaudes de cette coquecigrue. On m'assure, en effet, que vos amis de la gauche ne vous désignent plus que par le surnom familier et pittoresque de « TRISTE-A-PATTES. »

Voici enfin qu'un de vos partisans d'hier, jadis un de vos agents électoraux les plus dévoués, qui mettait à votre service tout le poids de sa plume, j'ai nommé M. Bellenand, directeur, rédacteur et propriétaire du *Journal de Tournus*,

---

(1) Après le 26 janvier 1881, M. de Lacretelle écrivit à ses électeurs qu'il avait voté, il est vrai, contre Gambetta et le grand ministère, mais « d'une main triste. »

vous assène un coup de massue. J'extrais de son article intitulé une insolence le passage suivant :

« Jean Lavigne, du *Journal de Saône-et-Loire*, fait la critique d'une œuvre de M. de Lacretelle, en vérité *de peu de valeur*.

« C'est son droit, et, assurément, *il ne nous viendrait pas à l'esprit de défendre le style décousu* et d'une moralité suspecte de l'auteur de l'*Ouvrier gentilhomme* et de l'*Histoire d'une cabine*. Mais Jean Lavigne termine cet article d'éreintement salutaire par des réflexions d'un goût plus que douteux, disons-le, — *insultantes* — pour les électeurs de la deuxième circonscription de Mâcon.

« Voici le passage que nous livrons aux commentaires des électeurs qui ont donné leur voix à M. de Lacretelle :

« Je n'ajouterai qu'une réflexion. En 1848, nous avions
» pour représentant Lamartine, et sa gloire rejaillissait sur le
» Mâconnais. Maintenant nous avons Lacretelle, et j'ai bien
» peur qu'on ne dise : Tel député, tels électeurs. Je crains
» bien qu'on ne se demande quels peuvent être les hommes
» qui se font représenter par un tel romancier. »

Ainsi, pour M. Bellenand, vos romans ont peu de valeur, leur style est décousu, leur moralité suspecte, et les « éreinter » c'est faire œuvre salutaire, œuvre pie. C'est déjà joli, mais ce n'est pas tout. C'est commettre une insolence, — le mot y est, — c'est insulter vos électeurs, à en croire M. Bellenand, que de dire qu'ils vous ressemblent, que de supposer qu'ils aient approuvé, en vous, le romancier.

Jamais, pour mon compte, je n'aurais osé pousser aussi loin l'insolence à votre égard. Quoi ! vos électeurs rougissent d'avoir pour représentant un feuilletonniste comme vous, et leur interprète en est réduit à alléguer pour excuse que « leurs voix se sont portées sur l'homme politique et non sur le romancier que bien peu d'entre eux connaissent. » Où trouver une condamnation plus sévère et plus éclatante de vos œuvres ? Que votre main a dû être triste en ouvrant ce journal !

Il y aurait bien à rire un peu sur cette distinction que le journaliste tournusien établit entre l'homme politique et le romancier. Dans la comédie de l'*Avare*, il y a une scène de ce genre. Maître Jacques dit à Harpagon : « Est-ce à votre cocher, monsieur, ou bien à votre cuisinier que vous voulez parler, car je suis l'un et l'autre. — C'est à tous les deux, répond Harpagon. — Mais à qui des deux le premier ? — Au cuisinier. — Attendez donc, s'il vous plaît. » Maître Jacques ôte sa casaque de cocher et paraît vêtu en cuisinier. Et Harpagon de s'écrier : « Quelle diantre de cérémonie est-ce là ? »

Je répondrais volontiers, comme Harpagon, à ceux qui veulent faire jouer le Maître Jacques, et qui distinguent en vous le cocher du char de l'Etat (vieux style) et le cuisinier des feuilletons épicés. Mais je n'insiste pas, car cette distinction n'a plus, à l'heure actuelle, aucune importance. Vos électeurs sont aujourd'hui convaincus que la « main triste » de l'homme politique ne vaut pas mieux que la main égrillarde et folichonne du romancier, et qu'on peut les mettre toutes les deux dans le même panier.

Cela dit, permettez-moi d'amuser encore mes lecteurs à vos dépens. Vos romans sont une mine inépuisable de balivernes fantastiques et phénoménales,

Et le champ ne se peut tellement moissonner
Que les derniers venus n'y trouvent à glaner.

Je ne puiserai cette fois que dans l'*Histoire d'une Cabine*, votre feuilleton en cours de publication dans le *National*.

J'y ai rencontré quelques épisodes bouffons qui achèveront de vous faire connaître. Voici d'abord l'*Amour e l'Astronomie*. Un bal est organisé sur le paquebot le *Téléphone* un couple valse amoureusement ; voici le dialogue :

« — Fais-moi valser dit-elle.

« Il n'osa pas refuser et ils tournèrent.

« Dans les intervalles :

« — Où passes-tu donc tes nuits ? lui demanda-t-elle brusquement.

« *Mortimer reçut cette douche.*

« — *J'étudie l'astronomie sur le pont*, répondit-il. Nous commençons à changer d'étoiles. C'est merveilleux.

« — Viens me prendre quelquefois, *tu me donneras des leçons.* »

Voilà un mode de conversation à recommander aux jeunes filles qui feront leur éducation dans les lycées nationaux.

Passons à un autre tableau : *Le photographe incongru.*

Un mari est en conversation criminelle avec la princesse qui s'appelle Rhamsès, « comme les constructeurs des pyramides. »

Voici la scène :

« Il se penchait sur elle, et avant de la relever il embrassa ses cheveux. Il lui prit les mains qu'il baisa très vite. *Le groupe était harmonieux sous l'astre.*

« — Ne bougez plus, s'écria Savalle.

« Mortimer bondit.

« Savalle était infatigable dans son zèle pour son patron et pour son art. Il avait été chercher son appareil et l'avait monté, et, cachant sa tête sous le manteau protecteur, *il tirait tout ce qu'il pouvait du rayon blanc.*

« *Il entrait dans une églogue adultère et la gênait.*

« — Vous êtes admirablement placés, continua-t-il, et vous ne voudrez pas empêcher un pauvre diable de produire un chef-d'œuvre. »

Très amusant ce photographe. Je vous engage à prendre un brevet pour le procédé. On pourrait gagner de l'argent en l'exploitant lorsque la loi du divorce sera votée. Pas besoin de commissaire de police pour constater le flagrant délit d'adultère. Un photographe suffit. Procédé Lacretelle, breveté s. g. d. g.

Voici maintenant le *nègre gratuit, obligatoire et laïque*. Lord Joñathan Painter est égaré dans une forêt de la Martinique. Il rencontre un nègre. Je vous laisse la parole :

« Il se hâta pourtant de dire d'un ton interrogatif :

« — M. Odell ?

« Le nègre salua de son bonnet et répondit : — Toujours devant vous. Encore cinq kilomètres. Prenez garde aux serpents. Avez-vous de l'alcali ?

« Painter demeura interdit devant la pureté de sa prononciation et n'osa plus tutoyer l'homme. Il n'entrait pas dans son plan de se faire accompagner.

« — Vous parlez français mieux que moi, répondit-il.

« — Jeunes et vieux, dit le nègre, nous allons à l'école primaire, *et nous sommes tous pour l'instruction primaire, gratuite, obligatoire et laïque. Je suis abonné au Rappel.* Vive la République !

« — *Et on dit que la France ne sait pas coloniser !* murmura Painter. »

Que M. Bellenand vienne prétendre après cela qu'il faut séparer en vous l'homme politique du romancier. L'homme politique fait de mauvais romans et le romancier fait de mauvaise politique. Les deux font la paire ou plutôt ne font qu'un.

Je ne m'étonne plus maintenant qu'on ait mis tant d'obstination à voter la loi sur l'instruction gratuite, obligatoire et laïque puisque tous les nègres de la Martinique en sont partisans et lisent le *Rappel* en fendant du bois.

J'arrive à la *Charmeuse de serpents*. La fille d'un pasteur protestant, miss Edith, arrivée depuis un an à la Martinique, a trouvé le moyen d'égayer sa solitude en se faisant une société agréable des *boas constrictors*, des serpents à sonnettes, et comme elle n'est pas égoïste, elle fait partager ses plaisirs à des amis. Je cite :

« Je me suis reproché de vous laisser en danger, mylord. Vous pouvez encore vous croiser avec des serpents. *Ils sont mes amis et je vous présenterai. Je les crois formalistes.*

« — Vos amis ?

« — J'estime qu'il convient d'en avoir toujours dans son voisinage. Surtout ne me croyez pas savante. *Je les ai gagnés par la plus basse de leurs passions. Je leur apporte du lait chaque matin.*

« Elle fit un petite grimace mutine et siffla comme un jeune merle.

« Des notes stridentes lui répondirent.

« Deux boas sortirent des rangées de cannes, passèrent devant les trois voyageurs sans s'arrêter et vinrent s'enrouler autour du buste et du cou d'Edith. *Ils étaient lourds et trouvaient moyen de ne pas peser.* »

« Etre lourd et trouver moyen de ne pas peser, » voilà une découverte que je me permets de recommander à toute l'attention de votre ancien ami, M. Bellenand. Je termine cette galerie de tableaux grotesques. J'ai gardé pour la fin le *Bouchon nouveau modèle*, procédé Lacretelle, toujours breveté s. g. d. g. Lord Jonathan Painter est dans un canot avec deux matelots, Dyck et William. La petite embarcation fait eau et menace de sombrer. Lord Painter s'en aperçoit. Je cite :

« Il y a une voie d'eau à la cale.

« — Dyck, *voyez à l'aveugler*, dit-il avec un flegme tout à fait national.

« Dyck tâta avec la main.

« — C'est un trou, fit-il.

« — Un guet-apens alors. C'est très drôle, reprit Jonathan. Bouche-le provisoirement avec ton pouce, pendant que William cherchera.

« Il avait besoin de la bonne humeur de ses compagnons.

« — *Assieds-toi sur le trou*, dit-il à William, LE BAS DE TES REINS EST PLUS DÉVELOPPÉ QUE TA MAIN.

« Ils rirent.

« William s'assit, l'eau arrivait moins.

« Elle s'était d'abord retirée devant l'*obstacle* (le bas des reins), *puis elle avait trouvé une nouvelle issue dans les intervalles*. (Où çà, mon Dieu?). Elle arrivait beaucoup plus lentement, *mais elle se glissait sous les chairs du matelot.* »

Quel supplice pour ce pauvre matelot! Y avez-vous songé, monsieur le Député? Figurez-vous qu'au lieu d'être sur le velours des fauteuils du Palais-Bourbon, le bas de vos reins soit dans la même position que celui de ce pauvre William, que les cœurs et les mains de vos électeurs seraient tristes en pensant à votre martyre! Je ne puis y songer plus longtemps, et je me hâte d'arriver à cette collection de fleurs cueillies dans l'*Histoire d'une cabine*.

RECUEIL DE PHRASES A L'USAGE DES NÈGRES PARTISANS DE L'INSTRUCTION GRATUITE, OBLIGATOIRE ET LAÏQUE, *par M. H. de Lacretelle.*

« Celui-ci *fut un peu étonné quand il vit entrer ce veston sous lequel il y avait un évêque.*

« Vous y serez respectée comme une vestale dans son puits.

« Elle le regarda d'une façon *qui aurait embarrassé Jupiter.*

« *La lune ne vieillit pas* et ne fait pas comme moi qui ai gagné un an en deux jours. Et lorsqu'on les a gagnés, on ne les perd plus. Je suis navré.

« Il aurait fait cent verstes à pied pour restituer un rouble et *il attendait les voyageurs au coin d'un ukase (???)*

« La chaleur se concentrait dans l'ombre versée par les manguiers. *On entendait l'écorce se fendre* ET LA TRANSPIRATION DES SINGES COULAIT DES BRANCHES. »

Il faut croire que la transpiration des singes est plus commune que la sueur des députés.

Pour finir, monsieur, je vous engage à aller, aux prochaines élections, poser votre candidature chez les nègres de la Martinique qui lisent le *Rappel* et sont partisans de l'instruction gratuite, obligatoire et laïque. Eux seuls sont capables de vous comprendre et de vous apprécier.

1er avril 1882.

III

MIEL ET VINAIGRE

AUX LECTEURS

C'est à pouffer de rire !

Jamais on ne vit aventure aussi plaisante. Figurez-vous que le rédacteur en chef du *Journal de Saône-et-Loire* a reçu de M. Henri de Lacretelle la lettre suivante :

« Chambre des députés.

Paris, le 4 avril 1882.

« Monsieur,

« J'ai reçu vos deux numéros de jeudi et de dimanche.
« *Mille remerciements.*

« Henri de Lacretelle. »

Les deux numéros désignés dans la lettre ci-dessus sont ceux qui contenaient mes critiques sur les deux derniers romans de M. Henri de Lacretelle, on les lui avait envoyés avec empressement. Et M. Henri de Lacretelle m'en remerciait ! Quelle bonne pâte d'homme ! Que de grandeur d'âme dans cette courte épître ! Ou quel trait d'esprit dans ces mots : « Mille remerciements ! »

Cela valait mieux que les œuvres complètes du député de Tournus !

Ainsi pensai-je, lorsque je vis une autre lettre adressée à M. Bellenand celle-là. Quelle différence ! Toujours la bataille des deux mains ! La « main gaie » avait écrit au *Journal de Saône-et-Loire*; la « main triste » avait écrit au *Journal de Tournus*. M. de Lacretelle, qui d'une main m'envoyait mille remerciements, déclare de l'autre main qu'il est habitué (l'habitude est une seconde nature) à mes épigrammes politiques et littéraires. Il est cuirassé, ça ne pique plus !

Mes épigrammes lui « semblent lancées par une main qui a manié la férule. » Je n'ai pourtant pas infligé de pensum à M. de Lacretelle ; si cela eût été en mon pouvoir, je lui aurais donné à copier plusieurs fois les œuvres de son père ou les *Méditations* de Lamartine dont il fut le disciple.

Enfin, M. de Lacretelle m'accable en déclarant que « mes épigrammes sont lourdes et lui sont légères. » Aurais-je donc trouvé « le moyen d'être lourd et de ne pas peser ? »

Aurais-je, sans le savoir, dérobé une de ses recettes à M. de Lacretelle, si lourd de style et si léger de caractère ? Non, M. de Lacretelle me mesure à son aune, et quand on est à son aune, on n'est pas grandi.

M. de Lacretelle garde d'ailleurs sa meilleure encre pour M. D. Bellenand.

« Je ne m'attendais pas, lui dit-il sévèrement, que le *Journal de Tournus* servît d'écho au *Journal de Saône-et-Loire*. (Pourquoi pas ?) Il décrète que deux livres de moi sont de peu de valeur. Je me souviens d'une *page charmante* que M. Bellenand m'adressait, il y a quinze ans, et où il formulait sur moi une tout autre appréciation. »

Dame ! il y a quinze ans, M. de Lacretelle n'avait pas encore publié le *Sylphius*, *Monsignore*, l'*Ouvrier gentilhomme* et les *Mouches sur le lion*. Voilà ce qu'on eût pu dire. Au lieu de cela, M. D. Bellenand répond héroïquement :

« La page charmante que veut bien rappeler avec tant de courtoisie M. de Lacretelle portait sur un tout autre sujet que sur ses romans, dont je n'ai jamais parlé. Il s'agissait d'instruction publique, et j'ai loué l'honorable député pour des propositions qui faisaient honneur à ses sentiments démocratiques. »

Il y a quinze ans ! y songez-vous, ô preux confrère ! Il y a quinze ans, c'était en 1867, M. de Lacretelle n'était pas encore député et ne pouvait pas faire des propositions démocratiques. Ou la chronologie de M. de Lacretelle ne vaut pas mieux que ses romans, ou votre mémoire vous sert mal. Le député de Tournus pourrait nous édifier à ce sujet en livrant au public cette « page charmante. » Dès l'instant où M. de Lacretelle l'a jugée « charmante » cette page, tout le public a brûlé de la connaître. Et si je faisais partie du comité électoral du député à la main triste, je lui imposerais comme une des conditions de son mandat impératif d'avoir à sortir de son portefeuille cette page « charmante. » Il en a tant publié qui ne le sont pas, ce serait une compensation !

Je reviens à la lettre :

« Quoi qu'il en soit, dit M. de Lacretelle à M. Bellenand, je ne relèverai qu'une boutade de votre mauvaise humeur inattendue. Vous dites que mes phrases sont d'une moralité douteuse. Je ne comprends pas. (Quand M. de Lacretelle lui-même en est réduit à dire qu'il ne comprend pas, ce n'est pas flatteur pour l'écrivain.) Un livre peut être immoral : les phrases dans la bouche de tel ou tel personnage, non. Pour juger une œuvre il faut attendre sa fin. Or, la publication d'un des livres dont vous parlez n'est pas terminée.»

Ce n'est pas seulement les phrases et le style de M. de Lacretelle qui sont d'une moralité suspecte, ce sont les situations de ses romans. Je n'admets donc pas cette distinction. Le député-romancier n'est pas plus heureux lorsqu'il dit qu'il faut attendre la fin de son œuvre pour la juger. En effet, le passage le plus immoral, le plus obscène, que j'ai cité, est tiré de l'*Ouvrier gentilhomme*, un feuilleton dont la publication est terminée depuis tantôt six mois.

M. de Lacretelle continue son essai de justification :

« Attendez donc pour condamner. J'ai la conscience qu'en faisant deux parts dans ma vie, j'ai toujours défendu, soit de la plume, soit de la parole, *la morale dans la famille* et la vérité dans la République. »

La morale dans la famille? C'est pour défendre la morale dans la famille que M. de Lacretelle nous présentait dans ses feuilletons le spectacle de la prison-lupanar de Saint-Lazare et nous décrivait avec une plume sadique les ébats écœurants, dégoutants d'un ramassis de femmes et d'hommes nus. C'est pour défendre la morale dans la famille qu'il imaginait des scènes à faire rougir le général Farre! Allons donc! Pourquoi, pendant que vous y êtes, monsieur le Député, ne faites-vous pas décréter que la lecture de vos romans sera obligatoire dans les lycées de jeunes filles afin qu'elles apprennent, à cette bonne école, ce qu'est la morale dans la famille? Est-ce donc là cette fameuse morale laïque et indépendante que personne n'a jamais pu définir?

M. de Lacretelle croit avoir trouvé un argument vainqueur en disant que trente journaux ont publié ses romans. Voilà vraiment un beau venez-y voir. Plus de deux cents journaux ont publié les feuilletons de Ponson du Terrail et les mille et une résurrections de Rocambole ont eu des centaines de milliers de lecteurs. Cela prouve-t-il que Ponson Tudérailles soit un écrivain à citer comme modèle?

Ce que je voudrais savoir, c'est combien de lecteurs ont adressé leurs félicitations aux journaux qui ont publié les feuilletons du député de Tournus. Ce que je voudrais savoir, c'est s'il s'est trouvé, à Paris, un seul critique sérieux pour oser louer les romans de M. H. de Lacretelle. Ce que je voudrais savoir, c'est s'il y a dans la rédaction du *National*, qui compte nombre d'écrivains des plus distingués, un homme qui ait lu le feuilleton en cours de publication et qui en approuve le style et l'intrigue. S'il s'en trouve un pour dire que l'homme qui a commis cette phrase : « La transpiration des singes coulait des branches, » est un écrivain sensé ; pour trouver que les tableaux des ânes folichons, du photographe incongru et du bouchon nouveau modèle, sont le produit d'une imagination rassise, j'achète, dès demain, la collection complète des œuvres de M. de Lacretelle et je m'impose, comme pénitence, de ne plus lire autre chose jusqu'à la fin de mes jours.

8 avril 1882.

IV

FRÉDÉRIC ET VOLTAIRE

AUX LECTEURS

Nous voici à l'époque où les jours sont le plus courts et où ils nous paraissent le plus longs. Le mois de novembre est le tunnel de l'année, on s'ennuie à le traverser. C'est le premier mois où l'on tisonne et où l'on réfléchit en regardant fixement, sans les voir, les bûches flamboyantes du foyer. Un livre gai ou émouvant est une ressource incomparable par ces temps-là. Mais les livres sainement gais sont rares et les occasions de rire ne sont pas fréquentes à notre époque.

Quant à moi, j'ai un moyen infaillible de me dérider. Lorsque l'ennui me gagne, j'ouvre un des livres de l'auteur de *Monsignore* et des *Mouches sur le lion*, et je ne suis pas longtemps sans rire. M. de Lacretelle a une façon particulière de faire du comique sans le savoir qui désarmerait la gravité d'un sénateur.

Le député de Tournus est un romancier comme il n'y en a pas. Chez lui, le fond vaut la forme. L'un et l'autre sont ridicules, ineptes. On ne peut pas imaginer des fables plus invraisemblables, plus grotesques, et on ne peut pas écrire dans un style plus décousu, plus cocasse.

Boileau faisait jadis aux auteurs ces recommandations :

N'imitez pas ce fou qui, décrivant les mers
Et peignant, au milieu de leurs flots entr'ouverts,
L'Hébreu sauvé du joug de ses injustes maîtres,
Met pour les voir passer les poissons aux fenêtres ;
Peint le petit enfant qui va, saute, revient,
Et, joyeux, à sa mère, offre un caillou qu'il tient.

M. de Lacretelle ne met pas les poissons aux fenêtres, mais il place ses héros dans des situations plus gênantes. Dans l'*Histoire d'une Cabine*, par exemple, une barque a une fissure par où l'eau s'introduit, le héros de M. de Lacretelle s'assied dessus et l'écrivain ne dédaigne pas de nous apprendre que l'eau entrait dans les chairs de son personnage. Le député de Tournus n'a pas pris de brevet pour l'invention de ce clystère original.

L'autre jour, j'ai lu un roman-feuilleton de M. de Lacretelle qui égale en invraisemblance et en ineptie, s'il ne les dépasse pas, ceux que j'ai précédemment résumés. Il est intitulé : *Frédéric et Vollaire*, et il a été publié en 1873. Je vais en donner une analyse fidèle et je souhaite qu'en la lisant, vous ayez, mes chers lecteurs, autant de plaisir que j'en ai eu moi-même en l'écrivant. Je n'invente rien, je fais une analyse littérale, et les citations sont la reproduction scrupuleusement exacte du texte de M. de Lacretelle.

J'ai cru nécessaire de faire cette déclaration, tant cette œuvre du député de Saône-et-Loire est, pour employer une expression à la mode, ruisselante d'inouïsme et de.... sottise.

Mais c'est assez de préambule, commençons.

Nous sommes en août 1740, à l'Université d'Heidelberg qui, nous dit l'auteur, « se drapait déjà dans sa célébrité. » Les deux personnages qu'on nous présente d'abord sont deux étudiants, Wilhem Gorlitz et Fritz Munster. En deux lignes M. de Lacretelle va vous édifier sur leur compte :

« Wilhem avait une maîtresse, *comme c'était son devoir*, et Fritz, trop insouciant pour se fixer, en avait plusieurs. *Mais leur amour n'allait guère au delà des bouffes légères des cheveux de leurs compagnes.* »

Wilhem et Fritz prennent part, en compagnie d'une troupe d'étudiants et de leurs maîtresses, à un pique-nique sur l'herbe, près des ruines du vieux château d'Heidelberg. On devise joyeusement. Ecoutez un des propos de Wilhem :

« Ma marraine s'appelait Frédégonde et mon parrain s'appelait Joseph. Ma marraine me fait partir du pied droit et mon parrain me retient du pied gauche. Je manque d'équilibre et, un de ces jours, je ferai une chute dans la gloire, et j'aurai la colique en montant à l'assaut. »

M. de Lacretelle n'avait pas, comme son héros Wilhem, une marraine qui s'appelait Frédégonde et un parrain qui s'appelait Joseph ; cependant il nous a révélé jadis qu'il avait une main gaie qui aimait Gambetta et une main triste qui votait contre lui.

Mais revenons au roman.

Fritz Munster a une cousine dont la « taille aurait entraîné à la valse un sexagénaire. » Wilhem en est amoureux, quoiqu'il ait une maîtresse, « comme c'était son devoir. » Mais la cousine de Fritz, Luise Munster, est fiancée au baron de Wilna. Luise vient se promener avec son oncle au château d'Heidelberg. Elle sème son oncle en route et rencontre Wilhem qui lui déclare sa flamme. En le quittant, Luise Munster tombe au milieu de trois étudiants ivres qui l'insultent. Wilhem entend ses cris, le filleul de Frédégonde et de Joseph part du pied droit et n'est pas retenu du pied gauche ; il arrive au secours de la jeune fille. Il apostrophe ainsi les étudiants : « Vous êtes une horde de lâches. Je ferai une statue pour un tombeau du premier qui s'avancera. » Un des étudiants menace Wilhem de son couteau. Ici, comme le récit devient tragique, je laisse la parole à M. de Lacretelle :

« Wilhem se secoua et ramassa le couteau. Les deux autres étudiants l'auraient écrasé *si sa chair n'avait pas été un bloc des rochers de la Forêt-Noire*. Il étendit horizontalement les deux bras, *dont l'un avait alors une arme pour appendice*. L'écartement fut si brutal que les malheureux allèrent à vingt pas en trébuchant. *Wilhem était sans le savoir un des petits-fils de Samson*. Il resta absolument maître du champ de bataille. *Ses prédispositions à l'apoplexie finale* lui avaient donné une énergie irrésistible. »

Bref, l'oncle de Luise arrive, on complimente Wilhem qui s'écrie : « Ne me félicitez pas tant, j'ai eu une peur atroce. » L'oncle et la nièce s'en vont, et tandis que Wilhem seul rêve à l'avenir, survient un troisième personnage. « C'était un homme de cinquante ans, vert comme un pampre. Il s'appuyait de la main gauche sur une canne d'or et un sourire allait devant ses pas. » Il aborde Wilhem et se fait connaître à lui en ces termes :

« *J'ai été grand duc, je ne parle pas de l'oiseau qui porte cette dénomination*. Après ça, on ne peut répondre de rien si le système de la métempsychose est le bon. Toutefois, j'étais prince régnant de Droschken-Oggersheim. *Connaissez-vous ça ?*

« — Parfaitement, monseigneur, dit Wilhem. Vous êtes Maximilien-Emmanuel ?

« — *Si on s'en rapporte aux pièces de monnaie de mes États.*

« Wilhem leva respectueusement son chapeau.

« — J'ai entendu parler de vos malheurs et de votre courage, monseigneur.

« — Ne me plaignez pas. Ils ont bien fait de me réformer. *J'avais à la vérité six cent mille sujets, ce qui faisait une assez jolie quantité de sujettes*, mais ma souveraineté me donnait une triste idée de l'indépendance du beau sexe. *Je n'ai jamais rien su refuser à personne et ma facilité à accueillir les sollicitations me tournait à phthisie.* Mon abdication m'assure vingt ans de plus. »

Bref, ce singulier prince qui se fait des revenus en vendant des titres est si enthousiasmé du courage de Wilhem qu'il lui offre gratuitement un brevet de comte. Wilhem accepte pour pouvoir épouser Luise et « pour ne pas donner une attaque de nerfs à ce vieillard découronné.» Mais l'oncle de Luise s'oppose au mariage, il refuse pour sa nièce le filleul de Frédégonde, petit-fils de Samson. Wilhem, de dépit, donne à sa maîtresse Gudule une promesse écrite de l'épouser. Il va réaliser sa promesse lorsqu'il reçoit un ordre de Frédéric le Grand qui l'incorpore dans un régiment de grenadiers. Wilhem part pour Berlin.

En route, il s'arrête dans une auberge de village; là, il a une querelle avec un conseiller aulique « qui l'a caricaturisé sous les étoiles, » il lui propose un duel. Le conseiller refuse, mais le gant est relevé par un de ses amis qui se trouve être, à point nommé, le baron de Wilna, le fiancé de Luise. Rendez-vous est pris pour le lendemain. Wilhem et le baron de Wilna vont se battre à cinq cents pas de l'auberge, sans témoins, lorsque arrivent le roi de Prusse et Voltaire qui s'offrent à leur en servir. Citons :

« Wilna avait relevé son épée.

« — Votre Majesté consentirait ? demanda-t-il d'un ton hésitant.

« — Allez, messieurs, dit le roi.

« Wilhem fut troublé d'abord par cet honneur qui lui arrivait. Puis, comprenant toute l'importance de se bien poser devant le roi, il se redressa et l'amour-propre lui tint lieu de la colère qui s'en allait.

« Wilna attaqua avec la politesse la plus scrupuleuse. *Son jeu avait l'air d'un discours de diplomate dans une conférence. Il* demandait peu pour obtenir beaucoup. *Il n'avançait que par des restrictions.* Mais il y avait la mort au bout de tous ces détours.... Wilhem se laissa aller à un des élans de sa supériorité musculaire et, par un écartement vigoureux, il enleva l'épée aux doigts du baron et la jeta sur l'herbe.

« — *Tiens ! ils jouent au furet du bois joli*, dit Voltaire. »

Ici M. de Lacretelle ouvre une large parenthèse et raconte, dans ce style bizarre qui lui est propre, l'origine des relations de Frédéric le Grand et de Voltaire. Tout serait à citer, je me borne à ce passage, qui contient le récit de la première entrevue entre les deux amis au château de Schoss-Moyland :

« Voltaire arriva le soir, par un clair de lune, au milieu des bois. Les soldats lui présentèrent les armes. On monta dans une chambre du haut. Sur un lit de camp, un petit homme grelottait en grand uniforme. C'était le roi. *Voltaire commença par lui tâter le pouls.* La fièvre tomba. Frédéric se leva ; le souper fut servi. Il y avait là Maupertuis et Algarotti. On parla de la liberté et *Frédéric proclama la République. On insulta l'immortalité de l'âme. Tout fut charmant.* Voltaire lut sa tragédie. Frédéric se pâma et conduisit Voltaire à la chambre d'honneur. »

On ne se figurait pas Voltaire voyant pour la première fois le roi Frédéric et commençant par lui tâter le pouls.

Reprenons l'abracadabrant récit. Après le duel, Wilhem est nommé lieutenant par Frédéric. Le deuxième témoin, Voltaire, intervient alors à son tour, veut savoir la cause du duel et demande s'il n'y aurait pas quelque histoire de femme là dessous. Wilhem explique son amour pour Luise et sa rivalité avec le baron de Wilna. Sur quoi, Frédéric le nomme capitaine. On avançait rapidement dans ce temps-là. Le baron de Wilna déclare alors à son rival qu'il renonce à la main de Luise.

Frédéric ne s'en tient pas là, il écrit à l'oncle Munster de venir le voir au château de Schoss-Moyland et d'amener sa nièce et son neveu. M. Munster arrive en toute hâte, et il est présenté au roi et à Voltaire qui, admirant la beauté de la nièce, fait ce compliment à l'oncle :

« — Mademoiselle votre nièce ? dit-il en montrant Luise.

« — Précisément, répondit Munster, ne comprenant pas qu'on fît intervenir la jeune fille dans une conversation presque didactique.

« — De *quelle essence supérieure ne feriez-vous pas les enfants, monsieur*, continua Voltaire, *puisque vous réussissez si bien les nièces !*

« Luise rougit. »

Il y avait de quoi, n'est-ce pas ?

Après ce préambule, Voltaire et Frédéric s'ingénient à obtenir le consentement de l'oncle Munster au mariage de Wilhem avec Luise. Le vieil oncle finit par se laisser fléchir et « le roi tira une flûte de son gilet et joua au pied des arbres ainsi qu'un berger de l'Arcadie. » Mais voici un contre-temps : Gudule, la maîtresse de Wilhem, a vendu une bible et volé un cheval pour venir à son tour au château de Schoss-Moyland. Elle s'introduit auprès de Voltaire.

Gudule montre à Voltaire la promesse de mariage que lui a signée Wilhem. Voltaire prend la défense de Gudule et d'accord avec Frédéric, ils marient Luise avec le baron de Wilna. Quant à Gudule, elle épouse le grand-duc.

Vous croyez que c'est fini ? Non, nous ne sommes encore qu'au tiers du roman. Mais cela est suffisant, il est temps de s'arrêter.

Avant de terminer, je veux, suivant coutume, enchâsser ici une collection de phrases que j'ai glanées dans ce roman de M. de Lacretelle ; c'est une sorte d'anthologie à l'usage des écoles laïques :

« Voltaire monta en chaise de poste avec sa rancune et sa tragédie de Mahomet.

« Pendant une demi-heure, il promena des alexandrins d'un angle à l'autre de sa chambre, s'arrêtant souvent pour les jeter sur la table.

« Le maigre cheval était dans le brancard de la carriole. Sa silhouette ne semblait pas rassurante. *C'était un vieillard parmi les quadrupèdes.* Ses jambes flottaient sous sa maigreur et sa robe blanche. *La route se déroula interminable sous la nuit et les petits trots.*

« Mon cœur est de la neige à sa seconde édition.

« L'épouvante ne terrassa pas l'indignation.

« Comment n'auraient-ils pas marché allègrement ? Ils allaient à la certitude. »

M. de Lacretelle résume une entrevue de Wilhem et de Luise dans cette phrase : « Leurs pensées nageaient dans une vaporisation ineffable. » Dans quoi peut bien nager la pensée de l'auteur de *Frédéric et Voltaire ?*

25 novembre 1883.

POÈTE ET SOUS-PRÉFET

I

MAUVAIS VERS ET MAUVAISE POLITIQUE

A Monsieur L. GOUJON,

*Ancien maire de Touches, ancien conseiller général, ancien poète,
aujourd'hui sous-préfet de Louhans.*

Il y a deux ans et plus que je vous ai vu pour la première fois, monsieur le Sous-Préfet. C'était pendant les fêtes Lamartine, à Mâcon. J'assistais en nombreuse compagnie à une conférence publique donnée au théâtre en l'honneur du grand homme mâconnais. Je vis soudain apparaître sur la scène un petit homme vêtu de noir et cravaté de blanc, raide comme la Justice et boiteux comme elle, la figure émerillonnée et ornée de lunettes, un manuscrit à la main.

Je demandai à un voisin quel était ce personnage ; il me fut répondu que c'était un M. Goujon, conseiller général par la volonté du peuple, et poète par la grâce de Dieu, qui allait faire l'éloge en vers du grand Lamartine. Nous n'avions ni Victor Hugo, ni Laprade, nous avions Louis Goujon. Faute de rossignols, il fallait se contenter d'un merle.

J'écoutai cependant avec attention. Louer Lamartine dans la langue poétique, c'était, après tout, une bonne intention dont il fallait savoir gré à l'auteur. J'écoutai donc, tout disposé à applaudir, mais ma bonne volonté ne trouva point à s'employer.

Une phraséologie banale et rimée, des images bizarres, des non sens pompeux, un style rocailleux et plein de cacophonies, voilà ce que je remarquai dans cette ode de deux cents vers psalmodiée d'une voix saccadée sur un rhythme monotone. Ah! monsieur le Sous-Préfet, quel supplice vous avez infligé alors à nos esprits et à nos oreilles. C'est en vain que vous aviez été chercher l'inspiration sur le lac du Bourget, près de l'abbaye de Hautecombe; pour vous, Phébus avait été sourd et Pégase rétif (vieux style).

Je vous entendis d'abord dire de Lamartine « qu'avant la gloire, *il couvait l'inconnu ;* » d'Elvire que c'était « un *être* maladif, frêle, exquis et nerveux ; » puis je vous ouïs résumer leurs amours en ces deux vers mémorables :

Mais le mort entendant l'écho de ces aveux,
Son virginal bonheur sombra comme un navire.

Et quelles singulières images vous aviez trouvées pour louer le grand écrivain, le sublime poète. Vous le compariez à une « gondole mystique, » à un arbre ; vous disiez que « son âme était sonore ainsi qu'un orgue immense ; » vous l'appeliez « un historien vibrant comme un bois sous l'orage. »

Plus loin, vous parliez de la statue :

Oui, dressez sa statue au pays des vignobles
Sous l'ombrage des (kaikeka) quais que caressent les flots.

Et cette apostrophe à la nature et au soleil :

O nature! souris autour d'un pareil bronze,
Soleil qu'il a chanté, verse tes rayons d'or
Sur tous ces flots humains! Laissons l'esprit du bonze
Loin des cieux constellés qu'a conquis *son essor.*

Konstellékakonki! kaikeka! quelle langue harmonieuse pour louer le poète harmonieux par excellence! Et puis, je sais que la rime est exigeante, mais était-ce une raison pour appeler Lamartine un *bonze?* Bonze, c'est-à-dire magot chinois ou japonais. Voilà une licence poétique qui passe les bornes.

Cependant, monsieur le Sous-Préfet, tout en ayant remarqué ces défauts, je n'avais point songé à en faire l'objet d'une satire méritée, d'abord parce que je vous savais gré de l'intention, et ensuite parce que vous aviez été juste pour Lamartine ; vous aviez rendu hommage à son courage politique, à son attitude en face de l'émeute en 1848, à sa générosité dont il fut la victime ; vous aviez dit cela en mauvais vers :

*Il doit avoir là-haut le salaire du fiel
Dont plus d'un ici-bas nourrit son agonie,*

Mais enfin vous l'aviez dit, et je vous en tenais compte ; je n'aurais certainement point pensé au poète si le sous-préfet n'avait pas fait parler de lui. Un poète sous-préfet, ce devrait être l'humanité dans la politique, une sorte de myosotis devenant roi des fleurs contraintes à lui dire : « Plus je vous vois, plus je vous aime. » Votre administration à vous, monsieur, est dure comme vos vers. Vous venez, dans un seul canton, de révoquer un garde champêtre, de révoquer ou de déplacer trois facteurs, d'enlever à plusieurs braves gens leur gagne-pain. Tout cela pour venger l'échec d'un de vos amis politiques, M. A. Saulnier. Il est vrai que ce candidat est poète lui aussi : les vers se mettent dans l'arrondissement.

Siècle de fer que le nôtre ! voyez où mène la poésie, à notre époque. Louhans a un poète sous-préfet, un poète candidat, et au lieu de s'unir pour produire un joyeux vaudeville ou quelque comédie lyrique, ces deux poètes s'entendent pour mettre à mal un pauvre garde champêtre ! Piètre destinée !

Quel était le crime de ce garde champêtre ? Il s'appelle Perrin, il avait trente ans de services ; depuis longtemps, il exerçait ses modestes fonctions dans la commune de Sainte-Croix, à la satisfaction de tous les habitants ; au 1er août, il s'est, dit-on, mêlé de politique, occupé d'élections en faveur d'un homme qui depuis trente ans représente son canton. Là-dessus, vous le révoquez, c'est la loi, je n'ai rien à dire ; j'ai cependant des raisons de croire que, s'il eût travaillé pour le poète candidat, on n'eût point cherché à le molester. Mais enfin vous appliquez rigoureusement la loi quand il s'agit de vos adversaires, c'est votre droit, vous en usez, je n'aurais rien à dire, je le répète, si vous vous en étiez tenu là.

Vous avez été plus loin ; plusieurs personnes, M. de Sainte-Croix entre autres, s'étaient intéressées à ce malheureux dénué de ressources et privé, sur ses vieux jours, de sa position, de son gagne-pain. Elles voulurent l'employer comme garde particulier ; elle s'adressèrent à vous, monsieur le Sous-Préfet, pour avoir l'autorisation nécessaire. Vous l'avez refusée et M. le Préfet a approuvé votre refus.

Soyez-en bien sûr, monsieur, Lamartine que vous avez loué en vers n'aurait point agi ainsi. Il n'aurait pas compris qu'on pût enlever à un homme son morceau de pain parce que cet homme n'a pas les opinions politiques du sous-préfet.

Croyez-vous, monsieur, que par ces mesquines vexations vous ferez aimer la République ? Est-ce ainsi que vous comprenez la liberté et la fraternité ? Est-il juste et fraternel de dire à un homme : Pense comme moi, ou je t'empêcherai de gagner ta vie ?

D'autre part, vous punissez ce garde champêtre à cause de son attitude et de son langage, dit l'arrêté préfectoral. Mais les bandits de la Commune que l'on a amnistiés sont bien plus haineux, bien plus violents dans leurs attaques contre

le Gouvernement, et cependant on les tolère et on les place...
quand on peut. Il y a plus, on interdit maintenant aux hommes d'ordre de rappeler et de flétrir les sinistres exploits des communards.

Le fait s'est passé dans l'arrondissement de Chalon et il vaut la peine que j'ouvre une parenthèse pour le raconter.

Un propriétaire de la commune de Bey, M. Etienne Margueritte, avait, en 1870, un frère qui était soldat dans la garde de Paris, ce corps d'élite chargé d'assurer l'ordre dans la capitale. En 1871, M. Jean Margueritte fut arrêté, pris comme ôtage par les communards et jeté en prison avec bon nombre de ses camarades. Lorsque l'armée française fut entrée dans Paris, les communards, ivres de sang et de rage, firent expier à tous ces braves gens les services qu'ils avaient rendus au pays ; ils les collèrent contre un mur de la rue Haxo et les fusillèrent sans autre forme de procès. Emu par la fin tragique de son frère, M. Etienne Margueritte lui fit élever un petit monument funèbre dans le cimetière de Bey. Il y fit placer cette inscription éloquente dans sa simplicité :

A la mémoire
de
Jean Margueritte, garde de Paris, né à Bey, en 1831, pris comme ôtage et fusillé par les révolutionnaires, sous la Commune, à Paris, rue Haxo, le 26 mai 1871.

Priez pour lui !

Ce monument lui a été élevé par son frère,

Etienne Margueritte.

Il y avait là un touchant témoignage de la piété fraternelle et un hommage rendu à un humble soldat de l'ordre. Quelques partisans de la Commune s'en alarmèrent, ils portèrent plainte à la sous-préfecture contre cette inscription, et peu de temps après M. Margueritte recevait de M. le Sous-Préfet de Chalon l'incroyable ordre que voici :

« Il appartient au maire de signifier à la famille, conformément à la loi du 6 décembre 1848, sur la police des cimetières, d'avoir à enlever l'inscription placée, etc. :

« 1º Parce qu'elle ne lui a pas été soumise au préalable;

« 2º *Parce qu'elle est de nature à troubler la paix publique;*

« 3º Parce qu'elle ne repose pas sur le corps du défunt.

« Faute par la famille de se conformer à cet ordre dans le délai de dix jours, le maire peut la faire enlever d'office.

« La signification doit être faite par le garde.

« *Le Sous-Préfet.* »

Ainsi, il n'est plus permis d'honorer les victimes de la Commune. En rappelant qu'il y eut en 1871 des révolutionnaires qui ont fusillé les ôtages, on trouble la paix publique ! En revanche, il a été permis aux journaux intransigeants, depuis plusieurs mois, d'entasser les accusations et les calomnies contre les vainqueurs de l'insurrection de 71, d'arranger à leur gré l'histoire de la dernière semaine de mai 1871, de mettre au pilori le maréchal de Mac-Mahon, M. Thiers, tous les ministres et tous les généraux qui ont contribué à délivrer Paris de ses sanglants oppresseurs. Ces sinistres déclamations, ces revendications sauvages sont tolérées, les assassins ont le verbe haut et les parents des victimes ne peuvent plus les honorer d'un regret et d'une plainte sans être accusés de troubler la paix publique. C'est ainsi que le loup de la fable accusait l'agneau de troubler l'eau de son breuvage :

Tu la troubles, reprit cette bête cruelle.

Attendons-nous à ce que quelque calendrier d'une religion laïque nous ordonne d'honorer Raoul Rigault comme un saint et Ferré comme un martyr.

Voilà où nous en sommes ! Si le garde champêtre de Sainte-Croix avait vilipendé M. Thiers et le maréchal de Mac-Mahon, vanté l'héroïsme de Ferré et de Raoul Rigault, j'ai lieu de croire qu'il aurait encore sa plaque.

Pour en revenir à vous, monsieur le Sous-Préfet, votre situation doit vous peser ; poète, vous avez été peiné, j'en suis sûr, de priver un malheureux de son pain ; républicain, il vous en coûte d'appliquer le système de l'empire en matière électorale ; panégyriste de Lamartine, vous devez désapprouver une politique que le grand homme mâconnais eût sévèrement condamnée. C'est pourquoi, si j'étais à votre place, je laisserais là l'habit brodé du sous-préfet et je m'écrierais comme le poète champêtre :

> *Qu'on m'apporte du houx*
> *Pour y percer trois trous !*
> *Oh ! la bonne musette, lon la !*
> *Du houx, du buis ou du sureau,*
> *Avec une peau de chevreau,*
> *Pour faire une musette, lon la !*
> *Pour chanter mes amours*
> *Tout le long de mes jours.*

Mieux vaut encore faire de mauvais vers que de mauvaise politique.

16 octobre 1880.

II

GERBES DÉLIÉES. — INSPIRATIONS DE VOYAGE.

A Monsieur Louis GOUJON,

Ancien poète, aujourd'hui sous-préfet à Louhans.

Il fut un temps où les poètes mouraient sur la paille, où ils expiraient dans le délire de leurs rêves brisés, sur un lit d'hôpital, comme l'infortuné Gilbert et le non moins malheureux Hégésippe Moreau. Aujourd'hui, quand l'âge amortit leurs jeunes passions, les poètes abandonnent l'idéal pour la politique, et, suivant leurs mérites, ils deviennent sénateurs comme Victor Hugo, ou sous-préfets de troisième classe comme vous, monsieur, et comme d'autres rimeurs que je puis ignorer.

C'est fatal. Peu de poètes ou de poètereaux échappent à cette destinée. Faut-il rappeler M. Henri Rochefort qui, après avoir vu couronner aux Jeux Floraux son *Sonnet à la Vierge*, devint, en 1870, député et membre du Gouvernement de la Défense nationale, ou M. Lepère qui fut ministre de l'intérieur après avoir chanté en vers immortels « son brûle-gueule à la couleur d'ébène » et les beaux jours du quartier latin ?

Je n'apprécie pas, je constate : ce n'est pas dans le pays où est né Lamartine que je pourrais méconnaître les services éminents rendus quelquefois par les poètes à la patrie dans ses jours de trouble. Je dis plus : lorsque les poètes apportent dans leurs fonctions ou leur rôle politique les passions généreuses, la foi vive, l'ardent amour de la liberté qui les ont jadis inspirés, on ne peut que les louer de prêter au gouvernement de la chose publique le concours de leur intelligence éclairée. Mais Lamartine est peut-être le seul exemple d'un poète ayant conservé dans la vie publique l'attachement et le dévouement à ses croyances. C'est là une des causes de mon admiration pour ce grand homme, admiration qu'un critique — aimable d'ailleurs — m'a reproché de pousser jusqu'au dithyrambe, mais dans laquelle je persiste.

Malheureusement, il arrive la plupart du temps que la foi des poètes est une plume sur l'eau, que leurs convictions sont pareilles à la roue qui tourne. Vous êtes un exemple frappant, monsieur, de cette mobilité dans les opinions. Je vais le prouver tout à l'heure.

J'ai eu la bonne fortune de mettre la main sur deux volumes de vers dus à votre veine féconde. Oui, deux volumes entiers, et j'ai eu le courage de les lire depuis le premier vers jusqu'au dernier : combien sont-ils ceux qui, avant moi, ont eu cette persévérance ? Question indiscrète ! J'ai été, je dois le dire, bien payé de ma peine. D'abord j'ai trouvé, je le reconnais impartialement, de ci, de là, quelques beaux vers, quelques morceaux bien venus, j'en ai rencontré d'autres qui m'ont franchement amusé, et un grand nombre qui m'ont sérieusement étonné. J'ai hâte de vous laisser la parole et de faire le public juge. Toutes les pièces que je vais citer sont tirées, soit de votre livre intitulé : *Gerbes déliées*, soit de votre recueil de sonnets qui a pour titre : *Inspirations de voyage*.

Pour mettre en goût le lecteur, commençons par la galerie de portraits de vos « amis de Bourgogne » :

> *Jules, que le commerce attire,*
> *A Nantes a fixé ses jours ;*
> *Bien qu'il ne sache plus m'écrire,*
> *Son dévouement grandit toujours.*

> *Le doux Philippe, presque un frère*
> *Pour le poète d'aujourd'hui,*
> *Après avoir couru la terre,*
> *Connaît encor le pain d'autrui !...*
>
> *Eugène est apprenti notaire,*
> *Il rêve vente et testament ;*
> *Gustave, ingénieur austère,*
> *S'occupe de nivellement.*
>
> Baptiste embellit nos demeures
> Par l'art changeant du tapissier ;
> *Alexandre, âme des meilleures,*
> Reste honnête en étant courtier.

Ce dernier trait n'est vraiment pas aimable pour les courtiers !

Voici maintenant un petit cours de géographie locale et rimée que vous pourriez faire adopter dans les écoles de votre arrondissement. C'est une description de la Saône que vous saluez ainsi :

> *Salut, ma rivière natale ;*
> *Salut, fille de Vioménil.*

O poète, êtes-vous donc comme Vénus sorti des ondes ? Non, puisque vous commencez ainsi un sonnet adressé à l'illustre sculpteur Jean Goujon :

> *O mon grand homonyme et mon aïeul.... peut-être.*

Ce *peut-être* vaut à lui seul tout un poème. Revenons à votre description de la Saône :

> *Dans ta marche lente et craintive,*
> *Tu deviens navigable à Gray...*
> *Où tu vois blanchir sur la rive*
> *Le seuil d'un vieil ami que j'ai.*

Du nord au sud, tu suis ta pente ;
Tu vas de Verdun à Chalon,
La cité propre et commerçante
Au sein d'un immense vallon.

Tu baignes Tournus, ville agreste,
— Une ville bâtie à la campagne, peut-être, —
Dont la vigne est l'ambition ;
Puis, silencieuse et modeste,
Tu suis aux confins de Lyon.

Vous avez oublié Mâcon : pourquoi ? C'était une strophe de plus pourtant.

A Perrache, active presqu'île,
Ma rivière au cours paresseux,
Tu perds ta liberté tranquille
Dans le lit du Rhône orageux.

Alors finit ta destinée,
Le fleuve t'impose son nom,
Et vers la Méditerranée
Entraîne ton épais limon.

Hélas ! tu n'es plus cette Saône
Aux flots si nonchalants et doux,
Tu ne reçois plus l'humble Grosne,
La Dheune et la Vouge et le Doubs !...

Mais puisqu'elle les a déjà reçus, pourquoi voulez-vous qu'elle les reçoive encore ? Oh ! ces poètes !

Pour varier les plaisirs, passons à un sujet d'un autre genre, de la géographie à l'histoire naturelle. Vous avez une affection particulière pour le crapaud, vous chantez ses mérites inconnus dans un style élégiaque. La pièce est curieuse, je regrette de ne pouvoir la citer en entier :

LE CHANT DU CRAPAUD.

C'est le chant du crapaud, de ce reptile immonde
Dont l'aspect dégoûtant répugne à tout le monde ;
C'est le cri résigné d'un être inoffensif,
Pauvre deshérité des splendeurs de la forme,
Que la nature a fait d'une laideur énorme,
Voulant que nos mépris s'abritent d'un motif !

Pourtant, ce batracien qu'on tue et qu'on écrase,
Que jamais la pitié ne visite en sa vase,
Et dont Hugo peignit les tourments dans ses vers,
Est utile à chacun dans les heures abjectes ;
Il détruit, à lui seul, d'innombrables insectes
Qui ravagent les ceps chargés de bourgeons verts.

Ce peuple destructeur, qui dévore la vigne,
Se retire, le jour, dans le sol qu'il désigne ;
Il fait choix de la nuit pour ses sombres exploits.
Comme il ne vole pas sur la brise qui passe,
Il n'a point à nourrir les maîtres de l'espace,
Les mangeurs bienfaisants des vergers et des bois.

Le crapaud seul, le soir, sans la moindre harangue,
— Il ne s'amuse pas à faire des discours comme tant d'autres —
Se met vite à l'affût, et happe avec sa langue
Le premier charançon qui passe devant lui.
Chaque fois qu'il saisit un de ceux qu'il surveille,
Il fait un bruit étrange et vague pour l'oreille !.....
Mais c'est en nous servant qu'il chante son ennui.

De tuer le crapaud abdiquez donc l'envie ;
En l'assommant toujours, vous assurez la vie
Aux insectes de nuit qui rongent vos bourgeons,
Et boivent votre vin jusqu'au fond de sa source.
Ce sont nos préjugés qui vident notre bourse ;
Presque tous nos malheurs nous nous les infligeons.

Voyez mieux : ce reptile, en son destin rigide,
Ne peut inoculer le dégoûtant liquide
De sa peau bosselée aux livides couleurs.
De dents, il n'en a point. Laissez-le donc tranquille ;
Favorisez sa race autour de chaque ville,
Et les coteaux vineux réjouiront nos cœurs...

Ne le repoussez plus cet hôte des sorcières,
Lui, dont les jours proscrits, enfermés dans les pierres,
Portaient le poids d'un siècle et des rêves obscurs.
Le moyen âge est plein de sa grande infortune ;
Il connut le mystère errant des clairs de lune,
Tous les enivrements de ses philtres impurs.

Ami, des voix du soir qui charment la campagne,
Gardez ce souvenir éclos sur ma montagne !
Aimons un être triste ; aimons-le pour son chant,
Il est mélodieux, fidèle et poétique ;
Il rend autour de nous la nuit mélancolique,
Et Dieu se reconnaît dans son timbre touchant.

Qui se serait jamais douté que le moyen âge était plein de la grande infortune du crapaud, « ce pauvre deshérité des splendeurs de la forme ? » On s'instruit parfois en lisant les poètes !

Une autre pièce non moins curieuse, quoique dans un genre différent, c'est celle qui est intitulée :

POURQUOI JE NE SUIS RIEN.

Il existe à Paris, dans une rue étroite,
Une chambre modeste au bout d'un escalier,
Là, dans cette humble nid que pas un ne convoite,
Vit l'ange de mes jours, reine d'un atelier.

Tous ceux qui m'ont parlé d'amitié qu'on exploite,
D'avenir, de savoir, de travail journalier,
N'ont point su qu'en ces lieux ma raison maladroite
De l'âpre ambition dédaigna le collier.

Dans ce réduit fatal où gémit une femme
Sainte par la douleur, belle et forte par l'âme,
Et que berce l'espoir de mon prochain retour,

J'ai, sur son lit ardent, *renié toute gloire ;*
Des places, des honneurs, j'ai perdu la mémoire ;
Au devoir, à l'argent, j'ai préféré l'amour.

Aujourd'hui vous ne dédaignez plus le collier de l'âpre ambition et à l'amour vous préférez une sous-préfecture. Comme les goûts changent !

Ce qui a le plus excité ma surprise, c'est de trouver dans vos deux livres une quantité de pièces religieuses d'un esprit *catholique*, ou, pour employer la langue du jour, CLÉRICAL. Vous n'êtes sans doute plus clérical puisque vous avez voté, au Conseil général, en 1879, pour l'article 7 ; en 1880, pour les décrets du 29 Mars, et qu'au mois de novembre dernier, vous avez été l'un des chefs de l'expédition contre les Pères Camilliens de La Chaux. Vous aviez oublié, ces jours-là, vos poésies mystiques, peut-être même les oubliez-vous encore, permettez-moi de vous les rappeler.

Tenez, voici un extrait d'une pièce que vous adressiez à une jeune fille à l'occasion de sa première communion :

Va recevoir, enfant, cette source d'eau vive,
Qui rafraîchit le cœur plein d'une foi naïve.
Colombe de douceur, allons, ne tremble pas !
Viens, le Seigneur t'attend, tu seras couronnée,
    Tu fus de grâce environnée
    Par son interprète ici-bas.

Le voici qui s'avance et dit à tes compagnes :
« *Le soleil d'un jour pur réchauffe les campagnes,*
« *O filles de Sion, levez-vous, levez-vous !*
« *Je pais parmi les lis sur les hauteurs sereines ;*
  « *Suivez mes traces souveraines ;*
  « *Venez retrouver un époux !*

« *Les roses de Saron, le cèdre au long feuillage,*
« *Les pampres d'Engaddi, fiers d'un divin breuvage*
« *N'exhalèrent jamais une aussi douce odeur*
« *Que les chastes soupirs exhalés de votre âme ;*
  « *Ils sont plus purs que le cinname,*
  « *Que tous les parfums du Seigneur...* »

Tel est l'appel ardent du seul pasteur céleste
Qui cherche la brebis dans une ombre funeste,
Qui veut sauver du Mal et la terre et les cieux ;
A la table sacrée où Jésus te convie,
  Viens te refaire une autre vie,
  Enfant, dont il ouvre les yeux.

Laisse baigner ton sein d'une divine flamme,
Elève vers le Christ, du profond de ton âme,
L'innocence et l'amour, ces deux printemps du cœur,
Pour laver les péchés, sens les douleurs sublimes,
  Et gravis le bord des abîmes
  Sur les pas sanglants du Sauveur.

Un prédicateur ne dirait pas mieux. Voici maintenant une pièce que je recommande aux laïcisateurs des hôpitaux, en général, et aux membres de la Commission des hospices de Mâcon, en particulier. C'est un éloge des Sœurs de Charité. J'espère que ce panégyrique fait par un poète doublé d'un sous-préfet ne leur paraîtra pas suspect :

A son exemple, il est des femmes
Qui se font chastement les mères de nos âmes.
Adoptant nos douleurs, afin de les guérir.
Sœurs de Charité, vivantes espérances,
Elles tendent les bras à toutes les souffrances :
Leur cœur est un trésor qu'on ne peut appauvrir.

Dans le monde ou la solitude,
Aucun besoin n'échappe à leur sollicitude ;
Sous la croix du Sauveur s'épure leur bonté ;
Quel que soit le péril, leur tendresse chrétienne
Remplit de mots pieux la bouche plébéienne,
Et brave les laideurs de notre humanité.

Pour leur mission tutélaire,
Elles ont étouffé jusqu'au désir de plaire :
La femme s'est faite ange et veut l'amour de Dieu.
La plus humble apparence enveloppe leur vie ;
Au banquet des vertus le malheur les convie,
Et c'est la pauvreté qui les groupe en tout lieu.

Sanctuaires de paix profonde,
Leur parfum de prière enivre encor le monde ;
C'est le seul être pur qu'on respecte ici-bas.
Le cœur reconnaissant bénit ces saintes filles
Qui près des mourants seuls remplacent les familles,
Et dont le dévouement grandit dans les combats.

Puisse l'habitant des hospices
Connaître la douceur de leurs mains bienfaitrices !
Ces vierges sont la plante au chaste et court duvet.
C'est la source du ciel où nous puisons sans cesse...
Ah ! quand la mort viendra m'ouvrir la nuit épaisse,
Qu'un tel ange d'espoir se trouve à mon chevet !...

Il paraît qu'à Louhans, dans votre capitale, les conseillers municipaux se proposent de chasser les Dames de Saint-

Maur. Lisez-leur votre poétique plaidoyer en faveur des religieuses, vous gagnerez votre cause.

La poésie suivante est moins heureuse :

DANS L'ÉGLISE DE SAINT-MARCEL.

Du martyr saint Marcel j'évoquais le courage,
Quand un lourd cénotaphe arrêta mon regard,
Et j'oubliais la fosse et Priscus et sa rage,
Je ne me souvins plus que du moine Abeilard !

C'est donc au prieuré de cet ancien village
Que le flot de ses jours expira par hasard !
Il vint se reposer d'un implacable orage,
Lui, le souple vainqueur que vainquit saint Bernard !

Cet époux d'Héloïse — holocauste adorable —
Q'entoura d'amitié Pierre le Vénérable,
Mourut, rongé d'ennuis, devant cet horizon...

Mais son nom reste grand, l'amour défend sa gloire,
Car sa voix, qui charmait un immense auditoire,
Osa revendiquer les droits de la raison.

« Holocauste adorable... » ces poètes vous ont des euphémismes d'un tour ineffable. Et puis, le sort d'Abeilard, quel sujet de méditation dans une église !

Vous avez chanté aussi Jésus-Christ, la Sainte Vierge et tous les saints du paradis. Je prends au hasard quelques-unes de ces pièces :

JÉSUS-CHRIST.

Lui, c'est le Dieu d'amour promis par les prophètes,
Le fruit de Bethléem né dans la pauvreté ;
C'est le Verbe accompli pour d'éternelles fêtes,
Le Platon rédempteur prêchant l'égalité.

Dans un sentier d'outrage il a fait ses conquêtes ;
C'est le type du juste errant, persécuté,
La source d'idéal qui succède aux tempêtes,
Et le Roi du pardon et de la charité.

Fils de ce Jéhovah altéré de vengeance,
Sur la croix du Calvaire il créa l'indulgence ;
Aux pleurs du repentir son chaste cœur fut doux.

De peur de nous laisser sans espoir et sans flamme,
Par son Eucharistie il revient dans notre âme ;
Il se souvient des maux qu'il souffrit avec nous.

Avec de tels sentiments, vous avez dû faire vos Pâques, monsieur le Sous-Préfet !

Je pourrais citer encore une pièce intitulée : *Saint Jean-Baptiste*, un sonnet à la *Sainte Vierge*, un autre à *Jésus crucifié*, « imité d'un sonnet de sainte Thérèse ; » un autre intitulé : *Comment j'aime Dieu* ; un encore adressé *A un ami venant de recevoir l'ordination* ; etc., etc., mais l'espace me manque, il faut choisir. Voici un sonnet intitulé :

SAINT FRANÇOIS XAVIER.

Les rivages lointains ont gardé sa mémoire.
Il fut le bienfaiteur des peuples dans la mort,
L'écho soumis du ciel, l'instrument pur et fort.
Dont Jésus se servit pour étendre sa gloire.

Vaisseau d'élection qui ramenait du port
Les esprits naufragés loin du saint territoire,
Il brisa de l'erreur le culte dérisoire,
Et montra les vertus dans leur divin accord.

Lumière de la paix et du bonheur céleste,
Docteur des nations étreintes par la peste,
Au pouvoir de sa foi le miracle répond.

Si le temps a détruit les œuvres de son zèle,
Il est resté toujours l'ange de l'infidèle,
L'apôtre chaste et doux de l'Inde et du Japon.

Saint François Xavier était un jésuite. Un sous-préfet d'aujourd'hui chantant les vertus d'un jésuite, qui l'eût cru ? qui l'eût dit ?

Voici maintenant un éloge de la prière :

LA PRIÈRE.

Va ! ne te cache pas pour prier chaque soir
Devant moi, triste enfant d'un siècle analytique ;
La Prière est toujours une ivresse mystique,
Le festin de notre âme et son premier pouvoir.

C'est l'aveu du péché, le cri de notre espoir,
Le bouclier du juste au foyer domestique,
C'est l'éternel parfum de l'innocence antique,
La clef des biens du ciel, l'asile du devoir.

Prie encor ; la prière est une sainte amie
Qui réveille en pleurant la croyance endormie !
C'est le chant du triomphe à l'instant de la mort.

Elle dompte l'orgueil de sa force invincible ;
C'est par elle que Dieu cesse d'être inflexible,
Et qu'il dit au bonheur de nous conduire au port.

Priez-vous, monsieur le Sous-Préfet, « pour réveiller, en pleurant, la croyance endormie, » et surtout ne vous cachez-vous pas pour prier ?

Je vous quitte, monsieur, je reviendrai prochainement sur vos poésies et vos croyances d'antan. Les vers que je viens de citer ne seront peut-être pas pour vous des titres à l'avancement, mais vous me devez quand même quelque reconnaissance, car jamais vos poésies n'auront eu autant de lecteurs qu'elles vont en avoir ces jours-ci. Et peut-être en les relisant aujourd'hui, en vous ressouvenant de vos sentiments d'autrefois, direz-vous mélancoliquement et tout bas : « Ah ! que ne suis-je resté poète ! » Reprenez donc la lyre des vieux jours, et donnez comme pendant à la pièce : *Pourquoi je ne suis rien !* un sonnet intitulé : « Pourquoi je suis devenu sous-préfet. » Je vous promets de le publier.

27 avril 1882.

III

A UN LOUHANNAIS.

Vous m'avez adressé, monsieur, il y a environ quinze jours, la lettre suivante, que j'aurais publiée plus tôt si je n'avais dû céder la place aux débats de notre petit Parlement, ou, pour parler plus simplement, de notre conseil général :

« Louhans, 25 avril 1881.

« Monsieur,
« Permettez-moi de vous remercier de votre lettre à M. Louis Goujon. Les Louhannais, à part quelques privilégiés, ne le connaissent pas, ce qui explique l'avidité avec laquelle sont recueillis les détails qui leur parviennent sur sa vie, sur ses sentiments et ses croyances. De temps en temps, des persiennes ordinairement fermées s'ouvrent à une aile de la sous-préfecture ; les passants se disent : M. le Sous-Préfet est ici, et c'est tout. Jamais il ne se montre à son peuple ; avouez qu'il est dur pour des administrés d'être traités avec une pareille rigueur.

« Les nombreuses citations que vous faites de ses œuvres jettent un grand jour sur notre premier magistrat administratif, et nous nous sommes tous associés aux réflexions qu'elles vous inspirent, à ces deux réserves près : Vous ne paraissez pas profondément touché comme nous de sa sympathie pour le crapaud, « *ce pauvre déshérité de la forme,* » et vous lui reprochez à tort, pour avoir parlé de sa *rivière natale*, d'avoir voulu insinuer qu'il était comme Vénus, sorti des ondes ; comment, vous si sagace, n'avez-vous pas aperçu, dans cette épithète, l'ingénieuse allusion au nom du poète?

« Les sonnets à Jésus-Christ et à saint François Xavier nous ont révélé en M. Goujon le chrétien convaincu, l'admirateur du jésuite, que l'expédition de La Chaux ne pouvait que très difficilement nous laisser soupçonner.

« Vous reviendrez, dites-vous, monsieur, prochainement sur les poésies de M. Louis Goujon; nous prenons acte de cette promesse; mais puisque vous êtes en possession de ce précieux trésor, soyez généreux et ne le gardez pas pour vous seul; permettez-nous d'espérer que votre prochaine lettre nous donnera le nom de l'heureux éditeur, afin que tout Louhannais puisse faire lui-même l'étude comparée des croyances de M. Goujon poète et de M. Goujon sous-préfet.

« Veuillez agréer, monsieur, etc.

« Un Louhannais. »

J'avoue, monsieur, que cette allusion au nom du poète m'avait échappé; j'avais bien remarqué qu'il appelait l'illustre sculpteur « mon grand homonyme et mon aïeul... peut-être, » mais je n'avais point songé qu'il pût invoquer aussi une parenté avec les habitants des eaux, sans quoi j'aurais conseillé à votre sous-préfet de modifier ainsi sa première strophe :

Salut, ma rivière natale,
Où le goujon doucement vit,
Salut, ô ma poêle finale,
Où tôt ou tard il sera frit.

Vous me reprochez aussi, monsieur, de n'avoir pas été touché de la tendresse sympathique que votre sous-préfet manifeste pour le crapaud, « ce batracien qu'on tue et qu'on écrase. » Sur ce point encore, je fais mon *meâ culpâ*, et pour vous prouver que mon repentir est sincère, je veux vous faire admirer aujourd'hui les sentiments émus que M. L. Goujon nourrit pour le ver de terre. Ecoutez comme il le défend :

Pourquoi donc le meurtrir d'un pied stupide et lâche ?
Cet insecte rampant accomplit notre tâche :
Il mange, il souffre, IL AIME, *il a ses ennemis,*
La taupe le dévore et le pêcheur l'emploie,
L'approche d'un orage est l'instant de sa joie.

Ces accents m'ont touché : dorénavant je n'irai plus à la pêche pour ne pas contrarier « les amours » d'un ver de terre. Et pourtant le goujon se nourrit de vers !

Votre sous-préfet, monsieur, n'a pas seulement des tendresses inépuisables pour le crapaud et pour le ver de terre, il a aussi une façon originale de voir les choses qui ne manque pas d'un certain comique. Ainsi, dans une description champêtre, il nous montre

Les pigeons sur le toit et la mine rêveuse
    D'un coq qui regarde un taureau !

Pourquoi un coq a-t-il la mine rêveuse lorsqu'il regarde un taureau ? Demandez cela à votre sous-préfet.

Il a aussi des théories à lui : ainsi il n'aime pas les grandes routes, car il s'écrie :

O Muse ! éloignons-nous de ces routes publiques
Où passe le troupeau des voyageurs humains,
De ce niveau poudreux imité des Romains
Où l'intérêt pressé suit les lignes obliques.

En prose, on dit que la ligne droite est le plus court chemin d'un point à un autre ; en vers, les nécessités de la rime forcent les gens pressés à suivre les lignes « obliques ».

Je parlais tout à l'heure des trésors de tendresse que possède votre sous-préfet ; « l'océan de son cœur » n'est pas ouvert seulement aux crapauds et aux vers de terre, vous pouvez en juger par la pièce suivante :

L'AMOUR EN PARTIE DOUBLE.

J'aime deux femmes à la fois :
L'une a l'œil brillant comme un glaive ;
L'autre est blonde et fraîche comme Eve,
C'est une églantine des bois.

L'une a la voix ardente et brève,
L'autre, l'abandon villageois ;
Tour à tour à leurs pieds je rêve,
Et je ne puis fixer mon choix.

Chacun blâme cet amour double
Qui m'envahit et qui me trouble ;
Mais comment en être vainqueur ?

Si j'ai tort de chasser deux lièvres
Et si je possède un seul cœur,
N'ai-je donc pas deux mains, deux lèvres ?

On peut à la rigueur partager ses mains, mais partager ses lèvres ! Comment s'y prenait votre sous-préfet ? Donnait-il la lèvre supérieure à celle qui avait l'œil « brillant comme un glaive » et la lèvre inférieure « à l'églantine des bois » ? Grave problème que se posera la postérité ; pour lui éviter des recherches, encore une fois, monsieur, interrogez votre sous-préfet.

Passons à un autre ordre d'idées. Vous m'étonnez beaucoup, monsieur, lorsque vous me dites que ce sont les vers que j'ai publiés qui vous ont révélé en M. Louis Goujon un chrétien convaincu. Votre sous-préfet ne va donc pas à la messe, à Louhans? Je me suis laissé conter pourtant que, lorsqu'il était maire de Touches, il assistait chaque dimanche à l'office et ne dédaignait pas de se mettre à la place réservée au premier magistrat de la cité. Il est vrai qu'il n'avait pas encore expulsé de religieux.

Puisque je parle de Touches, saviez-vous que le conseil municipal de cette commune avait, par une délibération, approuvée par l'autorité, donné à la place de la foire le nom de place « Louis Goujon? » Saviez-vous qu'à cette grande occasion, votre sous-préfet avait prononcé un grand discours consigné au registre des délibérations et commençant par ces mots : « Vous écouterez la voix du peuple..., etc. »

Et s'adressant à la commune de Touches, il lui disait :

Béni soit le moment où, délaissant la ville,
Je reviens de nouveau m'asseoir à tes foyers !
Ton enfant s'est promis d'illustrer ton asile
Et tes coteaux parés de vigne et de noyers.

Vous voyez que votre sous-préfet se prend au sérieux, et je suis persuadé qu'il voit déjà les manuels de géographie du XXIe et du XXIIe siècle portant en gros caractères ces mots :

« Touches, patrie de Louis Goujon, poète fameux, chantre du crapaud et des vers de terre. Le Gouvernement ingrat laissa s'étioler ses mérites dans une place de sous-préfet. »

Napoléon Ier disait : « Si Corneille eût vécu de mon temps, je l'aurais fait ministre. » Qui sait si quelque grand génie de l'avenir n'en dira pas autant de Louis Goujon ?

Heureux Louhannais ! qui possédez un tel sous-préfet. Faites-lui des jours heureux, couronnez-le de fleurs, afin qu'il ne puisse plus se plaindre de voir son génie méconnu, comme il le faisait jadis dans ces vers :

Ce que l'on méprisait arrive à la puissance,
Le talent méconnu trouve sa renaissance !
Les œufs cachés d'hier demain sont des aiglons.

Gardez votre aiglon, Louhannais, choyez-le. Un aiglon, c'est un oiseau rare par le temps qui court où l'on voit si peu de gouvernants qui soient des aigles.

J'aurais bien des choses encore à vous dire, monsieur, sur votre sous-préfet, mais il faut savoir se borner et ne pas donner à la mince personnalité de M. Goujon une importance qui ne lui sied point.

Je ne veux pas cependant terminer sans satisfaire à votre désir en vous apprenant quel fut l'éditeur des deux volumes de vers que j'ai analysés.

Le premier : *Gerbes déliées*, a été imprimé en 1865 ; le second : *Sonnets et inspirations de voyage*, a été imprimé en 1866. Tous les deux ont été édités par la librairie Didier, quai des Grands-Augustins, à Paris, et sont sortis des presses du célèbre imprimeur lyonnais, Louis Perrin.

J'ajoute que, dans le cas où vous ne pourriez vous les procurer, je tiens mes deux exemplaires à votre disposition, pour l'édification et la grande joie des Louhannais.

Quant à moi, la lecture des œuvres de votre sous-préfet m'a fait passer de bien doux moments, et si j'osais, je vous dirais : Mariez-le, oui, mariez-le, pour perpétuer sa race. Persuadez-lui qu'un sous-préfet ne peut rester célibataire, qu'il lui faut une compagne, ne

Fût-ce que pour avoir quelqu'un qui le salue
D'un Dieu vous soit en aide ! alors qu'il éternue.

7 mai 1882.

IV

FARCEUR !

AUX LECTEURS.

Le poète Louis Goujon, jadis barde catholique et clérical, jadis admirateur et panégyriste des vertus du jésuite saint François Xavier, aujourd'hui expulseur galonné de religieux, a trouvé un défenseur. Ce rempart du poète-sous-préfet n'est pas, comme vous pourriez l'imaginer, un des amis que M. Louis Goujon a chantés dans ses vers; ce n'est ni Jules « que le commerce attire », ni « Eugène apprenti notaire », ni « Gustave, ingénieur austère », ni Baptiste qui « embellit nos demeures par l'art changeant du tapissier », ni Alexandre qui « reste honnête en étant courtier », non, c'est un homme qui réunit toutes ces qualités diverses, qui s'est voué noblement à la défense de toutes les causes ingrates, c'est M. Bellenant (Désiré pour les poètes). O Goujon ! vite un sonnet pour Désiré, accorde ta lyre pour chanter ce paladin de tes vertus et de tes charmes, célèbre son héroïsme sur l'air vieux, mais toujours populaire, du sire de Framboisy :

> *Partit en guerre,*
> *Bientôt s'en repentit.* } bis

Vraiment M. Bellenand (Désiré pour les poètes) a droit à des encouragements. Tandis que les autres journaux et les autres écrivains de son parti gardent le silence, lui se pose en champion de tous les fonctionnaires que le *Journal de Saône-et-Loire* a critiqués, critique ou critiquera. Hier, il défendait M. Pignal; puis il a défendu M. Gaudier; aujourd'hui il défend M. Louis Goujon. Et je le vois d'ici, paradant au milieu de ses naïfs admirateurs et chantant, avec des poses nobles : J'aurai toujours

> *Un cœur pour les chérir,*
> *Un bras pour les défendre.*

Il est vrai qu'il défend ses amis d'une singulière façon, mais enfin chacun fait ce qu'il peut et il ne faut pas demander à un prunier de produire des raisins.

Justifie-t-il M. Louis Goujon ? Nous prouve-t-il que les vers du chantre du crapaud sont suaves, délicieux, parfaits ? Nous explique-t-il comment le panégyriste du jésuite saint François Xavier a pu, par la seule vertu de l'habit brodé d'argent, se transformer en exécuteur des décrets ? Nullement.

Mais que dit-il alors ? Eh ! que voulez-vous que l'on dise lorsqu'on n'a rien à dire ? Des sottises et des injures. Que voulez-vous que l'on fasse lorsqu'on ne sait ni discuter ni aligner deux arguments qui se tiennent ? On se rabat sur les gros mots ; on fait le fanfaron, le matamore de comédie et on ne s'aperçoit pas que l'on est tout simplement ridicule. C'est précisément le cas de M. Bellenant.

Ainsi, il m'accuse de faire du dénigrement systématique lorsque j'ai l'habitude d'appuyer tout ce que j'écris sur des faits et sur des documents. Avec plus de raison je l'appellerai, lui, un louangeur systématique puisqu'il ne sait pas même trouver une raison à l'appui de ceux qu'il croit défendre.

Le grand cheval de bataille, l'éternelle rengaîne de M. Bellenand, c'est mon pseudonyme. Mais, dans la presse républicaine, n'use-t-on pas et n'abuse-t-on pas du pseudonyme ? Et qu'importe à M. Bellenand et à tout autre de savoir si Jean Lavigne est ou n'est pas mon véritable nom, pourvu que, le jour où lui ou quelqu'un des siens aura à se plaindre des *Lettres du Village*, il trouve en face de lui l'auteur pour en accepter la responsabilité ? Vit-on jamais pareille querelle ? Et faudra-t-il dire désormais, au lieu de querelle d'Allemand, querelle de Bellenand ?

Et pourquoi vous plaindre de mon pseudonyme ? C'est lui qui nous permet, à vous de m'injurier, et à moi de rire de vos injures, et de vos « vipères », et de votre « venin », et de toutes vos sottises de même acabit.

Ne vous imaginez pas d'ailleurs que toutes vos rodomontades puissent m'intimider et m'empêcher de poursuivre mon œuvre. Je continuerai à critiquer les actes et les hommes qui l'auront mérité; je resterai fidèle à mes revendications pour la liberté, à mes protestations contre l'intolérance et les palinodies partout où je les trouverai ; je dédaignerai vos injures ou vos provocations, dont la sympathie de mes lecteurs me dédommage amplement, mais je ne me déroberai jamais, entendez-le bien, à une responsabilité encourue. S'il m'arrive dans le feu d'une polémique d'excéder mes droits d'écrivain, je ne me refuserai jamais à telle réparation que de droit. Quant aux injures dont on me gratifie dans vos journaux, depuis trois ans, je n'en ai eu nul souci et je ne veux pas commencer. Cela dit, une fois pour toutes, car je ne veux pas ennuyer chaque semaine mes lecteurs avec ces répétitions, revenons à M. Louis Goujon.

Le doux poète sous-préfet a écrit à son ami M. Bellenand pour se justifier. Rien de plus divertissant que ce morceau de prose, dont je tiens, mes chers lecteurs, à vous donner un extrait. Ecoutez donc ce que dit M. Louis Goujon :

« Si, par des citations de mes rares poésies religieuses, mon éplucheur de mots se berce de l'espoir de mettre en désaccord mes principes d'aujourd'hui avec ceux d'autrefois, je l'avertis charitablement qu'il provoquera un immense éclat de rire chez mes compatriotes. *Tous ceux qui ont été mêlés à mon passé ne m'ont jamais connu que libre-penseur et républicain.*

« Et, d'ailleurs, ce superbe auteur des *Lettres du Village* soutient, au point de vue de l'art, une thèse complètement fausse. *A-t-on jamais reproché à un artiste* — peintre ou sculpteur — *d'avoir exercé son talent* sur une *Sainte Famille* avant de rendre la beauté triomphante d'une *Vénus sortant des ondes ?* »

Ainsi voilà qui est bien entendu : lorsque M. Louis Goujon chantait Jésus-Christ, la Sainte Vierge, saint Jean-Baptiste, saint Paul, les Sœurs de charité et même le saint jésuite François Xavier, M. Goujon faisait de l'art pour l'art. Vous croyiez, naïfs, qu'il était convaincu, que son éloquence partait du cœur, qu'il y avait une conviction dans cette cervelle, de la sincérité dans ces inspirations : erreur ! M. Goujon exerçait son talent ! Comme l'artiste qui, après avoir peint une *Sainte Famille*, nous esquisse ensuite une *Vénus sortant des ondes*, M. Goujon, après avoir chanté les bienfaits de la Prière et les vertus divines du Christ, chantait le crapaud ou l'amour en partie double, tout cela sans passion et sans sincérité, uniquement par amour de l'art ! Ses vers étaient chrétiens, ses inspirations catholiques, mais lui était libre penseur : l'étiquette valait mieux que la marchandise.

Si l'on en juge par l'extrait que j'ai cité, M. Goujon ne voit dans le poète qu'un comédien qui endosse tour à tour toutes les opinions et toutes les livrées, qui représente aujourd'hui Néron et demain saint Vincent de Paul, qui est aujourd'hui roi et demain bouffon, aujourd'hui seigneur et demain domestique, et qui reproduit avec le même goût, pour l'amusement de l'auditoire, toutes les tirades qu'on lui souffle. C'est singulièrement ravaler la poésie et c'est accroître démesurément la portée du mot fameux : Tous les poètes sont menteurs !

Quant à moi, je crois que Lamartine, lorsqu'il écrivait ses sublimes poésies d'un souffle si religieux, d'une inspiration si chrétienne, était convaincu; je trouve même que ce serait lui faire la plus mortelle injure que de supposer un instant le contraire.

M. Louis Goujon est d'un avis opposé, il se vante aujourd'hui (où la fierté va-t-elle se nicher!) d'avoir écrit et rimé sans conviction : il diffère de Lamartine en cela et en bien d'autres choses encore.

Il me resterait à rechercher si le poète-sous-préfet de Louhans, à l'instant où il a écrit les lignes ci-dessus reproduites, était bien convaincu, ou s'il n'a voulu qu'une chose, exercer son talent et faire une œuvre d'art ; mais je préfère accepter pour vraie sa déclaration. Je tiens donc pour vrai que M. Louis Goujon ne pensait pas un traître mot des belles choses qu'il a rimées jadis sur Jésus-Christ, la Vierge et les saints, que ses inspirations trahissaient ses convictions de libre penseur, et je tire la conclusion que ce nouveau bourreau de soi-même a omis de formuler : M. Louis Goujon n'est pas un poète, ce n'est qu'un farceur.

Je suis persuadé, mes chers lecteurs, que vous serez tous de mon avis et que vous direz tous avec moi que le poète-sous-préfet de Louhans a perdu là une belle occasion de se taire.

LA FÊTE NATIONALE.

SOYONS GAIS.

AUX LECTEURS.

M. Gambetta le veut, M. Grévy y consent, tous les Pouvoirs publics, chose rare, sont d'accord sur ce point : du septentrion au midi, de l'orient à l'occident, la France entière devra s'amuser pendant la journée de mercredi prochain. Le mot d'ordre donné est : Soyons gais ! La liberté se meurt, que la gaieté la remplace ! Les trois mots sacramentels seront désormais : Gaieté, égalité, fraternité.

Soyons gais : toutes les communes de France ont reçu des préfets l'invitation de voter des fonds pour cela. Peu ou prou, toutes ont obéi. Il se trouvera des gens grincheux pour dire : A 500 francs par commune en moyenne, cela fait pour la France, qui compte 36,000 communes, un joli denier de 18 millions qu'on va consommer en drapeaux et en lampions; ces 18 millions-là auraient rendu plus de services si on les avait employés à indemniser les vignerons que le phylloxera a ruinés ou à soulager les malheureux cultivateurs dont la grêle, en ces derniers jours, a anéanti les récoltes.

Mais on ne doit pas penser à tout cela. Il faut rire et s'amuser, le reste nous viendra par surcroît. Après nous le déluge, et à demain les affaires sérieuses. La consigne du jour est : Soyons gais !

Et que va-t-on faire pour chatouiller, dérider et faire rire toute la France pendant la journée de mercredi ? On est joliment rebattu des programmes des fêtes baladoires. Si l'on revoit, comme sous Louis-Philippe et sous l'Empire, les lampions, les drapeaux, les distributions de secours, les courses en sac et les mâts de cocagne, on se croira revenu à ces époques-là et le public dira certainement :

C'était pas la peine assurément
De changer de gouvernement.

Je voudrais du neuf ou du vieux remis à neuf. Ainsi, par exemple, si les députés et les fonctionnaires voulaient prêter leur concours, on pourrait, à Mâcon, faire quelque chose de très réussi.

On pourrait nous montrer M. Boysset courant en sac après un portefeuille de ministre et tombant souvent avant d'arriver au but; M. Margue jouant au jeu de la poêle et répétant son mot pour la circonstance; M. Bouthier de Rochefort exerçant son adresse au Massacre des Innocents et gagnant un lapin; M. le maire de Mâcon grimpant au mât de cocagne et y décrochant une croix de la Légion d'honneur, etc. Enfin, pour couronner le tout et en guise de feu d'artifice, M. le Préfet nous ferait donner par sa troupe, qui a déjà exercé à Paray-le-Monial, une représentation d'un petit drame intitulé : *Comment on enfonce les portes.*

Quel succès, mes amis, quel succès si on pouvait nous offrir un pareil spectacle ! Mais nous n'aurons rien de tout cela, nous n'aurons que les drapeaux d'occasion, les vulgaires lampions et le veau traditionnel. N'importe, puisqu'on le veut, soyons gais.

Oui, soyons gais. Pourquoi? me direz-vous. Je vais, mes chers lecteurs, essayer de vous l'expliquer.

Soyons gais, parce qu'il y aura mercredi quatre-vingt-onze ans qu'une troupe d'émeutiers est entrée dans la Bastille que sa garnison n'a pas défendue, — la forteresse était imprenable ; — parce qu'au mépris des promesses faites, cette garnison composée de 80 invalides et de 30 Suisses fut en partie massacrée ; parce que c'est le 14 juillet 1789 que l'on appliqua pour la première fois, en France, la trop célèbre maxime : L'insurrection est le plus saint des devoirs.

Soyons gais surtout parce que le 14 juillet, ce sera la fête de la Commune, la fête de l'amnistie ; parce que ce jour-là tous ces bons communards pourront rentrer dans la patrie à peu près guérie du mal qu'ils lui ont fait ; parce que, ce jour-là, les fusilleurs d'otages, les incendiaires, ceux qui ont flambé finances et brûlé les Tuileries auront reconquis tous leurs droits civils et politiques, y compris le droit de recommencer.

La Chambre vient, en effet, de décider que le 14 juillet était le dernier délai accordé au Gouvernement pour amnistier toute la Commune. Soyons donc gais, puisque, mercredi, M. de Freycinet pourra embrasser tous ses frères égarés et M. Gambetta retrouver des amis qu'il avait quittés jadis pour aller à Saint-Sébastien.

Soyons gais enfin, parce que la mascarade, la comédie qu'on va nous donner mercredi précèdera peut-être de bien près la tragédie et qu'il faut nous hâter de rire avant d'avoir à pleurer.

D'ailleurs, nos pères qui en ont bien vu d'autres nous ont donné l'exemple ; ils prenaient gaiement les choses et trouvaient toujours le mot pour rire. Ainsi, lorsque les Jacobins de 1793 leur confisquaient leur liberté, comme ceux d'aujourd'hui sont en train de nous rogner la nôtre, ils s'en vengeaient par ce couplet qu'ils prêtaient à Danton ou à quelque autre Cazot :

La liberté n'a pas de plus sincère apôtre,
Et j'aime tant cette divinité
Que je voudrais avec ma liberté
Avoir aussi la vôtre.

Nos pères riaient aussi lorsque leurs députés — comme chez nous M. Margue — se laissaient aller à une éloquence qui fleurait bien plus fort, mais non pas mieux que les roses, témoin ce couplet du temps :

> *Puissent Messieurs les Jacobins*
> *De corps et d'esprit être sains,*
> *Leurs jours sont utiles aux nôtres.*
> *Bien souvent ils s'échauffent trop*
> *Et lâchent maint petit gros mot*
> *Accompagné de plusieurs autres.*

Lorsqu'on imposait le serment civique à tous les fonctionnaires, comme on va le demander mercredi à toute l'armée, ils riaient et chantaient ce couplet satirique :

> *Nous le dirons publiquement*
> *Et sans craindre que l'on en glose,*
> *Il vaut mieux prêter un serment*
> *Que de prêter toute autre chose.*

Et lorsque le 14 juillet fut choisi pour célébrer une grande fête nationale, ils rirent encore et ils chantèrent sur un air connu :

> *Le quatorze de juillet*
>   *Saint Bonaventure*
> *Est le saint qu'avec respect*
>   *On fête en nature ;*
> *Il deviendra le patron*
> *De la Fédération.*
> *La bonne aventure, ô gué !*
>   *La bonne aventure !*

Oui, soyons gais : la bonne aventure, ô gué ! la bonne aventure !

Soyons gais, nous le pouvons mieux que nos pères, car les Jacobins d'aujourd'hui ne sont que la caricature de ceux d'autrefois, comme leurs fêtes ne sont que l'imitation et la pâle copie de celles qui eurent lieu sous la première Révolution.

Soyons gais ! Rions de ces Brutus qui imitent les Césars et veulent amuser le peuple pour le distraire de ses soucis les plus graves ; rions de ces républicains qui ont crié contre les gros traitements et qui les recherchent aujourd'hui, de ces fiers démocrates qui tonnaient contre les décorations, ces hochets de la vanité, et qui se font faire la courte échelle pour décrocher la croix de la Légion d'honneur; rions de.... les sujets de rire ne nous manquent pas.

Soyons gais, les lettres qu'on mettra à foison, mercredi, sur nos murs, nous y invitent. R. F, pour les uns, cela signifie : *République française* ; pour les autres, cela veut dire : *Rions fort* du spectacle que la République nous donne.

Rions donc, et s'il est vrai, comme on l'a dit, que la journée la plus mal employée est celle où l'on n'a pas ri, nous pourrons dire, nous aussi, mercredi :

Nous n'avons pas perdu notre journée.

10 juillet 1880.

ÉCHOS DE LA FÊTE.

AUX LECTEURS.

J'ai eu beau dire : Soyons gais! la fête du 14 Juillet a manqué de gaieté. J'ai assisté à la fête en témoin impartial et voici mon impression.

J'ai vu de la verdure, des lampions et des lanternes en papier, j'ai vu des images enluminées représentant des Républiques de toute forme et de tout âge, j'ai vu des drapeaux tricolores, des cravates tricolores, des rubans tricolores, des cocardes tricolores et jusqu'à un parapluie tricolore ; j'ai vu des oriflammes rouges et des bonnets phrygiens, j'ai vu des pétards isolés et quelques maigres feux de Bengale, mais je n'ai vu de la gaieté nulle part, de cette bonne et franche gaieté qui anime les visages et se communique à tous ; nulle part je n'ai entendu ce bon rire gaulois qui vous remue agréablement.

Le peuple endimanché avec un air de cérémonie; toutes les physionomies semblaient dire : « Je voudrais bien m'amuser, mais je ne sais pas comment faire. »

De gaieté point, d'enthousiasme pas davantage. J'ai compté jusqu'à trois individus qui ont crié : *Vive la République!* En mettant qu'il y en a un cent qui ont chanté la *Marseillaise*, j'aurai fait bonne mesure.

Et pourtant je ne saurais dire qu'il y avait de l'indifférence ; le nombre des drapeaux et des guirlandes atteste le contraire. Mais franchement on ne s'amusait pas. D'où cela vient-il ?

D'abord, de la date choisie pour la fête. Beaucoup n'avaient pu se résigner à célébrer l'anniversaire d'une journée dont Mirabeau lui-même a dit : « La société serait bientôt dissoute si, la multitude s'accoutumant au sang et au désordre, comme dans cette terrible journée, se mettait au dessus des magistrats et bravait l'autorité des lois. »

La fête n'était donc pas générale ni vraiment nationale ; les uns en ont fait une protestation, les autres un acte d'obéissance.

Les premiers ont pavoisé leurs fenêtres, acheté des drapeaux en calicot ou en papier pour narguer et taquiner le bourgeois qui s'en moquait un peu ; les autres ont enguirlandé leurs maisons parce que le ministère le voulait, parce qu'ils avaient à défendre leurs places, parce qu'un drapeau mis à la fenêtre c'était une carte de civisme, un brevet de républicanisme avec garantie du Gouvernement. Enfin, reste le troupeau toujours gros des moutons de Panurge qui ont pavoisé parce que d'autres, devant eux ou à côté d'eux, pavoisaient.

De là à l'enthousiasme, il y a loin. Voulez-vous savoir ce que c'est que l'enthousiasme, ce que c'est qu'une fête populaire et vraiment patriotique ? Choisissez une date qui ne puisse exciter aucune susceptibilité, réveiller aucun souvenir fâcheux et vous verrez quelle différence !

En voulez-vous faire l'épreuve ? dirai-je volontiers à nos gouvernants. Instituez une fête en l'honneur de Jeanne d'Arc, l'héroïque pucelle qu'on a si justement nommée l'ange du patriotisme. Vous verrez alors la population s'associer joyeuse à cette manifestation.

Vous faut-il de l'argent ? Ouvrez une souscription, vous en trouverez autant que vous voudrez, parce que cette fête sera vraiment la fête de la France, la fête de la réconciliation et de l'apaisement.

Vous aurez plus de drapeaux, plus de guirlandes qu'on n'en a eu le 14 Juillet ; en outre, vous aurez chance de trouver le feu d'artifice qui manquait mercredi. Mâcon est la seule ville de France qui n'ait pas vu, ce jour-là, ces merveilles enflammées qui enchantent les yeux. Il est vrai que les Mâconnais ont eu comme compensation la décoration de leur maire et que M. F. Martin, parodiant pour son compte le vers de Belmontet, a pu dire :

Le vrai feu d'artifice est d'être décoré.

Beaucoup ont peut-être pensé que ce n'était pas suffisant.

A propos de cette décoration, on a vu, avec surprise, cette mention à l'*Officiel* : « F. Martin, 22 ans de services comme maire, conseiller général et conseiller d'arrondissement. » Et plus d'un d'entre vous s'est sans doute écrié ainsi que moi : Comment! M. le Maire de Mâcon a déjà tant servi que cela.

J'ai cherché par quel calcul on avait pu obtenir ce chiffre considérable d'années de services.

Voici le procédé dont on use, je le recommande aux maires aspirants à la députation.

On compte ainsi : maire pendant 5 ans, conseiller municipal pendant 9 ans, conseiller d'arrondissement pendant 5 ans, conseiller général pendant 3 ans ; on additionne et on trouve bien au total : 22 ans.

Pour les soldats, les campagnes comptent double, pour les maires les années comptent triple ; ainsi pendant cinq ans M. F. Martin a été en même temps maire, conseiller municipal, conseiller d'arrondissement ou conseiller général, il remplissait ces trois fonctions à la fois, mais cela fait tout de même cinq ans de service comme maire, cinq ans de service, comme conseiller municipal, cinq ans de service comme conseiller d'arrondissement ou conseiller général, on multiplie donc par trois et l'on trouve 15 ans de service. Ce n'est pas plus difficile que cela !

Pendant qu'on y était, on aurait pu ajouter 32 ans de

service comme électeur et membre du suffrage universel, cela aurait fait un chiffre imposant de 52 ans de service. Avec ce système, pour peu que cela dure et en additionnant son temps de services comme vénérable de la Loge, président du bureau de bienfaisance, de la commission des hospices, de ceci et de cela, M. le Maire de Mâcon atteindrait bientôt en années de services l'âge respectable du patriarche Mathusalem. Il se trouverait bien alors d'autres pétitionnaires qui demanderaient pour lui la croix d'officier de la Légion d'honneur. Et, ce jour-là, ô pétards! c'est pour le coup que je répéterais : Soyons gais! dût cet appel à la gaieté froisser encore la feuille radicale de Mâcon.

Car il faut vous dire, mes chers lecteurs, que ma dernière lettre n'a pas eu le don de plaire au journal de M. Margue. L'un des écrivains de cette feuille me répond en me parlant de l'Empire; je ne m'attendais guère à trouver l'Empire en cette affaire, attendu que je n'en ai jamais dit un mot. Un autre prétend qu'en criant : Soyons gais! j'ai insulté tous les partisans de la fête. B... adaud ! il sait bien que je n'ai insulté personne, mais il ne serait pas fâché de le faire croire.

J'ai raillé les anciens amis de la liberté qui signaient jadis, comme M. Hendlé, en compagnie de M. Jules Favre, de M. Jules Ferry, des consultations juridiques en faveur de la liberté individuelle (affaire Mourot-Mégy), et qui, aujourd'hui, sont les premiers à violer cette liberté. J'ai raillé ces démocrates qui criaient autrefois contre la décoration, contre l'abus du galon et qui, pareils à M. F. Martin, sont trop heureux de prendre du galon, quand on leur en donne. Cela n'est pas insulter, c'est dire la vérité en riant ; tant pis si la vérité a des épines et fait des blessures profondes. Je la dis quand même et toujours.

D'ailleurs mon appel à la gaieté a été compris comme il devait l'être; la preuve, c'est que nos administrateurs ont voulu mettre la gaieté à l'hôpital. L'Hôtel-Dieu de Mâcon était l'un des édifices les mieux pavoisés et les mieux illuminés, un homme zélé avait mis des drapeaux jusque dans les mains de la Sainte Vierge ; espérons qu'il en aura sa récompense dans ce monde-ci et dans l'autre.

Un ami me rapporte, à ce sujet, le propos suivant recueilli sur la place d'Armes :

— Papa, pourquoi donc qu'ils ont fait l'hôpital si beau ?

— Mon ami, c'est pour nous trouver moins récalcitrants quand ils nous y amèneront.

Il n'est pas gai du tout ce mot-là !

17 juillet 1880.

UN MENU HISTORIQUE.

AUX LECTEURS.

Je n'aime point le fracas des fêtes bruyantes. Ces exhibitions de drapeaux et de lampions, ces manifestations, cette joie que rien ne justifie, ces réjouissances forcées, ces chants et ces cris, ces pétards et ces flons-flons, en un mot, tout ce tintamarre patriotique n'a pour moi aucun attrait. Aussi, jeudi, j'ai cherché loin de la ville, loin même de mon village où la contagion du bruit est parvenue, une retraite paisible et capable de me donner des ombrages frais et du silence, deux biens d'un prix inestimable en ce temps-ci.

Là, je me proposais de reprendre avec vous mes causeries et de vous parler de toute autre chose que de la fête du 14 Juillet. Mais il était dit que cette fête me suivrait partout. J'avais emporté avec moi quelques journaux du département, je les ouvre et les trouve remplis de détails sur les fêtes, sur leurs programmes et sur leurs banquets. Tous publient des menus plus ou moins alléchants pour attirer les convives à ces solennités culinaires où l'on doit célébrer à coups de fourchettes la prise de la Bastille. J'apprends ainsi qu'à Mâcon et à Chalon on mangera le veau traditionnel, qu'à Charolles, où l'on est belliqueux, paraît-il, on savourera des « bombes nationales glacées. »

Mais le plus ébouriffant de tous ces menus est celui que j'ai trouvé dans le *Journal de Tournus*. Il est si extraordinaire, ce menu, que je laisse tout autre sujet de causerie pour vous en parler. Le voici *textuellement* transcrit avec la note dont le *Journal de Tournus* l'avait accompagné :

« Quelques citoyens entreprenants et dévoués ont pris, lundi, la résolution d'organiser un banquet populaire pour le 14 Juillet, à midi. Les délais sont courts pour mener à bien cette entreprise. Néanmoins un certain nombre de souscripteurs ont répondu à leur appel, et le banquet aura lieu salle de la Renaissance. En voici le menu :

RESTAURANT DE LA RENAISSANCE.

MENU.

Potage à la Fédération.
Hors d'œuvre.
Olives. — Beurre. — Radis.
Relevé.
Bœuf Mirabeau.
Entrées.
Tête de veau Robespierre.
Matelote Charlotte Corday.
Pièces froides.
Jambon de Martailly.
Légumes.
Haricots à la Vestris.
Rôti.
Poulets de Quiberon.
Dessert varié.
Pièces montées : *Prise de la Bastille.*
Colonne de Juillet.

Le maître d'hôtel qui a rédigé ce menu est un grand homme. S'il n'est pas officier d'Académie, il mérite de l'être. Il a droit aux félicitations de Trompette. Il a résolu le problème, depuis longtemps posé, d'asssocier la cuisine à l'histoire. Nous avions bien déjà les filets Richelieu, les poulets Marengo, les potages Crécy, les boulettes Martin et les brioches municipales, mais jamais on n'avait trouvé un ensemble aussi complet. Ce menu est une page d'histoire. C'est l'histoire de la Révolution en cinq plats précédés d'un potage. Mangez, citoyens, et instruisez-vous.

J'imagine que, pour faire apprécier à ses hôtes toutes les finesses de ce menu, le maître d'hôtel a dû accompagner chacun de ces plats d'une notice ou d'un petit boniment patriotique. Sans cela, la fête n'aurait pas été complète.

Je suppose donc que le maître d'hôtel, ayant endossé pour la circonstance la carmagnole et le bonnet phrygien, s'est présenté à chaque service et a débité à ses invités une série de boniments dans le goût que voici :

POTAGE A LA FÉDÉRATION.

« Citoyens, il y a aujourd'hui 91 ans, nos ancêtres célébraient la fête de la Fédération ; ils juraient tous sur l'autel de la patrie amour à la France et à la liberté ; tous les rangs s'étaient confondus, toutes les classes s'étaient mêlées dans une patriotique union, comme les légumes différents qui composent cette julienne se sont associés pour atteindre un but commun : composer un potage savoureux, charmes et délices de vos estomacs. Buvons donc à cette grande journée, répétons le toast que nos voisins les fédérés de Lons-le-Saunier portaient en 1790 :

« A tous les hommes, à nos ennemis mêmes que nous jurons d'aimer et de défendre. »

Après la consommation des olives, du beurre et des radis qui n'ont pas eu l'honneur d'un baptême spécial, on passe au

BOEUF MIRABEAU.

« Citoyens, vous connaissez tous le nom du puissant orateur qui a commencé l'œuvre de la Révolution. Ce plat est un hommage que nous lui rendons. Mirabaud était laid et s'en félicitait : « On ne connaît pas, disait-il, toute la puissance de ma laideur. » Et, une autre fois, il s'écriait : « Quand je secoue *ma terrible hure*, il n'y a personne qui ose m'interrompre. » Me rappelant cette parole, j'avais pensé d'abord à vous servir une *hure Mirabeau*, mais j'ai pensé que cela ne serait pas assez respectueux pour le grand homme. Aussi, songeant à la puissance oratoire de Mirabeau, me souvenant qu'un écrivain distingué l'avait appelé un « taureau divin, » j'ai inventé le « bœuf Mirabeau. » Buvons donc, citoyens, à la mémoire du grand orateur, et répétez tous avec moi cette parole : « Nous sommes ici par la volonté du peuple, et nous n'en sortirons que lorsque les bouteilles seront vides. »

Passons aux entrées :

TÊTE DE VEAU ROBESPIERRE.

« Citoyens, vous savez tous que Robespierre, après avoir été l'idole du peuple, fut accusé de tyrannie et qu'il mourut sur l'échafaud le 28 juillet 1794. hué par ce même peuple qui l'avait jadis adoré C'est là le souvenir que cette tête de veau vous rappelle. Buvons à ce souvenir et chantez tous avec moi ce couplet qui fut composé à l'occasion de la mort de Robespierre. L'air vous est connu, c'est celui de notre hymne national, la *Marseillaise*; les vers ne sont pas de première qualité, mais l'intention y est. » Et tous les convives auraient pu chanter sur l'air de la *Marseillaise* et en regardant la « tête de veau Robespierre », le couplet suivant, composé en 1794 sur Maximilien l'incorruptible :

Voyez-vous ce spectre livide
Qui déchire son propre flanc ?
Encore tout souillé de sang,
De sang il est encore avide.
Voyez, avec un rire affreux,
Comme il désigne ses victimes,
Voyez comme il excite aux crimes
Ses satellites furieux.
Chantons la liberté, couronnons sa statue,
Chantons, chantons
La liberté,
Couronnons sa statue.

Après ce refrain, on passe à la

MATELOTE CHARLOTTE CORDAY.

« Citoyens,

« C'est le 13 juillet 1793 que Charlotte Corday acheta, chez un coutelier du Palais-Royal, un couteau de table de deux francs à gaine et à manche noir qu'elle cacha sous son fichu. Elle se rendit ensuite rue des Cordeliers, chez Marat. L' « ami du peuple » prenait un bain, il travaillait à son journal au moyen d'une planchette posée sur la baignoire, Charlotte le poignarda. Marat fut tué au bain, retenez bien cette circonstance : je ferais injure à votre intelligence si, après cela, j'insistais davantage sur la relation qu'il y a entre Charlotte Corday et une matelote. »

Le jambon de Martailly ne rappelle aucun souvenir historique, mais nous arrivons aux

HARICOTS A LA VESTRIS.

« Vous vous demandez sans doute, citoyens, pourquoi ce titre : *Haricots à la Vestris ?* Vestris n'était pas un musicien, direz-vous, j'en conviens, mais c'était un danseur et, à une époque où les danseurs politiques ont tant de vogue, il était nécessaire de fêter Vestris, le *diou de la danse*, comme il s'appelait lui-même. Rappelez-vous, d'ailleurs, citoyens, qu'à l'occasion de la fête de la Fédération, l'immortel Vestris dansa pour le peuple, en costume de sans-culotte, un pas de deux dans la *Rosière républicaine.* »

POULET DE QUIBERON.

« Ce rôti, citoyens, a pour objet de vous rappeler, qu'en 1795, des insurgés vendéens ayant débarqué dans la presqu'île de Quiberon y furent pris et égorgés comme de simples poulets, malgré la parole donnée, malgré les efforts du général Hoche qui leur avait promis la vie sauve. »

Ainsi commenté et arrosé de copieuses rasades à chaque service, ce menu a dû avoir un succès colossal. Cependant je regrette que l'intelligent maître d'hôtel de la Renaissance n'ait pas cru devoir faire une légère allusion aux exploits de la troisième République. Pourquoi, par exemple, au lieu de prendre pour sujets de ses pièces montées : la *prise de la Bastille* et la *colonne de juillet*, n'avoir pas choisi : M. le Préfet de Saône-et-Loire montant à l'assaut d'un couvent ou M. Cazot président le tribunal des conflits. Ce dernier aurait certainement été bien accueilli, car M. Cazot a, je crois, des relations de famille à Tournus. Cette délicate attention aurait agréablement surpris notre garde des sceaux qui, dans sa reconnaissance, aurait pu caser ou cazoter quelques-uns des convives du banquet.

15 juillet 1881.

DES JEUX ET PAS DE PAIN.

AUX LECTEURS

Je trouve, dans le premier volume de l'*Histoire de la Révolution dans l'Ain*, par M. Philibert le Duc, — un ouvrage remarquable dont je vous entretiendrai quelque jour, — le programme de la fête du 14 Juillet 1790, à Pont-de-Vaux, tel qu'il fut proclamé par une affiche des officiers municipaux de cette ville.

Je crois bon de reproduire une partie de ce programme. Vous verrez, en le lisant, que nos municipaux d'à présent n'ont rien inventé.

« L'auguste cérémonie — ce sont les officiers municipaux de Pont-de-Vaux qui parlent — sera annoncée la veille par le son de toutes les cloches à la volée, soit de l'église paroissiale, soit des maisons religieuses, par une salve d'artillerie et par les tambours qui battront la retraite.

« Le dit jour, mercredi 14, la générale sera battue et toute la garde nationale sera sous les armes. La troupe se rendra sur la place Maubert où elle entourera l'autel de la patrie qui sera dressé pour y célébrer, à l'heure de midi, une messe à l'issue de laquelle le serment sera prêté par la garde nationale et par les citoyens présents. »

Vous voyez que jusqu'à présent il n'y a pas grande différence entre la fête nationale de 1790 et celle de 1882. La garde nationale a été remplacée par les bataillons scolaires qui ne sont pas autre chose qu'une garde nationale en herbe, la messe et le serment ont été supprimés : à part cela, le programme n'a pas varié.

Mais ce qui mérite toute notre attention c'est la fin de l'affiche rédigée par les organisateurs de la fête nationale de 1790, à Pont-de-Vaux. Je cite :

« Ce jour étant une fête publique, toutes les boutiques seront fermées pendant toute la journée, et il est défendu d'en tenir aucune ouverte *sous peine d'amende.*

« Le soir du même jour, il y aura une illumination générale ; et, en conséquence, tous les habitants sont invités de mettre des lumières sur les fenêtres de leurs maisons donnant sur les rues et places, aussi *à peine d'amende* contre les contrevenants.

> « Signé : Vuiron, premier officier municipal ; Joubert aîné, quatrième officier municipal ; Poizat, cinquième officier municipal ; Pilliard, procureur de la commune, et Deydier, puîné, secrétaire greffier. »

La réjouissance sous peine d'amende, l'illumination sous peine d'amende, voilà ce que nos municipaux actuels n'ont pas encore osé. Ils y viendront peut-être.

Cette année, à Mâcon et dans toute la région, une pareille prescription n'eût pas été superflue.

Les récoltes sont compromises, les cultivateurs ont vu s'en aller à vau l'eau leurs revenus de l'année. Les rivières charrient des foins ; les blés, dont les tiges jaunissantes présentaient naguère un si riant aspect et faisaient concevoir tant d'espérances, sont maintenant couchés tristement, la paille prête à pourrir, le grain prêt à se corrompre ; les vignes, dont les grappes nombreuses et déjà grosses consolaient le vigneron de ses mécomptes passés, sont menacées par l'oïdium, l'anthracnose, les vers, etc., et les celliers menacent de rester encore vides cette année.

N'importe : réjouissons-nous ! la municipalité de Mâcon

le veut : en avant, la musique, les pétards, les lampions et les banquets! Que la fête suive son cours, rions et chantons aujourd'hui, et à demain les affaires sérieuses, à demain le dénombrement des désastres et des ruines, à demain les secours à apporter aux victimes du fléau! La municipalité est en veine de rire et de s'amuser, il faut que tout le monde rie et s'amuse.

Les Romains de la décadence demandaient : *panem et circenses*, du pain et des jeux ; on donne aux Français d'aujourd'hui des jeux d'abord, on leur donnera ensuite du pain.. s'il y en a !

Peu importe qu'à côté de nous il y ait des cultivateurs qui gémissent et se lamentent ; ils entendront les échos de nos fanfares et de nos salves d'artillerie, ils verront les illuminations et les feux de Bengale projeter sur les flots qui les ont ruinés leurs éclats fantastiques, cela les consolera. Ainsi le veut la fraternité républicaine !

Quant à ceux qui osent dire que des réjouissances en un pareil moment sont inopportunes, à ceux-là on leur fermera la bouche en leur disant : « Vous protestez parce que vous avez un parti pris de dénigrer systématiquement la République, » la République aimable, joyeuse, amie des fêtes et des lampions.

A Rome, quand un patricien châtiait un esclave insolent, l'esclave prenait dans ses mains une image de César : si le maître irrité ne s'arrêtait pas, il avait manqué de respect à César et il était digne de mort. Ainsi font les maires et les journalistes républicains qui s'abritent, lorsqu'ils ne peuvent répondre aux justes critiques qui leur sont faites, derrière l'image de la République ! Mais l'image a perdu de son prestige : on en a tellement abusé ; c'est un vieux sou qui n'a plus ni croix ni pile et qui est menacé bientôt de perdre cours.

Et puis, voyons, messieurs les municipaux de Mâcon, est-ce aussi par parti pris contre la République que les municipalités républicaines de Chalon, de Verdun-sur-le-Doubs et de mainte autre ville ont, en raison des circonstances douloureuses que nous traversons, supprimé les réjouissances du 14 juillet? A mon humble avis, les municipaux de Chalon et de Verdun ont mieux compris que vous les intérêts de la République ; ils ont décidé que l'argent destiné à la fête serait distribué aux inondés, ils ont même généreusement abandonné leurs cotisations pour les banquets. Voilà de la vraie fraternité ! Ils ont fait plus, ils ont ouvert une souscription, ils vont faire appel à la générosité des habitants des autres départements.

Mais, à Mâcon, comment voulez-vous que nous ouvrions une souscription, que nous demandions des secours aux villes voisines? Ne serait-ce pas nous exposer à ce qu'on nous répondit : « Vous n'êtes ni si éprouvés, ni si affligés que vous voulez le dire ; la preuve, c'est que, le 14 Juillet, vous vous êtes réjouis, vous avez allumé des lampions et tiré des feux d'artifice, vous avez dépensé là une somme relativement considérable, il fallait la garder pour vos inondés. »

Les municipaux de Mâcon n'avaient sans doute pas prévu cela. C'est triste à constater.

Il faut maintenant, mes chers lecteurs, tirer la moralité de l'histoire. On voit des gens sacrifier leurs biens, consacrer leur vie à soulager les infortunes d'autrui : ce sont, pour la plupart, d'affreux cléricaux, des Frères de Saint-Jean-de-Dieu, des Sœurs de Saint-Vincent de Paul, etc. Les municipaux républicains de Mâcon ne consentent même pas à se priver d'une fête pour venir en aide à leurs voisins dans la détresse ! Et ils disent qu'ils pratiquent la fraternité : jugez un peu, s'ils ne la pratiquaient pas !

15 juillet 1882.

TOUT A LA JOIE !

AUX LECTEURS.

Le 14 juillet 1793 (vieux style), Mâcon était en fête. Les administrateurs de la ville, Blé-Fer Vondière, Ail-Pavot Bijon, Romarin Léautier, Pomme-Raisin Nardon, Romarin Guyeu et Raifort Mauguin avaient excité l'enthousiasme des citoyens.

L'agent national, près le district de Mâcon, avait adressé aux habitants des communes une proclamation dont j'ai l'original sous les yeux et que je reproduis textuellement :

« L'époque du 14 Juillet fut l'aurore de la Liberté française, elle marqua au despotisme sa prochaine ruine, elle fut le signal du réveil du peuple et de son triomphe !

» Cette journée mémorable et chère à tous les bons Français est désignée dans le décret du 18 floréal au nombre des fêtes de la Liberté.

» Ce fut, en effet, la levée en masse du peuple français contre les tyrans, ce fut le jour solennel où il fit le serment de vaincre ou de mourir pour la Liberté.

» Nous l'avons tenu ce serment précieux, et quel plus beau moment que celui où la victoire couronne les efforts du peuple français ? *Que nous reste-t-il à faire, Citoyens, que de nous réunir dans ce Temple auguste de l'Etre Suprême, lui rendre grâces des bienfaits signalés dont il a comblé jusqu'à présent notre République naissante*, puis de nous serrer autour de l'arbre sacré, d'y jurer de nouveau la haine à la tyrannie, aux Anglais et Hanovriens, l'exécration à la trahison et le maintien de nos droits sacrés contre toutes leurs entreprises. Après avoir satisfait à ces devoirs, livrons-nous à l'allégresse et que la joie la plus naïve préside à nos jeux et à nos banquets civiques et fraternels.

» Salut et fraternité. »

Donc, le 14 Juillet 1793, tous les Blé-Fer, tous les Ail-Pavot, tous les Pomme-Raisin, tous les Romarin, tous les Raifort — c'est sans doute depuis l'emploi de ces singuliers prénoms, innové en 1793, qu'on a pris l'habitude dans le peuple d'appeler les hauts fonctionnaires des « grosses légumes » — se réunirent dans le Temple de l'Etre Suprême et lui rendirent grâces.

Les Blé-Fer et les Ail-Pavot de 93 passeraient pour des réactionnaires et des cléricaux aujourd'hui.

Je viens de lire les proclamations que plusieurs maires républicains du département ont adressées à leurs administrés à l'occasion de la fête du 14 : il n'est pas question de l'Etre Suprême.

J'ai distingué notamment les proclamations des maires de Mâcon et de Saint-Vallier : pour n'être pas signées Raifort Philippon ou Romarin Martin, elles ne diffèrent pas sensiblement de celles des administrateurs de 1793.

Voici, par exemple, une partie de l'élucubration du citoyen Philippon :

« Aujourd'hui, dit l'Ail-Pavot de Saint-Vallier, quelques cerveaux détraqués osent encore, par des moyens imaginaires qui font pitié, essayer de nous rappeler à ce bon vieux temps. Ils voient la République grandir et sentent le terrain s'effondrer sous leurs pieds, ils crient à la persécution parce qu'on les rappelle maintenant au respect des lois.

» Citoyens,
» Serrons nos rangs, laissons ces gens se débattre dans le vide, suivons la voie du progrès sans nous soucier de

leurs récriminations, fêtons dignement la fête du 14 Juillet dans un sentiment unanime de fraternité.

» Que les édifices soient illuminés et pavoisés par tous ceux qui ne craignent pas de le faire et que les autres s'y associent de cœur, car je sais que tous ne sont malheureusement pas libres. »

Vrai style de détraqué! Voilà un pathos dont on n'aurait pas voulu en 93, époque où l'on n'était pas difficile pourtant.

M. le Maire de Mâcon, je le reconnais, s'exprime d'une façon beaucoup plus correcte et plus convenable. Il ne commet point la faute d'injurier ses adversaires, en faisant appel à la concorde et à la fraternité. Son petit boniment n'est vraiment pas mal tourné :

« Mâcon, s'écrie-t-il, la vieille cité républicaine qui a toujours marché à l'avant-garde de tous les progrès, ne voudra pas, dans cette circonstance, faillir à sa réputation si vaillamment acquise ; elle unira son enthousiasme à celui de la France entière, et ses habitants, j'en suis convaincu, tiendront à honneur de pavoiser et d'illuminer, afin de célébrer dignement notre grande Fête nationale.

» Ils n'oublieront pas surtout que la fête du 14 Juillet est la fête de la Fédération, c'est-à-dire la fête de la concorde, de l'union et de la fraternité. Ce jour-là, un seul cri doit sortir de toutes les poitrines : Vive la République! »

On ne devra même pas se permettre de crier : Vive l'Etre Suprême! ou Vive M. le Maire ! Qu'on se le dise!

Entre nous, je trouve que cet appel à la vaillance des Mâconnais pour leur demander d'exhiber des lampions et des drapeaux n'est guère de mise. Faut-il être si vaillant que cela pour illuminer et pavoiser sa maison? Ah! que non! Il n'y a là aucun péril à courir, il n'y a que des avantages à gagner. C'est de l'argent bien placé.

C'est pourquoi, si j'étais chargé, comme maire, de réveiller l'enthousiasme rétif des citoyens, voici le langage que je tiendrais à mes administrés :

Citoyens, amusez-vous. Réjouissez-vous tous, rentiers auxquels on a pris le dixième de votre revenu, agriculteurs qui attendez en vain des dégrèvements et auxquels on promet, en compensation, la décoration du Mérite agricole, pères de famille qu'on moleste, prêtres dont on supprime le traitement, magistrats dont on s'apprête à punir l'indépendance, fonctionnaires dont on épie les actes, les mouvements, les saluts, et vous tous, contribuables, réjouissez-vous et criez d'un commun accord :

Ah ! qu'on est fier d'être Français,
Quand on regarde les colonnes... du budget.

Pavoisez vos fenêtres, et peut-être pavoisera-t-on vos boutonnières ! Illuminez, et peut-être votre lampion vous évitera-t-il une disgrâce, un déplacement, si vous êtes fonctionnaire. Un lampion et un drapeau bien placés compteront plus dans vos états de services qu'une action d'éclat et qu'un dévouement absolu à vos fonctions. Un lampion peut vous valoir de l'avancement et, au prix où est l'huile, ce n'est pas trop cher.

Allons, tout à la joie ! A demain le Tonkin, les crises ministérielles, les embarras financiers, et le reste.

Donc, samedi, nous aurons force drapeaux, force lampions, force banquets. Mais parmi ceux qui illumineront et mangeront du veau en l'honneur de la prise de la Bastille, combien en est-il qui soient réellement contents ? J'estime qu'il n'est pas un seul républicain, à l'heure actuelle, qui soit satisfait de la situation.

Les républicains modérés trouvent que ça va trop vite et trop loin. Les élections, de plus en plus radicales, les alarment. Ils sont pareils à cet apprenti sorcier dont parle une vieille légende. Il avait obtenu d'avoir à son service des génies qui obéiraient à tous ses ordres. L'élève sorcier a soif, il demande de l'eau ; les génies lui en apportent, apportent, apportent toujours, et l'élève ne sachant pas ce qu'il faut leur dire pour les faire cesser, ils apportent tant d'eau qu'ils inondent le pays et noient l'élève sorcier.

Nos gouvernants sont des élèves sorciers qui ne savent que dire et que faire pour arrêter les électeurs, ces génies obéissants qui font plus qu'on ne leur a demandé. Le radicalisme monte toujours et noiera bientôt les élèves sorciers.

Si les républicains modérés ne sont pas satisfaits, les radicaux ne le sont pas davantage, les socialistes le sont encore moins, les collectivistes et les anarchistes ne le seront jamais. Qui donc est satisfait ? Prenez une des lanternes de samedi et cherchez dans la République un homme heureux, vous n'en trouverez pas. Ceux qui ont des places craignent de les perdre et ceux qui n'en ont pas veulent en avoir. Jamais il n'y eut autant de solliciteurs dans les antichambres ministérielles et l'épigramme suivante est de saison :

Un demandeur — pour sa part de curée
Voulait être préfet. — Monsieur Waldeck, en vain,
Lui disait : De préfets la France est encombrée,
Tout est nommé. — Notre homme insistait. — A la fin
  Monsieur Waldeck appelle un fantassin.
« *Avec votre fusil, sortez un peu, de grâce,*
« *Et tuez le premier préfet qui passera,*
« *Pour qu'à monsieur je puisse enfin donner sa place,*
« *Car, sans cela, jamais il ne me lâchera.* »

Ainsi personne n'est content, sauf peut-être les marchands de drapeaux, de pétards et de lampions, et cependant tout le monde doit s'amuser demain. Tout le monde doit faire œuvre de patriotisme et de vaillance en coupant une chandelle en trois bouts et en les allumant sur sa fenêtre en l'honneur de la prise de la Bastille. Et c'est à l'aune des bouts de chandelle que se mesure le patriotisme. Singulière époque !

Pour donner un peu de gaieté à ceux qui vont célébrer l'anniversaire de la prise de la Bastille, je termine par un souvenir historique de juillet 1789.

Le malheureux Berthier venait d'être massacré ; ses meurtriers avaient mutilé son cadavre. Celui qui s'était emparé du cœur entra au café, et ayant fait servir « une tournée » à ses camarades et à lui, il détacha le cœur de la baïonnette où il était fiché, le pressa fortement entre ses mains et en exprima quelques gouttes de sang dans les tasses en disant « qu'il n'est pas de bonne fête quand le cœur n'en est pas ».

14 juillet 1883.

UN POINT D'HISTOIRE

A Monsieur MARGUE

Sous-secrétaire d'Etat à l'intérieur.

Un républicain athénien, Alcibiade, coupa la queue d'un magnifique chien qu'il venait de payer très cher, en disant : « Pendant que les Athéniens parleront de mon chien, ils ne s'occuperont pas de mes actes. » Je crois bien qu'en vous choisissant au dernier moment pour compléter la liste de son ministère, pour finir le bouquet qu'il avait péniblement assemblé, M. Gambetta a imité Alcibiade et s'est dit : « Pendant qu'on parlera de M. Margue et qu'on plaisantera sur son mot, on songera moins à discuter mes actes et mes choix. Que les Français rient pourvu qu'ils payent! »

Si telle a été la pensée de M. Gambetta, le tour n'est pas mal imaginé et le stratagème a eu un succès complet. Depuis que la liste du nouveau ministère est connue, on ne tarit pas de plaisanteries en prose et en vers sur votre célèbre exclamation. En se gravant sur un portefeuille ministériel, votre mot s'est refait une virginité. Tous les journaux parisiens en sont pleins.

L'un, un républicain pourtant, dit ironiquement que vous « parlez comme Sévigné écrivait »; l'autre écrit que vous étiez sûr d'être le bienvenu dans tous les cabinets; celui-ci, faisant allusion à vos opinions, déclare qu'on vous a pris comme une sentinelle avancée pour barrer la route à l'extrême gauche; celui-là affirme que vous aurez un grand rôle dans le nouveau ministère, qu'on vous chargera de poser la question de cabinet pour faire aller le Sénat ; cet autre dit en langue des dieux :

> *Il n'a, ce Constans que l'on nargue,*
> *Pas tout à fait vidé les lieux*
> *Puisqu'il y laisse M. Margue.*

Un autre tire ainsi l'horoscope du cabinet dont vous faites partie :

> *Enfin nous pouvons nous promettre*
> *Un avenir tranquille et sûr,*
> *Car bien malin qui pourra mettre*
> *Notre ami Margue au pied du mur.*
>
> *Son nom, pour la France ravie,*
> *Vaut mieux que canons et troupiers,*
> *Et l'Europe n'a d'autre envie*
> *Que d'être bien dans ses papiers.*
>
> *Homme de cœur et de courage,*
> *Il croqua longtemps le marmot ;*
> *Nous allons le voir à l'ouvrage :*
> *Il n'a pas dit son dernier mot !*

J'en passe et des moins odorantes.

Je n'aurais pas songé à relever toutes ces plaisanteries, si un journal tout dévoué à M. Gambetta, le *Voltaire* — les officieux n'en font jamais d'autres — n'avait essayé de contester l'authenticité du mot qui vous appartient. Il y a là un point d'histoire à établir, la vérité m'oblige à le faire et à revenir, dure nécessité, sur cet épisode parlementaire de breneuse mémoire.

Voici d'abord l'extrait du *Voltaire*, numéro du 17 novembre courant, auquel je suis obligé de répondre :

« M. Margue, un nom sur lequel la presse réactionnaire va s'en donner à cœur-joie et plaisanter à bouche que veux-tu, M. Margue a-t-il laissé échapper dans un moment de mauvaise humeur l'interjection énergique qu'on l'accuse d'avoir empruntée au général Cambronne? Nous n'en savons rien, mais nous n'en croyons pas un mot. M. Margue, que suit cette *sotte légende*, est un galant homme et un homme de tenue dans toute la force du terme. Il est le démenti vivant de la plaisanterie de... fumiste dont on essaye de le poursuivre. »

Ainsi le mot, le fameux mot n'existe plus, c'est une « sotte légende » inventée par des « fumistes » malveillants, Voyons un peu et apportons des preuves.

Un journal opportuniste, la *Presse*, racontant les incidents de la séance orageuse du 9 juin 1879, disait textuellement (n° du 10 juin 1879) :

« M. Margue, qui est habituellement calme, se dirige vers M. Levert et s'écrie : « C'est emm... tout cela! »

» M. Levert est rouge de colère, il lève les mains sur M. Margue et dit : « Vous êtes un insolent. »

» Heureusement, M. Amédée Le Faure intervient, il sépare M. Levert et M. Margue. »

Ainsi parlait la *Presse*, qui n'est pas un journal réactionnaire et dont vous ne pouvez suspecter le témoignage.

Un autre journal dont le témoignage ne saurait davantage être contesté, le *Moniteur universel*, commentait ainsi l'exclamation que vous aviez lancée :

« Ce mot craché à la face de l'ennemi comme une suprême injure par la rage patriotique d'un soldat, ce mot lancé aux Anglais comme une poignée de boue, au milieu des derniers coups de feu de la garde mourante, ce mot dont l'héroïsme de celui qui le prononça rachetait la grossièreté, a retenti, lundi, non plus sur le champ de bataille et sous la moustache d'un grenadier cédant au double délire du carnage et de la défaite, mais dans la Chambre des députés et sur les lèvres d'un législateur.

» Ce législateur ne pourrait invoquer pour excuse de la haute inconvenance dont il se rendait coupable aucune excitation héroïque. Tout au plus pourrait-il se rejeter, en demandant pardon bien fort, sur les lacunes de son éducation. Quoi qu'il en soit, le jour où le mot de Cambronne a été prononcé dans une Chambre française, — non par un garçon de service, non par quelque spectateur grossier des tribunes, — mais par un député, marque une date dans nos annales parlementaires. »

Voilà déjà deux témoins d'opinion différente qui affirment tous les deux que le mot a été prononcé. Mais j'ai des preuves plus convaincantes encore à offrir à votre défenseur officieux.

Le 20 septembre 1879, il y avait fête à Salornay-sur-Guye; une cavalcade avait été organisée, le banquet obligatoire termina la journée. Or, à ce banquet, M. de Lacretelle prit la parole, il vous défendit contre les railleries dont vous étiez l'objet, il plaida pour vous les circonstances atténuantes et il dit, faisant allusion à l'épisode du 9 juin : « LE MOT A ÉTÉ MALHEUREUX, nous le reconnaissons tous. »

Et vous-même, monsieur le Sous-Ministre, répondant à M. de Lacretelle, le remerciant du plaidoyer *pro m...â* qu'il venait de faire, vous avez dit : « UN MOT MALHEUREUX M'EST ÉCHAPPÉ. »

Un poète spirituel et badin a enchâssé cet aveu dans les vers suivants :

> *Dans un banquet de Saône-et-Loire*
> *Où le vingt septembre il parla*
> *Il fit cet aveu méritoire :*
> *Un mot malheureux m'échappa.*
>
> *Malheureux! ce mot? Je t'arrête,*
> *Cet aveu n'est point délicat :*

> *Margue, l'orgueil trouble ta tête;*
> *O Margue! tu n'es qu'un ingrat.*

Il n'y a donc pas là de sotte légende, ni de plaisanterie de fumiste, les journalistes témoins de votre exclamation l'ont enregistrée et vous-même en avez fait l'aveu.

Je ne m'explique donc pas qu'un rédacteur officieux s'en vienne maladroitement, aujourd'hui, contester l'authenticité de ce mot, lorsque vous-même avez reconnu l'avoir prononcé. C'était vous exposer à une polémique désagréable et sans profit pour vous.

Quel intérêt auriez-vous, en effet, à renier ce mot? N'est-ce pas lui qui vous a porté bonheur? N'est-ce pas lui qui vous a mis en évidence, qui a donné à votre nom une célébrité inespérée; qui, du jour au lendemain, a porté aux quatre coins de l'Europe cette syllabe énergique : Margue!

Sans ce mot, seriez-vous aujourd'hui au cabinet? Auriez-vous eu un titre quelconque à succéder à M. Constans? Loin donc d'appeler votre célèbre interjection un mot « malheureux », bénissez le jour où vous l'avez prononcé, comptez-le au nombre des jours fastes de votre existence, marquez-le d'une... pierre blanche, *albo lapillo*. Oui, je vous le dis, avec le spirituel poète que j'ai déjà cité :

> *Que chaque fois qu'une aventure,*
> *Qu'un parfum soudain et léger,*
> *Qu'un accident de la nature*
> *Viendra pour t'y faire songer,*
>
> *Des larmes de reconnaissance*
> *Viennent alors mouiller tes yeux*
> *Et que ton cœur batte et s'élance*
> *En bonds doux et capricieux ;*
>
> *Qu'il soit ton blason, ton paraphe,*
> *Ta devise pleine d'orgueil,*

Fais-en ton unique épitaphe
Quand tu descendras au cercueil.

Et que le passant solitaire
En voyant ces cinq lettres d'or,
Dise aussitôt avec mystère :
C'est en ces lieux que Margue dort.

Et puis, lorsqu'un mauvais plaisant quelconque viendra vous rappeler votre exclamation, ne vous en fâchez pas, mais dites-lui dans le style de Joseph Prud'homme : « Mon ami, espérons que ce mot sera le tombeau de toutes les factions qui déchirent le sein de la patrie; » ou encore... « Ce mot est le plus beau jour de ma vie. »

19 novembre 1881.

DÉGOÛTÉ !

A Monsieur MARGUE

Député de Mâcon, sous-secrétaire d'Etat à l'intérieur.

Un bruit qui m'a ému est arrivé jusqu'à moi. On raconte qu'à peine monté sur le faîte, vous aspirez à descendre. On assure que vous seriez tenté de rendre à M. Gambetta la moitié de portefeuille qu'il vous a confiée. Vous seriez disposé à obéir à l'adjuration que vous adressait l'autre jour une feuille radicale de Saône-et-Loire : « Ah ! sortez, sortez vite de ce cabinet, monsieur Margue, vous, homme de valeur et de conscience, qui vous y êtes fourvoyé. »

Voici, en effet, ce que je lis dans un petit journal intransigeant, le *Citoyen*, de Paris :

« On annonce que M. Margue, sous-secrétaire d'Etat à l'intérieur, *profondément dégoûté de la politique de son patron*, serait dans l'intention de donner sa démission.

» M. Margue... l'homme au mot de Cambronne, dégoûté du ministère... c'est un comble ! »

Oh oui ! c'est un comble ! On m'aurait appris que M. Bouthier de Rochefort a fait un trait d'esprit ou qu'un roman de M. de Lacretelle a obtenu un prix à l'Académie française, que je n'aurais pas été plus surpris.

Je me suis dit : Ou le fait avancé par le *Citoyen* est faux, ou alors quelles choses peut-on faire dans le ministère pour que M. Margue en soit dégoûté ?

Pour la grande masse du public, pour vos amis politiques eux-mêmes, le cabinet dont vous faites partie est un cabinet inodore et beaucoup de gens souhaitent de lui voir vider les lieux.

Mais vous, monsieur, l'un des piliers de ce cabinet, quelle mouche vous a piqué? Pourquoi vouloir en sortir lorsque vous y êtes si bien à votre place?

M. Gambetta vous a choisi comme talisman, comme porte-bonheur, et vous songeriez à le quitter? Ce serait de l'ingratitude... Mais ce serait aussi de la prévoyance. Quand une maison est sur le point de s'écrouler, les rats s'en vont. Quand un homme d'Etat commence à perdre sa popularité, ses amis l'abandonnent.

Plaisanterie à part, en vous retirant du cabinet Gambetta, vous montreriez que vous comprenez à merveille votre intérêt personnel. En effet, que M. Gambetta réussisse ou ne réussisse pas dans ses projets révisionnistes, si vous restez dans le ministère jusqu'à sa chute ou jusqu'à son succès, vous serez inévitablement sacrifié.

Si M. Gambetta triomphe dans sa lutte contre le Parlement, s'il dompte la majorité, vous pouvez être assuré qu'il réformera son ministère, qu'il choisira de nouveaux collaborateurs ayant plus de surface et plus de crédit, et qu'il se débarrassera de tous ceux qui peuvent prêter au ridicule ou qui auront fait preuve de trop d'indépendance. Pour l'un ou l'autre de ces motifs, vous perdrez votre demi-portefeuille.

Si, au contraire, M. Gambetta succombe, vous tomberez avec lui, mais l'ancien dictateur pourra se relever et ressaisir son prestige, tandis que vous et vos collègues vous aurez servi de tampon pour amortir sa chute. C'est contre vous que se retournera la colère publique; contre vous qui, désapprouvant la politique du ministère, n'aurez pas eu le courage de sortir par la grande porte d'un cabinet où vous êtes entré par la porte basse. Les petits pâtissent toujours des malheurs des grands.

Tombant avec M. Gambetta ou éliminé par lui à un moment donné, vous pourrez dire adieu à la popularité.

Ceux qui jalousent aujourd'hui votre élévation exploiteront contre vous votre chute. Sortant volontairement du ministère en secouant la semelle de vos souliers et en disant à M. Gambetta le mot que vous savez, vous acquérez un regain de popularité. On vous a assez longtemps comparé à Cambronne, on vous mettra en parallèle avec Cincinnatus : le héros romain retournait à sa charrue, vous reviendrez fumer vos terres. Ce sera bien joué.

Telles sont, si le bruit que je rapporte est fondé, les réflexions que vous avez dû faire avant de prendre votre détermination. Mais ce racontar est-il vrai? On colporte, depuis l'avènement du ministère Gambetta, tant de rumeurs mensongères que je me défie un peu de tous ces canards éclos dans l'imagination des nouvellistes.

Ne dit-on pas maintenant que M. Gambetta est fou? J'avoue que j'aime fort peu ce genre d'opposition, ces machines de guerre qui ont pour but de miner, de tuer lentement l'adversaire. Je ne sais pas trop si un homme auquel on répèterait tous les jours qu'il est aliéné, qu'il est mûr pour Charenton, ne finirait pas par le croire et par devenir réellement fou. Aussi, c'est avec toutes les réserves possibles que je reproduis ces lignes trouvées dans un autre journal intransigeant, le *Radical* :

« Si nous en croyons des renseignements qu'il nous est malheureusement difficile de contrôler, l'état mental de M. Gambetta ne laisserait pas que d'inspirer certaines inquiétudes à son entourage. Chaque jour, nous affirme-t-on, après son repas du soir, le président du conseil est sujet à des troubles cérébraux qui se manifestent par une incohérence prolongée dans les idées et dans les paroles. Le travail de la digestion ne se traduirait plus par une simple somnolence, par un engourdissement passager du cerveau, mais par une forte congestion d'où résultent les phénomènes les plus inquiétants.

» Nous devons ajouter, du reste, que cet état maladif ne résulterait pas le moins du monde des derniers évènements politiques, bien faits cependant pour troubler un homme aussi impressionnable que M. Gambetta. C'est de longue date, paraît-il, que le président du conseil est sujet à de semblables indispositions. »

Je ne crois pas à la maladie de M. Gambetta. On a pu dire : M. Gambetta est fou d'avoir choisi de tels ministres, M. Gambetta est fou d'avoir nommé de tels fonctionnaires, M. Gambetta est fou d'avoir proposé en ce moment la révision et le scrutin de liste, mais c'est une façon de parler que les gazetiers ont mal interprétée.

Ah! ces gazetiers, leur engeance est sans pitié. Vous ont-ils fait assez avaler votre mot? Si vous racontiez aujourd'hui à l'un d'eux en grand secret, comme la femme de la fable, que M. Gambetta « a pondu un œuf gros comme quatre », avant la fin de la journée, les journaux publieraient que le grand ministre en a pondu un cent et que Trompette en a fait une savoureuse omelette.

Ils travestissent tout ce qu'on leur confie. Dites-leur que M. Gambetta a mangé un festin succulent préparé par son éminent maître-queux, ils le traiteront de Lucullus, de sybarite. Dites-leur, au contraire, que M. Gambetta a vécu, comme les anciens Romains, de pois chiches et de racines, ils diront que cette austérité apparente cache quelque plan ambitieux. De : « *Napo Leo vivit*, Léon vit de navet, » ils feront : Napoléon est ressuscité, Napoléon revit dans M. Gambetta.

Comment les contenter! Ils trouvent M. Grévy trop économe et M. Gambetta trop prodigue, M. Proust trop précieux, et vous, monsieur Margue, trop rustique. Ah! c'est un métier bien difficile que de gouverner un peuple qui lit le journal et je comprends, jusqu'à un certain point, que vous en soyez dégoûté et que vous rendiez les armes.

L'empereur Dioclétien abandonna autrefois la couronne et s'en alla planter des laitues à Salone, imitez-le, déposez le portefeuille et venez cultiver des roses à Salornay : cela vous changera.

21 janvier 1883.

DÉJA!

A Monsieur MARGUE
Ex-sous-secrétaire d'Etat.

Ce matin, de ma fenêtre, je suivais le manège d'un groupe d'oiseaux, bergeronnettes et linottes, qui cherchaient en vain sur les arbres tout enveloppés de givre une place où poser leurs petits pieds. Pauvres oiseaux! Par quelle transition, par quelle association d'idées ma pensée a-t-elle passé pour arriver de ces intéressants volatiles aux ministres, en général, et à vous, monsieur, en particulier? Je ne saurais vous le dire.

Peut-être ai-je pensé que les oiseaux, dans leur misère, avec leurs pieds gelés et leur ventre creux, étaient moins à plaindre encore que les ministres! Peut-être ai-je songé que la Chambre s'était montrée bien dure en vous expulsant du ministère par un temps pareil, un temps à ne pas mettre un... ministre dehors. Bref, j'ai pensé à vous, et je vous livre telles quelles les réflexions que j'ai faites et que mentalement je vous adressais.

Ça y est! Au début de cette année, j'écrivais :

« Lorsque le ministère Gambetta est arrivé au Pouvoir, tout le monde a dit : Enfin! et demain lorsqu'il tombera, tout le monde dira : Déjà! »

Je ne croyais pas que les évènements me donneraient raison aussi vite. C'est vous, monsieur, surtout qui devez dire : Déjà! et faire de mélancoliques réflexions sur la vanité des choses de ce monde en songeant amèrement qu'un ministre aujourd'hui est moins stable qu'une hirondelle sur nos toits.

Pauvre grand ministère! il n'avait pas l'éclat du verre, mais il en avait la fragilité.

Il était de ce monde où les plus belles choses
Ont le pire destin,
Et rose, il a vécu ce que vivent les roses,
L'espace d'un matin.

Les roses ne sont mises ici que par antithèse, puisqu'on prétend que vous étiez vous-même dégoûté par les actes du « grand ministère ». Cependant, dégoûté ou non, vous êtes, jusqu'au bout, resté fidèle à la fortune du Maître. Tous vos collègues de Saône-et-Loire ont voté avec un remarquable ensemble contre M. Gambetta ; seul, vous avez courageusement déposé dans l'urne un bulletin favorable. Seul contre huit ! Vous serez maintenant isolé au milieu de la députation de Saône-et-Loire comme un lys au milieu des coquelicots, et vos amis d'hier vous tourneront le dos aujourd'hui.

Et, cependant, je vous le dis impartialement, votre attitude me paraît plus digne que celle de certains de vos collègues. Vous auriez pu, en effet, sortir du ministère, il y a quinze jours, lâcher ouvertement M. Gambetta et bénéficier du regain de popularité que ce coup d'éclat vous aurait valu. Vous ne l'avez pas voulu ; comme Cambronne à Waterloo vous avez combattu jusqu'au bout.

Vous avez bien fait et vous pouvez lancer aujourd'hui à ceux de vos collègues qui étaient naguère les commensaux de M. Gambetta, et qui sont maintenant ses ennemis, l'imprécation du poète satirique :

Ah! qu'il ait contre lui dans la France où nous sommes,
Sous le nez allongé des éternels badauds,
Tous les petits crétins qu'il changeait en grands hommes,
Tous les singes savants qu'il portait sur le dos :

Qu'il ait été sapé par tel ou tel fantoche,
Qui, pour piper les voix, mendia son appui;
Qu'Andrieux l'ait lancé, cachant mal dans sa poche
Le gourdin qu'il avait jadis reçu de lui;

Qu'il ait été blagué par des gars qui, la veille,
Lui demandaient en chœur des postes de préfet;
Qu'ils l'aient toisé debout, le chapeau sur l'oreille,
Qu'il ait été lâché par des gens qu'il truffait;

Qu'un tas d'insidieux joueurs de clarinette
L'aient insulté venant de lui lécher l'orteil;
C'est ce que n'admet pas Margue, garçon honnête,
Devant la loyauté du peuple et du soleil.

Et s'il avait voulu pourtant, preux infidèles,
Par une digne fin couronner ses travaux,
Il vous eût fait baiser ce qu'entre deux chandelles
Thiers autrefois montrait au soüper de Grandvaux.

Oui, que M. Ch. Boysset, l'adversaire constant de M. Gambetta depuis 1870, que M. Sarrien même qui fut, au mois de juin dernier, l'adversaire du scrutin de liste, aient contribué à la chute de M. Gambetta, cela se comprend, cela s'explique. Mais que M. de Lacretelle, par exemple, l'un de ceux que M. Gambetta a truffés, l'un des convives de ces déjeuners politiques qui changèrent la fortune du scrutin d'arrondissement, ait voté contre M. Gambetta et contre le scrutin de liste, c'est une de ces palinodies, sans exemple, qui montrent que, chez le député de Tournus, l'homme politique ne vaut pas mieux que le romancier.

Les principaux électeurs de sa circonscription ont déjà protesté énergiquement contre le vote de M. de Lacretelle; ils l'accusent d'avoir manqué à son programme qui comprenait le scrutin de liste; ils ont raison, mais ils avaient tort lorsqu'ils comptaient sur la consistance et sur l'esprit politique du singulier candidat qui leur disait naïvement : « J'accepte tout puisque j'ai tout voté. » Dindenaut, va!

Pour en revenir à vous, monsieur Margue, vous êtes maintenant sans emploi ; M. Gambetta, dit-on, va utiliser ses loisirs en voyageant en Amérique, je vous conseillerais volontiers un autre genre de distractions. Si vous ne pouvez vous résigner, comme je vous le disais, à venir cultiver des roses à Salornay, je vous engage à prendre la résolution suivante. Parcourez tout le département, plaignez-vous partout de l'ingratitude de vos huit collègues et venez chanter sous nos fenêtres en pinçant de la mandoline ces vers élégiaques :

Au banquet du Pouvoir, infortuné convive,
J'apparus un jour et je meurs,
Je meurs, et sur la tombe où jeune encor j'arrive,
Nul ne viendra verser de pleurs.

L'émotion que vous provoquerez fera peut-être qu'on vous donnera encore quelques voix aux prochaines élections.

31 janvier 1882.

M. BOYSSET-CATON

AUX LECTEURS

Jadis, qui disait républicain, disait homme désintéressé, dépensant son temps, ses peines et même sa fortune pour la chose publique. Au temps de la vieille Rome, par exemple, on raconte que le vieux Caton, revenant d'Espagne où il était proconsul, vendit son cheval de service pour épargner à l'Etat l'argent qu'il eût coûté à le ramener par mer, en Italie. Etant au gouvernement de Sardaigne, le vieux Caton parcourait le pays à pied, n'ayant avec lui d'autre suite qu'un officier de la chose publique qui lui portait sa toge et un vase à faire des sacrifices. On nous dit encore que le plus souvent il portait sa malle lui-même. Il se vantait de n'avoir jamais eu un habit qui lui eût coûté plus de dix écus, ni d'avoir envoyé au marché plus de dix sous pour un jour.

Plus tard, Robespierre, dit l'Incorruptible, allait aussi à pied et ne dépensait que trente sous par jour pour ses repas.

Nos républicains d'aujourd'hui n'ont ni cette austérité de mœurs, ni ce désintéressement. Députés, loin de porter leurs malles eux-mêmes, ils voyagent gratuitement et confortablement en première classe. Ils ne dédaignent pas non plus les repas somptueux et gratuits, témoins les deux députés pharmaciens qui se faisaient nourrir grassement par le cercle du Parlement, en échange de la protection qu'ils accordaient à ce tripot.

Au milieu de cette décadence générale des mœurs républicaines, un homme seul nous restait qui pratiquait, disait-on, les vertus antiques, un homme qu'on avait salué de ces nobles titres : « l'espoir de la cité et l'honneur de la démocratie, » un homme qui avait voué à l'anathème les députés qui spéculent et s'enrichissent, qui s'était fait une auréole de sa pauvreté et de son désintéressement, un Caton, un Robespierre, en un mot. C'était, vous l'avez reconnu à ce portrait, mes chers lecteurs, c'était M. Charles Boysset.

Or, voici qu'on a descendu cet homme antique de son piédestal, on l'a dépouillé de son auréole ; le masque tombe, l'homme reste et le puritain s'évanouit.

Un journaliste — cette engeance est sans pitié — vient de nous apprendre que le puritain, l'homme antique, avait sacrifié aux défauts du jour, qu'il avait consenti à battre monnaie avec ses titres, à se faire des rentes avec sa réputation de désintéressement, qu'il avait accepté la présidence d'une Société financière, de la Compagnie d'assurances la *Ville de Lyon*.

Et l'écrivain qui nous a fait cette révélation est précisément ce même citoyen qui, il y a un an à peine, dans un banquet solennel, en présence d'un ministre, de plusieurs sénateurs, députés, hauts fonctionnaires, de six cents convives, appelait M. Boysset « l'honneur de la cité et l'espoir de la démocratie ».

O fraternité républicaine ! tu n'es donc, comme le désintéressement, qu'un vain mot !

Je m'attendais, mes chers lecteurs, à voir M. Boysset réfuter ce que je croyais une calomnie, écraser sous ses démentis son accusateur, et remonter, dans une apothéose suprême, sur le piédestal que lui-même s'était édifié. J'ai attendu en vain.

M. Boysset figurait bien, sur une circulaire imprimée et distribuée dans le département à de nombreux exemplaires, comme président du Conseil d'administration de la *Ville de Lyon*. Je sais bien que M. Boysset, aidé d'un M. Baratte, directeur de la susdite Compagnie, a tenté un essai de justification. Il a dit et fait dire qu'il y avait eu une erreur dans la composition de cette circulaire, qu'on l'avait fait figurer comme président du Conseil d'administration, tandis qu'il n'était en réalité que président du Conseil judiciaire. Mais cela vaut tout juste l'excuse d'un enfant pris en faute et qui se défend maladroitement.

Comment se fait-il, en effet, que M. Boysset ait attendu les révélations de son ancien ami M. Josserand pour produire cette rectification ?

De deux choses l'une : Ou le prospectus de la *Ville de Lyon* avait été communiqué à M. Boysset, et il devait n'en pas permettre la distribution puisqu'on lui attribuait une qualité fausse et qu'on induisait gravement le public en erreur.

Or, le prospectus de la *Ville de Lyon*, où M. Boysset figure comme président du conseil d'administration de cette Société financière, a été distribué par la poste. On en possède plusieurs exemplaires.

C'est là le point important à constater : le surplus de la querelle nous intéresse fort peu. Que M. Boysset reproche à M. Josserand les services qu'il lui a rendus ou essayé de lui rendre, la place de conseiller de préfecture qu'il lui a promise, qu'il reproche même à M. Josserand les compliments et les coups d'encensoir dont celui-ci l'accablait jadis ; que M. Josserand, de son côté, riposte et prétende avoir rendu à M. Boysset plus de services qu'il n'en a reçus, que l'un et l'autre se comblent d'injures et de gros mots, tout cela, je le répète, nous intéresse peu.

Ou le prospectus a été rédigé, imprimé, distribué à l'insu de M. Boysset, et le député de Chalon devait poursuivre impitoyablement les spéculateurs qui ont fait de son nom et de ses titres un abus aussi impudent.

Or, M. Boysset reste président du Conseil judiciaire de la *Ville de Lyon*, il demeure l'ami des spéculateurs qui ont fondé cette Compagnie, il ne songe pas le moins du monde à les poursuivre.

Quelle conclusion tirer sinon que M. Boysset a imité ceux qu'il critiquait jadis si âprement et qu'il a éprouvé, lui aussi, le besoin de s'enrichir ?

J'ai assisté avec plaisir — et vous, comme moi, probablement, mes chers lecteurs, — à cette querelle de ménage entre républicains. Nous n'avons pas à donner raison à l'un ou à l'autre des champions.

Peut-être serez-vous, comme moi, — si vous avez suivi ce débat dont le *Journal de Saône-et-Loire* a mis impartialement toutes les pièces sous vos yeux, — disposés à trouver que M. Boysset l'a pris de trop haut avec un journaliste qui s'est fait pendant plusieurs années son champion et son courtier électoral. Mais c'est là le petit côté de l'affaire.

De la querelle qui vient de surgir entre M. Boysset et M. Josserand, il faut seulement retenir deux choses :

1º M. Boysset, qui critiquait jadis avec tant d'amertume les républicains qui spéculent et ne songent qu'à s'enrichir, avait accepté des spéculateurs qui ont fondé la *Ville de Lyon* une grasse prébende ;

2º M. Josserand aurait, à un moment donné, accepté une place de conseiller de préfecture, si M. Boysset qui la lui avait promise avait pu la lui donner.

Chez M. Boysset, comme chez M. Josserand, l'amour de la République n'est donc point tout à fait désintéressé : c'est ce qu'il fallait démontrer.

Pour le surplus, les deux adversaires ayant pris le public pour juge, moi, cent millième du tribunal, je serais fort disposé à renvoyer les deux parties dos à dos en leur disant comme la fable :

> *Des sottises d'autrui nous vivons au Palais :*
> *Messieurs, l'huître était bonne, allez, vivez en paix.*

Quant à moi, je retourne à ma vigne voir si les pluies persistantes ne vont point contrarier une récolte qui s'annonçait si belle.

Veuillez agréer, etc.

8 juillet 1882.

INSTRUCTION MORALE ET CIVIQUE

I

A Monsieur Francisque SARCEY

Rédacteur au XIXᵉ Siècle.

C'est une grosse question que celle des Manuels d'instruction morale et civique. Dans nos campagnes, elle alarme beaucoup de pères de famille et elle embarrasse beaucoup d'instituteurs.

Vous avez traité cette question à votre point de vue dans un article publié, il y a quelques jours, par le *XIXᵉ Siècle*, et que j'ai eu l'occasion de lire. Vous prétendez démontrer que l'opposition faite aux Manuels Bert, Compayré, Gréville, etc., est une mauvaise chicane soulevée par le clergé contre les écoles du Gouvernement, sans motifs valables, sans aucune crainte pour la foi religieuse, sans autre stimulant qu'une hostilité systématique contre la République et ses institutions. Je ne suis pas de votre avis, je vous dirai pourquoi. Et si un publiciste de grand talent comme vous l'êtes, monsieur, ne dédaignait pas de discuter avec un provincial, avec un obscur campagnard, comme moi, je vous demanderais de prendre la peine de répondre aux raisons que je vais vous exposer.

Je commence par donner un extrait de votre article.
Vous disiez donc :

« Il y aura des milliers de pères de famille qui prendront la peine de lire un ou deux de ces livres condamnés par l'*Index*. Et ceux mêmes qui n'auront pas ce soin se laisseront ébranler à cette interrogation que nous ne nous lasserons point de poser à nos adversaires : Où sont dans ces Manuels les passages qui offensent la foi ? Montrez-les ; car on ne condamne pas les gens sans leur dire pourquoi.

» Tous les pères de famille ne tarderont pas à être persuadés que l'interdiction lancée par le clergé est une manœuvre purement politique, et que la pureté de la foi n'y est nullement intéressée. »

Vous ajoutiez :

« Je mets au défi qui que ce soit de me produire dans les Manuels de MM. Compayré et Steeg et de Mme Gréville une seule phrase, un seul mot qui ne soit pas inspiré par la morale la plus pure et le plus noble patriotisme. »

Je vois d'abord que vous écartez de la discussion le Manuel Paul Bert. C'est sans doute que sur celui-là vous passez condamnation. Ma besogne est simplifiée.

Comme vous le conseillez aux pères de famille, j'ai pris la peine, monsieur, de lire les trois Manuels Compayré, Steeg et Henry Gréville, et je vous dirai pourquoi, père de famille chrétien, je les condamne, pourquoi je suis résolu à m'opposer à ce qu'on les mette entre les mains de mes enfants.

Je commencerai par le Manuel de Mme Henry Gréville, celui qu'on aurait pu croire le plus inoffensif puisqu'il est destiné plus spécialement aux jeunes filles, puisqu'il est l'œuvre d'une femme, d'un romancier de talent qui a eu, je crois, l'honneur de voir un de ses ouvrages couronné par l'Académie française.

Avant tout, monsieur, savez-vous quelle observation j'ai faite en lisant ce Manuel ? J'ai remarqué que, dans ce livre de morale, le nom de Dieu n'est pas prononcé une seule fois au cours des 190 pages qu'il contient. Pas une seule fois, entendez-vous. C'est peut-être cette exclusion systématique du nom de Dieu qui a valu au livre de Mme Gréville l'avantage d'être désigné par le conseil municipal parisien pour être compris dans les ouvrages fournis gratuitement par la ville de Paris. Mme Gréville est très fière de cette recommandation qu'elle étale sur la couverture de son livre, mais je doute que ce patronage la serve beaucoup auprès des pères de famille chrétiens.

Mais laissons cela. De bonne foi, ne trouvez-vous pas, monsieur, que cette exclusion systématique du nom de Dieu, banni d'un livre de morale, soit suffisante pour alarmer un père de famille chrétien?

Nous croyions jusqu'ici, nous, bonnes gens de campagne, que la morale comprenait les devoirs de l'homme envers luimême, envers son prochain et envers Dieu. Le rapporteur de la loi du 28 mars au Sénat, M. Ribière, avait, dans son rapport, spontanément déclaré que l'enseignement de la morale devait comprendre « les devoirs de la créature envers le Créateur ».

Le premier commandement du Décalogue, qu'on nous apprenait au temps de notre enfance, disait : « Un seul Dieu tu adoreras et aimeras parfaitement! » Décalogue, catéchisme, cela vous fait rire, peut-être ; ne riez pas si fort, voici ce que Proudhon, un républicain... avancé, comme on dit à présent, écrivait du Décalogue : « Quel magnifique symbole! Quel philosophe, quel législateur que celui qui a établi de pareilles catégories et qui a su remplir ce cadre. Cherchez dans tous les devoirs de l'homme et du citoyen quelque chose qui ne se ramène point à cela, vous ne le trouverez pas. »

Je puis bien dire, après Proudhon, que le meilleur livre de morale qu'on pourrait remettre entre les mains de nos enfants serait une paraphrase du Décalogue.

Le Décalogue! Mme Gréville, qui a des clartés de tout, qui explique aux jeunes filles ce que c'est que le Sénat, ce que c'est que la Chambre, ignore sans doute le Décalogue.

Mais elle aurait pu, au moins, placer le nom de Dieu dans son ouvrage de morale, ou si ce nom lui déplaît trop, elle aurait pu, comme le voulait le rapporteur de la loi sur l'enseignement, parler des « devoirs de la créature envers le Créateur ».

M%%me%% Gréville fait de la morale sans Dieu, et cependant la « morale vient de Dieu, comme la lumière », a dit Voltaire, une autorité que vous ne suspecterez pas. Le philosophe païen Sénèque déclare « qu'une chose aussi difficile qu'une victoire sur soi-même, sur ses penchants déréglés, ne peut s'accomplir sans le secours divin ». Il n'y a pas d'âme vertueuse sans Dieu, ajoute-t-il. Edgar Quinet, encore un que vous ne désavouerez pas, a écrit : « Un peuple qui perdrait l'idée de Dieu perdrait par là même tout idéal. Je ne m'explique pas trop sur quoi il pourrait orienter sa marche. » M. Ad. Franck, un universitaire éminent, que vous ne désavouerez pas non plus, je suppose, dit avec non moins de force : « La saine raison, aussi bien que le sentiment et la foi universelle du genre humain, répudie ce ce qu'on a appelé récemment la morale indépendante, c'est-à-dire absolument étrangère à la croyance en Dieu. »

Je pourrais multiplier à l'infini les citations. Je me borne à dire, en appuyant mon opinion sur toutes ces autorités que j'ai choisies à dessein parmi celles que vous ne sauriez renier, je me borne à dire qu'un père de famille chrétien ne peut souffrir qu'on mette entre les mains de son enfant un livre de morale comme celui de M%%me%% Gréville, où il n'est pas une seule fois question de Dieu et de l'âme immortelle.

Et voyez à quelle conséquence ridicule on aboutit lorsqu'on veut bannir Dieu d'un livre de morale. M%%me%% Henry Gréville dit à la page 26 de son Manuel :

« Il y a des actions qui ne sont pas punies par les tribunaux et qui pourtant sont mauvaises. Bien des gens sont paresseux, menteurs, médisants, etc. Leur conscience toute seule ne les arrêterait pas. Ceux-là perdent l'estime des honnêtes gens quand leurs mauvaises actions sont connues. *Faute de mieux, la crainte de l'opinion publique* les empêche quelquefois de mal faire. »

La crainte de l'opinion publique, voilà la sanction qu'on indique à des enfants, faute de mieux. C'est leur apprendre à être hypocrites. C'est la doctrine funeste du péché caché à moitié pardonné. Les chrétiens disent : « La crainte de Dieu est le commencement de la sagesse. » C'est plus sage, plus moral, plus conforme à l'intérêt de la société, car, avec la théorie de Mme Gréville, il suffirait qu'un homme se moquât du qu'en dira-t-on pour qu'il fût impunément paresseux, menteur, médisant, etc.

Voilà déjà, monsieur, une grosse critique que votre bonne foi ne saurait refuser d'admettre. Ce n'est pas la seule.

Au chapitre « Mariage », Mme Gréville décrit avec complaisance le mariage civil et elle dit :

« Cette cérémonie très simple est l'acte le plus important de la vie d'une femme. »

Elle ne consacre pas une ligne au mariage religieux. Il n'existe pas pour elle; voulez-vous savoir par quoi elle le remplace? Après nous avoir appris que Mlle Cécile Lenoir est devenue à la mairie Mme Renaud, l'auteur ajoute :

« Dans le fond de son âme, *à la face de sa conscience*, Cécile se jure de faire respecter le nom qu'elle porte désormais. »

La face de sa conscience remplace, pour la Cécile de Mme Gréville, l'autel où le prêtre aurait béni son union.

Et vous croyez qu'un père de famille chrétien peut accepter cela?

Si Mme Gréville ne conseille pas aux enfants d'aimer Dieu, elle leur vante la République, sans doute pour faire compensation. Elle écrit (page 127) :

« Il faut aimer la République. »

Qu'auriez-vous fait, vous, monsieur Sarcey, si pendant l'Empire, — en supposant qu'à cette époque vous ayez été père de famille et républicain, — les maîtres d'une école *obligatoire* avaient dit à vos enfants : « Il faut aimer l'Empire, il faut aimer l'Empereur ! » Vous auriez protesté énergiquement contre cette façon tyrannique d'imposer à vos enfants des opinions et des sentiments politiques contraires aux vôtres. Pourquoi, violant le grand principe sur lequel repose toute morale, trouvez-vous bon qu'on fasse aux autres ce que vous n'auriez pas voulu qu'on vous fît ?

Au cours de la discussion de la loi sur l'enseignement, M. Jules Ferry s'écriait : « On nous dit que nous voulons faire une irréligion et une République obligatoires, ce sont des fantômes. » Les fantômes sont devenus des réalités grâce aux Manuels de MM. Paul Bert, Steeg, Compayré et de Mme Gréville. Voilà pourquoi les pères de famille protestent et ont raison de protester.

J'aurais encore bien des passages à relever dans le Manuel de Mme Gréville, notamment certaines théories sur l'Etat, sur la valeur morale d'un homme, qui est dans sa production, théories légèrement socialistes, mais je crois vous avoir suffisamment démontré qu'un père de famille chrétien a de bonnes raisons pour se refuser à ce qu'on mette entre les mains de ses enfants un livre comme le Manuel de Mme Gréville. J'examinerai dans de prochaines lettres les Manuels de MM. Compayré, Steeg et même celui de M. Paul Bert, quoique vous n'ayez point pris la défense de ce dernier ouvrage.

Je voudrais espérer une réponse, monsieur ; vous avez lancé un défi, je l'ai relevé : vous avez maintenant la parole ; je vous promets de faire connaître impartialement à mes lecteurs les arguments que vous aurez produits ; dans le cas contraire, je prendrai acte de votre silence. Cette question, comme je vous le disais en commençant, intéresse aujourd'hui tout le monde ; elle mérite qu'on la discute de façon approfondie et qu'on ne se borne pas, de part et d'autre, à soutenir ou l'innocuité ou le danger de ces Manuels, de parti pris, sans les avoir lus, sans savoir ce qu'ils contiennent.

Nous nous moquons des sauvages qui déforment la tête de leurs enfants nouveau-nés; les faiseurs de mauvais Manuels sont plus barbares que les sauvages : ce n'est pas la tête des enfants qu'ils veulent déformer, c'est ce qui est dedans.

3 mars 1883.

II

A Monsieur Francisque SARCEY

Rédacteur au XIXe Siècle.

Je viens de lire dans votre journal la réponse que vous avez faite à ma dernière lettre. Votre début ne manque pas de gaieté. Vous rappelez la jolie chanson de l'*Enrhumé* :

> *Quoi ! pas un seul petit couplet !*
> *Chansonnier, dis-nous donc quel est*
>   *Le mal qui te consume.*
> *— Amis, il pleut, il pleut des lois.*
> *L'air est malsain, j'en perds la voix,*
>   *Amis, c'est là,*
>   *Oui, c'est cela,*
> *C'est cela qui m'enrhume.*

Vous racontez que l'avant-dernier couplet de cette chanson valut à Béranger un procès. Ce couplet commençait ainsi :

> *Mais la Charte encor nous défend,*
> *Du roi c'est l'immortel enfant ;*
> *Il l'aime, on le présume...*

Arrivé là, le spirituel chansonnier avait malignement remplacé les deux vers par deux lignes de points, et ces lignes de points avaient servi de texte à l'accusation :

Qu'est-ce que le chansonnier avait bien pu vouloir insinuer par ce silence calculé ? Il y avait là dessous une raillerie d'autant plus condamnable qu'elle se dissimulait sous la perfidie de ces points.

Et Dupin, le célèbre avocat, défendant son client, répondait avec une bonhomie traîtresse : « Je ne sais pas ce qu'a voulu dire Béranger, et même s'il a voulu dire quelque chose. Peut-être n'a-t-il pu venir à bout d'emplir son couplet. Je ne suis pas poète; mais, si je voulais rétablir le passage, je mettrais volontiers :

> « *Mais la Charte encor nous défend ;*
> *Du roi, c'est l'immortel enfant ;*
> *Il l'aime, on le présume...*
> *Que dis-je? Il l'aime ; on le sait bien,*
> *Mais les ultras n'en croiront rien.*
> *Amis, c'est là,*
> *Oui, c'est cela,*
> *C'est cela qui m'enrhume.* »

Vous prétendez, monsieur, que c'est une querelle du même genre que nous cherchons aux Manuels. A vous entendre, ce sont les lignes de points que nous incriminons ; nous critiquons moins ce que ces livres de morale contiennent que ce qu'ils ne contiennent pas. Je m'expliquerai là dessus tout à l'heure ; auparavant laissez-moi vous dire qu'il y a aussi dans votre réponse des lacunes, et si des lignes de points n'indiquent pas ceux des arguments auxquels vous n'avez pas répliqué, ces vides regrettables n'en existent pas moins. Quoique je ne sois pas poète, moi non plus, je pourrais avec quelque raison retourner à votre intention l'un des couplets que vous avez cités et vous dire :

> *Monsieur Sarcey, dans l'embarras,*
> *A maint grief ne répond pas.*
> *Il le pouvait, je le présume.*
> *Que dis-je? Il le pouvait fort bien,*

Mais les lecteurs n'en croiront rien.
Amis, c'est là,
Oui, c'est cela,
C'est cela qui m'enrhume.

Je vous avais montré qu'en excluant Dieu de la morale, Mme Gréville en était arrivée à cette détestable conclusion : « Faute de mieux, la crainte de l'opinion publique empêche les hommes de mal faire. » Ce « faute de mieux » vous embarrasse, vous n'en parlez pas.

Mme Gréville ayant écrit dans son Manuel : « Il faut aimer la République, » je vous avais posé cette question :

« Qu'auriez-vous fait, vous, monsieur Sarcey, si, pendant l'Empire, — en supposant qu'à cette époque vous ayez été père de famille et républicain, — les maîtres d'une école *obligatoire* avaient dit à vos enfants : « Il faut aimer l'Empire, il faut aimer l'empereur! » Vous auriez protesté énergiquement contre cette façon tyrannique d'imposer à vos enfants des opinions et des sentiments politiques contraires aux vôtres. Pourquoi, violant le grand principe sur lequel repose toute morale, trouvez-vous bon qu'on fasse aux autres ce que vous n'auriez pas voulu qu'on vous fît? »

Cette question vous gêne, vous n'y répondez pas. Vous vous bornez à dire : « Si c'est pour cela que l'Index a condamné le livre de Mme Gréville, qu'il ait au moins le courage de le dire. »

Vous tournez la question, monsieur Sarcey. Il ne s'agit pas de l'Index ici. Je n'ai pas qualité pour juger ou défendre ses décisions; comme catholique, je n'aurais qu'à m'y soumettre. Mais vous avez engagé les pères de famille à ne pas accepter, les yeux fermés, les sentences de l'Index et à lire les Manuels condamnés, vous avez affirmé qu'ils n'y trouveraient rien de répréhensible. J'ai suivi votre conseil, j'ai lu l'un de ces livres, et je vous ai dit ce que j'y trouvais de blamâble, de contraire, soit à mes sentiments religieux, soit à mes opinions politiques.

Or, en ce qui regarde l'école, je dis que la plus simple justice veut que la politique en soit bannie ; je dis que, sous l'Empire, vous auriez pensé de même, que vous auriez protesté, comme je le fais aujourd'hui, contre cette tyrannie d'une opinion contraire à la vôtre imposée à vos enfants, je le dis, et c'est si vrai que vous ne trouvez pas un mot de réplique.

Voyons maintenant ce que vous répondez relativement à l'exclusion de Dieu des Manuels.

Voici le passage de votre article :

« Oui, j'entends bien : les devoirs envers Dieu, mais je vous ferai observer que ceux-là, c'est le prêtre (curé, pasteur ou rabbin) qui, dans l'organisation nouvelle, est chargé de les enseigner, comme c'est son devoir et comme c'est aussi son droit puisqu'il a le privilège de parler au nom de ce Dieu dont il est l'interprète.

» Dieu n'est ni négligé ni supprimé.

» Seulement on dit au prêtre : Vous seul avez qualité pour l'enseigner dignement. Vous possédez, pour distribuer cet enseignement, un livre, le catéchisme, qu'il vous est permis de commenter à votre aise. Nous nous gardons d'y toucher, n'ayant pas sur ce point les lumières surnaturelles dont vous êtes abondamment pourvu.

» Ce n'est point dédain, ce n'est point haine ni oubli ; c'est conscience de notre incapacité, qui est réelle.

» Béranger avait remplacé par des lignes de points des vers qu'il se sentait impuissant à faire spirituels ; nous, de même, nous nous taisons par crainte de dire des sottises.

» Les devoirs de l'enfant envers Dieu, ce n'est pas notre affaire. C'est la vôtre. Nous ne vous empêchons pas d'instruire sur ce point les enfants à votre guise. Nous vous les envoyons même dans ce but à des heures déterminées. Nous ne nous en mêlons point. »

Savez-vous, monsieur, où je vais trouver ma réponse, une réponse décisive? Je la copie textuellement dans un document qui est intitulé : « Programmes officiels du 27 juillet 1882 annexés à l'arrêté ministériel réglant l'organisation pédagogique et le plan d'études des écoles primaires. » Vous avez tort, monsieur Sarcey, de ne pas lire les programmes officiels, surtout lorsqu'ils ont été rédigés par M. Jules Ferry. Voici donc ce que je lis dans le programme officiel du 27 juillet 1882 :

« *Devoirs envers Dieu.* — L'instituteur n'est pas chargé de faire un cours *ex professo* sur la nature et les attributs de Dieu ; l'enseignement qu'il doit donner à tous indistinctement se borne à deux points : d'abord, il leur apprend à ne pas prononcer légèrement le nom de Dieu, il associe étroitement dans leur esprit à l'idée de la cause première et de l'Être parfait un sentiment de respect et de vénération, et il habitue chacun d'eux à environner du même respect cette notion de Dieu, alors même qu'elle se présenterait à lui sous des formes différentes de celles de sa propre religion. »

Vous voyez bien, monsieur Sarcey, que, malgré votre incapacité réelle, — c'est vous qui le dites, — vous vous occupez de Dieu dans l'école. Le programme officiel l'ordonne et vous l'ignoriez, vous pouvez bien chanter après cela :

Amis, c'est là,
Oui, c'est cela,
C'est cela qui m'enrhume.

Le Manuel de Mme Gréville n'est donc pas seulement condamné par l'Index, il est aussi, sur ce point, condamné par le programme officiel de M. Jules Ferry, programme rédigé, notez-le bien, d'après la loi de mars 1882 et pour l'exécution de cette loi.

Allez-vous donc, pour justifier Mme Gréville et son

Manuel, condamner le programme officiel, condamner M. Jules Ferry ! Ce serait drôle. J'attends avec curiosité vos explications.

Passons maintenant à mes « autres chicanes ».

Mᵐᵉ Gréville décrit dans son livre le mariage civil ; quant au mariage religieux, elle le remplace par un serment que la femme « fait dans le fond de son âme, et à la face de sa conscience ». J'ai dit qu'un père de famille chrétien ne pouvait pas accepter cela. Vous me répondez : « Pourquoi ne l'accepterait-il pas ? » C'est toute votre réponse.

Pourquoi ? Parce que c'est contraire à ses opinions, à sa foi religieuse. Un père de famille chrétien veut que sa fille soit chrétienne comme lui, il veut que Dieu bénisse son union, il veut qu'au pied de l'autel, sous le regard de Dieu, en présence du prêtre qui est son représentant, sa fille jure d'accomplir tous ses devoirs envers son mari. Qui dit serment dit sacrement. Un serment fait à la face de la conscience, ce serait en quelque sorte le sacrement de l'union libre. Et il est singulier que vous demandiez à un père de famille chrétien pourquoi il ne veut pas de cette sorte de sacrement qui n'est autre chose que l'absence même du sacrement.

Que vous autres, libres penseurs, vous ne vouliez du prêtre ni à la naissance, ni au mariage, ni à la mort des vôtres, c'est affaire à votre conscience ; nous attendons la fin, nous savons par de nombreux exemples que

Tel fait l'homme intrépide et, tremblant de faiblesse,
Attend pour croire en Dieu que la fièvre le presse.

Mais, en attendant, nous vous demandons de ne pas imposer à nos enfants ces doctrines qui ne sont pas les nôtres. Respectez notre liberté et nos sentiments. Enseignez, si vous le voulez, à vos filles qu'un serment fait « à la face de la conscience » peut remplacer le mariage religieux, vous en ferez l'expérience à vos risques et périls ; pour nous, il nous est impossible de supporter un pareil enseignement que nous regardons comme dangereux.

J'ai fini, monsieur ; je crois avoir répondu victorieusement à vos objections et je ne trouve point que, malgré tout votre esprit, vous ayez réfuté les miennes. C'est que le talent ne suffit pas lorsqu'on défend une cause mauvaise comme l'est celle que vous soutenez.

J'examinerai dans de prochaines lettres les Manuels Compayré et Steeg. Aujourd'hui, avant de finir, laissez-moi vous citer un extrait d'une circulaire que les administrateurs du district de Mâcon adressaient aux municipalités, chefs de famille et Sociétés populaires de l'arrondissement, le 29 ventôse an II de la République une et indivisible :

« Citoyens, recevez avec empressement le bien précieux qui vous est offert dans l'organisation de l'instruction publique. Recherchez avec soin des patriotes zélés, pleins de sagesse et d'intelligence, qui remplissent cette carrière avec honneur. Ayez soin de ne recevoir pour instituteurs et institutrices que des personnes munies de certificats de civisme et dont les bonnes mœurs soient bien connues. *Veillez à ce qu'ils n'enseignent à vos enfants que les préceptes et les maximes de la morale républicaine.* Exigez que les instructions se fassent dans un lieu public où chacun ait le droit d'assister. Allez de temps en temps, par votre présence, encourager, exciter l'émulation des jeunes élèves ; soyez témoins de leurs progrès et de leurs succès. Pour enflammer leur courage naissant, qu'on leur présente le recueil des faits héroïques et des actions éclatantes de notre Révolution. Cette histoire fournit des exemples plus brillants et plus nombreux que Rome et la Grèce réunies ne peuvent en offrir. »

Vous n'êtes que des plagiaires des jacobins de 1793, mais vous avez moins de franchise qu'eux. Vous n'osez pas, comme eux, dire ouvertement aux instituteurs, de peur d'alarmer les familles : « N'enseignez que la morale républicaine et libre penseuse. » Mais vous vous arrangez de manière à ce qu'ils le fassent. Vos programmes officiels comprennent les devoirs envers Dieu, vos livres n'en parlent pas. Votre chef de file, M. Jules Ferry, se défendait énergiquement, devant le Sénat, de vouloir faire « une irréligion et une République obligatoires » ; au fond, c'est le seul but que vous poursuivez. Les jacobins de 1793 voulaient que les instructions se fissent dans un lieu public et que chacun eût le droit d'y assister. Vos instituteurs cachent leurs Manuels. Mais nous ne sommes pas dupes de vos habiletés et c'est là ce qui vous fâche.

> *Amis, c'est là,*
> *Oui, c'est cela*
> *C'est cela qui vous enrhume.*

Ayez donc plus de franchise, mettez sous les pieds toute vergogne, et répétez ce quatrain qu'on mettait dans la bouche de Danton en 1793 :

> *La liberté n'a pas de plus sincère apôtre*
> *Et j'aime tant cette divinité*
> *Que je voudrais avec ma liberté*
> *Avoir aussi la vôtre.*

Au fond, c'est bien cela, n'est-ce pas? Vous aimez tant la liberté que la vôtre ne vous suffit pas, il vous faut aussi la nôtre. Comment serions-nous d'accord ?

3 mars 1883.

III

A Monsieur Francisque SARCEY

Rédacteur au XIXe Siècle.

Ma dernière lettre est restée sans réponse... directe. Je m'explique facilement votre silence. Diverses questions que je vous avais posées vous embarrassaient et notamment celle-ci :

J'avais reproché au Manuel de Mme Gréville de ne pas contenir une seule fois le nom de Dieu. Vous aviez répliqué en disant : « Les devoirs envers Dieu, ce n'est pas notre affaire, nous ne nous en mêlons point, notre incapacité s'y oppose. »

Mais alors, vous avais-je dit, si votre incapacité s'oppose à ce que vous vous mêliez des devoirs envers Dieu, comment se fait-il que je trouve dans le programme officiel de l'enseignement primaire, rédigé par M. Jules Ferry, tout un paragraphe consacré à expliquer à l'instituteur la méthode qu'il doit employer pour enseigner à l'enfant les devoirs envers Dieu. Et je vous avais cité ce paragraphe d'un document officiel que vous ignoriez sans doute. J'attendais avec curiosité vos explications. Vous étiez obligé, en effet, ou de condamner le Manuel de Mme Gréville comme incomplet, ou de condamner le programme officiel de M. Jules Ferry comme trop complet. Le cas était embarrassant et rappelait quelque peu le problème de Buridan. Il fallait choisir. Vous êtes resté indécis. Et voilà pourquoi votre plume est muette.

Je n'insiste pas. Je constate, d'ailleurs, que vous commencez à battre en retraite. La position vous semble compromise, vous cherchez à en changer et à en prendre une autre plus favorable.

Vous opérez une sorte de mouvement tournant. Les Manuels vous gênent, vous semblez disposé à les jeter par dessus bord, comme un bagage encombrant et périlleux.

Vous publiez, en effet, dans votre journal du 14 mars, une lettre d'un de vos correspondants qui vous démontre l'avantage qu'il y aurait à supprimer les Manuels.

En écartant les Manuels, dit votre correspondant, nous écartons du même coup le Pape, l'Index et les évêques. Toutes ces puissances n'ont prise que sur les livres ; un cours oral, même brièvement résumé dans des cahiers d'écolier, échappe à leurs atteintes. Le moyen de condamner en cour de Rome des leçons faites par 36,000 instituteurs ? Ce serait grêler sur le persil.

Et pour faire ressortir l'avantage de cette tactique astucieuse, votre correspondant termine par cette observation :

« Un dernier mot : Remarquez que, pour faire son cours, l'instituteur n'aura qu'à se servir des Manuels condamnés, empruntant ce qu'il lui plaira, tantôt à l'un, tantôt à l'autre ; ce sera même une méthode meilleure que de faire apprendre par cœur aux élèves un de ces Manuels. A la fin de chaque leçon, il sera dicté un résumé très court, très succinct, mais aussi substantiel que possible. »

C'est une vraie ruse d'écolier hypocrite. Pendant que vous étiez professeur, il a dû vous arriver de surprendre un de vos élèves qui, ayant négligé d'apprendre sa leçon, l'avait copiée sur son cahier où il la lisait impudemment, croyant par cette ruse avoir déjoué la surveillance. C'est un tour du même genre que votre correspondant a extrait de son sac à malices.

Après avoir discuté l'espace de quelques lignes cette tactique qui vous est proposée, vous finissez par vous dire prêt à l'adopter. Je vous cite :

« Après cela, je ne suis pas entêté ; et si M. Jules Ferry, qui voit les choses de plus haut que moi, qui peut centraliser plus de renseignements et calculer de plus loin les conséquences, si M. Jules Ferry croit préférable une autre tactique, je ne demande pas mieux que de rentrer dans le rang et d'emboîter le pas. Je m'engage à faire campagne derrière lui, ayant toute confiance en sa netteté de coup d'œil et en sa décision d'esprit.

» Mais encore faut-il qu'il se prononce.

» Nous attendons avec impatience. »

Et nous donc ? Que M. Jules Ferry se décide au plus vite, qu'il supprime les Manuels, nous applaudirons et nous constaterons que c'est la deuxième reculade, mettons, si vous le voulez, la deuxième concession que les promoteurs de la loi du 28 mars sont obligés de faire. La première a eu lieu à l'occasion des déclarations prescrites par la loi. Quoi qu'il en soit, je me réjouirai de voir M. Jules Ferry supprimer les Manuels. Par le fait de cette suppression, les conflits entre pères de famille et instituteurs deviendront moins fréquents. Il y aura peut-être encore quelques maîtres qui, pour faire du zèle, enseigneront aux enfants des doctrines condamnables, mais la majeure partie des instituteurs, qui sont de bons citoyens et de bons chrétiens, n'hésiteront pas, j'en suis persuadé, à profiter de la porte qui leur est ouverte pour sortir de l'impasse où on les avait maladroitement fourvoyés.

Quant à ceux qui persisteront à vouloir enseigner une sorte de morale républicaine et indépendante, la vigilance des pères de famille saura bien les faire rentrer dans le devoir.

S'il en est parmi les instituteurs qui tournent la difficulté comme vous le leur indiquez, et enseignent oralement aux enfants les doctrines des Manuels, la vigilance des pères de famille saura, je l'espère, écarter ce danger. Car, même dans les campagnes, monsieur, le père de famille surveille de très près l'éducation donnée à ses enfants ; il veut savoir ce qui se passe à l'école, et le soir, au coin du feu, à la veillée, il prend plaisir à se faire raconter par le bambin ce qui s'est dit et ce qui s'est fait à la classe. En voulez-vous une preuve ? lisez la pétition suivante adressée par les habitants de **Jugy**, une petite commune rurale, à M. l'Inspecteur d'Académie de Saône-et-Loire :

« Monsieur l'Inspecteur,

» Les soussignés, tous pères de famille à Jugy, ont l'honneur de vous soumettre une requête qu'ils vous prient d'accueillir favorablement. Il y a quelque temps, l'instituteur de notre commune a mis entre les mains de nos enfants, sans nous en prévenir et en se cachant de nous, le Manuel de M. Compayré. Ce Manuel contient des doctrines contraires à la religion que nous professons et dans laquelle nous voulons que nos enfants soient élevés. Nous ne saurions souffrir que l'on inculque à nos enfants des principes opposés à nos sentiments. Nous vous prions, en conséquence, monsieur l'Inspecteur, de vouloir bien inviter M. l'Instituteur et Mlle l'Institutrice de Jugy à ne plus employer ce Manuel dans la classe, sinon nous nous verrions, à notre grand regret, forcés de ne plus envoyer nos enfants à l'école, tant que ce livre y sera imposé. Puisque, d'après la loi, l'école doit être neutre, on n'y doit pratiquer aucun enseignement contraire à la religion. Nous espérons, monsieur l'Inspecteur, que vous accueillerez avec bienveillance notre juste réclamation, et dans cet espoir, nous vous prions d'agréer nos respectueuses salutations.

» Ont signé : PORCHER, MONTAGNE, RENAUDY, DURIAUD, LAMAIN, CROCHER, BOYAUD, AUDAR, MAZOYER, VINCENT et MILLON.

» Parmi les signataires de cette pétition, vous remarquerez, monsieur l'Inspecteur, deux pères de famille qui sont censés avoir appuyé une protestation dirigée contre M. le Curé de Jugy. Ces deux pères de famille protestent contre l'abus qu'on a fait de leurs noms, ils n'ont jamais songé à se plaindre de M. le Curé.

Ont signé : DURIAUD et AUDAR. »

On n'a, bien entendu, donné aucune satisfaction aux pétitionnaires. Qu'ont fait alors les pères de famille ? Ils ont défendu à leurs enfants de rester à l'école pendant la lecture du Manuel. Le maire de Jugy a menacé, il est intervenu en pleine école pour intimider les enfants, rien n'y a fait. Les pères de famille de Jugy tiendront bon, forts de leur droit, ils résisteront, et ils auront raison. Que peut-on contre eux ? Les poursuivre ? Mais si on leur dit : « Vous violez la loi en n'envoyant pas régulièrement vos fils à l'école, » ils répondront : « Vous ne deviez pas commencer par violer vous-même la neutralité de l'école, neutralité prescrite par la loi. » Et il n'y aura pas de juges, républicains ou non, pour les condamner.

Voilà, monsieur, ce que savent faire, pour défendre leurs libertés et leurs croyances, des ruraux, de petits propriétaires de campagne, des laboureurs, des vignerons. C'est vous dire que cette campagne des Manuels ne vous produira rien de bon. J'estime donc que vous agirez sagement en suivant la tactique que vous conseille votre correspondant : Supprimez les Manuels, vous éviterez la plupart de ces conflits, car je compte beaucoup sur la droiture et la sagesse de nos instituteurs pour écarter de leur enseignement oral toute doctrine qui prêterait à la critique.

Enfin, monsieur, qu'est-ce que nous vous demandons ? Sommes-nous donc si exigeants ? Nous vous demandons de respecter nos croyances et nos opinions dans la personne de nos enfants. Est-ce donc si difficile ?

Ces enfants, c'est nous qui en avons la responsabilité ; si, plus tard, ils manquent à leurs devoirs, pour employer l'expression vulgaire, s'ils tournent mal, c'est nous qui en supporterons les conséquences. Ce n'est pas l'Etat, ce n'est pas l'instituteur, ce n'est pas M. le Maire qui sera responsable de leurs fautes aux yeux de la loi, aux yeux de la société, aux yeux de Dieu. C'est nous.

Laissez-nous donc libres de leur donner l'éducation chrétienne qui, suivant nous, sera plus tard leur sauvegarde dans la vie.

Vous connaissez ce vieux et trivial proverbe : « Qui casse les verres les paye. » Vous voudriez casser les verres et nous laisser ensuite la charge de les payer. Ce n'est pas juste. Nous protestons et nous protesterons jusqu'au bout.

Mais je perds sans doute mon temps en vous demandant de respecter la liberté et le droit de vos adversaires. Vous en usez à l'égard de la liberté comme à l'égard des émeutes.

L'émeute est tour à tour défendue et permise,
Suivant les temps, les lieux; suivant aussi le gain
Que l'on en peut tirer, un bon républicain
    La canonne ou la canonise.

Sous les régimes précédents, vous demandiez la liberté et vous approuviez l'émeute; maintenant que vous tenez le Pouvoir, vous sabrez l'émeute et vous sabrez la liberté. Sabrez l'émeute, je le veux bien, c'est sur vos anciens frères d'armes que vous frappez, mais respectez la liberté.

10 mars 1883.

COLLÉGIENS ÉMANCIPÉS

I

A QUELQUES ÉLÈVES DU LYCÉE LAMARTINE

Au temps déjà lointain où j'avais le bonheur de manger comme vous les haricots du collège, nous n'avions point, mes camarades et moi, d'aussi hautes préoccupations que les vôtres. Vous, mes jeunes amis (permettez-moi de vous donner ce nom), vous employez vos loisirs à rédiger des lettres au ministre, à faire de la politique ; nous, plus modestes, nous consacrions nos récréations à des amusements moins nobles, mais aussi moins ennuyeux : le vieux jeu de barres et le classique saute-mouton avaient encore le don de nous passionner.

Vous demandez à ne plus aller à la messe, nous demandions à ne pas être en retenue. Vous criez contre l'intolérance et contre les vieilles ordonnances ministérielles qui vous astreignent aux pratiques du culte catholique. Nous protestions, nous, contre l'intolérance des maîtres d'étude et nous aurions volontiers demandé la suppression des pensums, des arrêts et de tous les petits supplices inventés pour nous réduire à l'obéissance et au travail.

Quant à nous mêler de politique, c'était là le cadet de nos soucis. Nous laissions cet ennui à nos parents. Nous avions la modestie de penser que le grand monde marcherait bien sans nous. Et le fait est qu'il marchait.

S'il était arrivé à l'un de nous de faire des suppositions ambitieuses, il n'aurait jamais dit : Si j'étais le Gouvernement, je supprimerais les messes, les vêpres, les aumôniers, les cours d'instruction religieuse, etc. Il aurait dit tout simplement : Si j'étais le Gouvernement, j'allongerais les congés et je diminuerais les études; au lieu de dix mois de classes et de deux mois de vacances, je renverserais la proportion, je donnerais dix mois de vacances et deux mois de classes.

Ah! c'est que de mon temps nous n'étions pas des petits jeunes gens gravement raisonneurs! Ceux d'entre nous qui avaient le bonheur de voir un léger duvet ombrager leur menton ne prenaient point prétexte de cette supériorité pour s'ériger en réformateurs de la société, en ennemis de la religion et de ses pratiques. Nous nous contentions d'être jeunes! Nous en profitions : avions-nous tort? Non, foin de la jeunesse qui a des rides et qui raisonne!

A vous dire vrai, nous n'étions peut-être pas beaucoup plus dévots que vous, nous préférions peut-être les récréations et les promenades à la messe et aux vêpres, mais nous allions à la chapelle sans penser que « notre liberté était violée » pour cela, et nous vivions en très bons termes avec l'aumônier. On disait de lui : « C'est un bon enfant; » le fait est qu'il connaissait nos rubriques, nos fredaines, et qu'après nous avoir sermonés paternellement, il nous aidait plus d'une fois à nous tirer d'un mauvais pas. Que de retenues échappées, que de privations de sorties évitées grâce à lui !

Nous aurions ri de bon cœur si on nous avait représenté l'aumônier comme un ennemi dangereux auquel il fallait soigneusement fermer les portes des lycées et des collèges. Il paraît que de notre temps nous jugions mal et que nous n'avions ni votre sagesse, ni vos convictions précoces. Nous étions jeunes; mais vous, quand serez-vous jeunes, si vous employez votre jeunesse à raisonner comme de vieux barbons qui ont lu le *Siècle* quotidiennement pendant quarante ans?

Tenez, c'est Voltaire, je crois, qui a dit :

Adolescent qui s'érige en barbon,
Jeune écolier qui vous parle en Caton
Est, à mon sens, un animal bernable.

Il était dur, Voltaire, et je suis persuadé qu'il aurait ri à la lecture de votre lettre et qu'il vous aurait appliqué sa sentence. Il y a surtout certains passages de votre épître qui sentent le vieux prudhomme d'estaminet; celui-ci, par exemple, que je cite textuellement :

« Chaque semaine, outre les offices du jeudi et du dimanche, nous avons un cours d'instruction religieuse fait par l'aumônier du Lycée; ce cours, que la majorité d'entre nous n'écoute qu'avec la plus grande indifférence, *ne saurait nous être utile;* aussi pensons-nous que sa suppression *ne ferait que répondre à un besoin qui se fait de jour en jour sentir davantage.* »

Ah! jeunes gens pratiques et utilitaires, l'instruction religieuse, dites-vous, ne saurait vous être utile! Et la poésie donc, à quoi vous servira-t-elle? On a vu nombre d'hommes vivre parfaitement et devenir gras sans avoir apprécié les beautés de Virgile et d'Horace! Comme la religion, la poésie n'est pas un « besoin » pour certaines natures. Mais, franchement, je plaindrais des jeunes gens qui ramèneraient tout à l'utilité pratique et matérielle, qui n'auraient ni religion dans l'âme, ni poésie dans le cœur.

Que dirait le grand Lamartine, le patron de votre lycée, s'il vous entendait raisonner ainsi, trouver que la religion ne saurait vous être utile. Il vous dirait sans doute : Lisez, mes jeunes amis, relisez quelques-uns de mes vers, vous y apprendrez à quoi sert la religion. Et moi j'ajouterai : Lisez surtout la jolie pièce que Lamartine fit, à votre âge, lorsqu'il quitta le collège de Belley. Comparez les *Adieux au collège de Belley* à votre froide et ridicule épître, et je suis assuré que vous regretterez cette manifestation déplacée.

Lamartine était loin de réclamer contre les visites à la chapelle. Dans un volume de ses *Confidences*, racontant sa vie de collège, il a écrit : « Je vivrais mille ans que je n'oublierais pas certaines heures du soir où, m'échappant pendant la récréation des élèves jouant dans la cour, j'entrais par une petite porte secrète dans l'église déjà assombrie par la nuit et à peine éclairée au fond du chœur par la lampe suspendue du sanctuaire; je me cachais sous l'ombre épaisse d'un pilier; je m'enveloppais tout entier de mon manteau comme dans un linceul; j'appuyais mon front contre le marbre froid d'une balustrade et, plongé, pendant des minutes que je ne comptais plus, dans une muette, mais intarissable adoration, je ne sentais plus la terre sous mes genoux ou sous mes pieds et je m'abîmais en Dieu. »

Si Lamartine eût été votre condisciple, du haut de votre frondeuse incrédulité vous vous seriez moqués de lui, vous auriez bafoué sa piété, et cependant c'est ce grand sentiment de Dieu, c'est cette profonde religion qui fit de lui le grand poète dont notre pays s'enorgueillit à juste titre.

Oh! je sais bien à quel sentiment vous avez obéi. Vous vous êtes dit : Les journaux parleront de nous; les uns nous accableront de compliments, les autres se moqueront de nous avec raison; mais nous aurons fait du bruit. Et le bruit, c'est ce que l'on aime par dessus tout à votre âge. Sur ce point, votre but est atteint, vous devez être contents, on s'occupe de vous.

Mais vos maîtres, qu'en pensent-ils? Ils ont laissé votre manifestation se produire, est-ce parce qu'ils l'approuvent ou parce qu'ils n'osent pas la condamner? Je ne veux pas le savoir; cependant je crois qu'intérieurement ils doivent regretter votre bruyante démonstration, car ils savent bien que de telles escapades ne sont pas faites pour accroître la prospérité du Lycée, pour inspirer confiance aux pères de famille, qui désirent que leurs fils reçoivent non seulement une solide instruction, mais encore une bonne et chrétienne éducation.

Et vos mères, qu'en diront-elles? Elles en seront secrètement affligées, soyez-en sûrs, et si leur affection les empêche de vous donner une amicale semonce, c'est qu'elles diront comme Mme de Sévigné parlant de son fils : « J'aurais bien voulu le gronder, mais je ne sus jamais où trouver de la colère. »

En attendant la semonce paternelle, voici qu'un journal républicain vous administre un rude coup de férule. Il blâme vos juvéniles réclamations en faveur de la liberté et il dit :

« Cette liberté, je suis prêt à la défendre, à la proclamer sur les toits, à donner mes jours pour elle. Mais cela ne m'empêche pas de trouver excessif que des écoliers pétitionnent et manifestent, au lieu d'apprendre leur langue, et rédigent des programmes, au lieu d'étudier celui de leurs examens. Nous n'avions donc pas assez de l'émancipation des femmes? Va-t-il falloir s'occuper maintenant de l'émancipation des potaches? »

Croyez-moi donc, mes jeunes amis, renoncez à votre campagne, retournez à vos thèmes et à vos versions, supportez patiemment le joug qui vous accable, vous vous en dédommagerez en chantant la *Marseillaise* le jour des prix, en chantant à tue-tête :

Contre nous de la tyrannie
L'étendard sanglant est levé.

Vous chanterez, et M. Margue vous approuvera.

5 mars 1881.

II

D'UNE PIERRE DEUX COUPS

AUX LECTEURS

Les élèves manifestants du Lycée Lamartine ont trouvé un admirateur. Un monsieur qui signe A. Q. (quelle drôle d'idée!) leur envoie ses plus chaleureuses félicitations par l'intermédiaire de la feuille radicale de Mâcon. Je ne veux point retenir longtemps l'attention sur un incident qui a fait déjà plus de bruit que ses auteurs n'en méritaient, mais A. Q. a de si curieuses théories, un babillage si inconséquent que je ne puis résister au plaisir de citer quelques extraits de son article.

A. Q. félicite d'abord les jeunes manifestants du Lycée Lamartine d'avoir « voulu sortir de l'ornière où se sont encroûtés leurs pères. » Très flatteur pour les papas! On voit d'ici tous ces jeunes pédants que gratte Q. dire d'un ton suffisant à leurs croûtons de papas :

> *Eh quoi! de votre sang se peut-il que je sois ?*
> *Je me veux mal de mort d'être de votre race.*

A. Q. félicite ensuite la jeune raison de ces libres penseurs en bavette de s'être débarassée de la « superstition, » et il continue ainsi :

« C'est votre droit de penser tout cela; mais c'est aussi votre tort aux yeux de Jean Lavigne et de M. A. Grenier, deux écrivains qui se croient quelque chose parce que leur style prétentieux et édulcoré a de grandes vertus somnifères. »

En me mettant sur la même ligne que M. A. Grenier, l'éminent écrivain du *Constitutionnel*, A. Q. me fait un honneur que je ne mérite pas. A. Q. pourrait prendre des leçons de style auprès de M. Grenier, il n'écrirait pas des phrases comme celle-ci :

« En politique, en religion, en morale, *ils appartiennent au parti des bornes, et tout ce qui sort de leur giron*, tout ce qui ne vit pas, ne pense pas comme eux, est honni, conspué, méprisé. »

A. Q. mirobolant, où avez-vous vu cela ? Si j'appartiens au parti des bornes, on n'a qu'à lire votre lettre pour voir que vous êtes bien du parti des bornés. A. Q. ajoute :

« Ne vous plaignez pas trop cependant. Vous êtes en bonne compagnie. Vous êtes avec ce que la France compte de plus illustre dans les lettres et les sciences, et puisque Jean Lavigne vous parle de Dieu, répondez-lui avec Edgar Quinet : Dieu est désormais plutôt avec le monde laïque qu'avec le monde catholique. »

A. Q. transcendant, que vous parlez bien ! Il est évident que tous les jeunes lycéens qui sont dans le giron de A. Q. sont avec ce que la France compte de plus illustre. Il est évident aussi qu'entre le croyant Newton et le libre penseur A. Q. Dieu n'hésite pas un seul instant. Il préfère A. Q. à Newton !

D'autant plus que A. Q. a un Dieu à lui, un Dieu laïque, un Dieu qu'il s'est façonné à son image et à sa ressemblance, un Dieu qui n'est pas méchant, pas gênant, qui trouve que A. Q. est un génie, un Dieu qui permettrait volontiers aux lycéens de fumer en liberté et de lire *Nana* en cachette, et qui donnerait le fouet aux professeurs trop exigeants, un

Dieu qui se contente de peu, qu'on nomme le moins souvent possible, que nos ministres peuvent appeler la Nature dans les cérémonies officielles, lorsqu'ils trouvent son nom compromettant, un Dieu que M. Margue dédaigne et que les francs-maçons plus respectueux et plus osés reconnaissent encore en l'appelant le grand Architecte de l'Univers.

Revenons à la prose de A. Q. :

« Jetez un regard autour de vous. Qu'a fait l'enseignement que voudrait vous donner M. A. Grenier? Une génération abâtardie, née pour toutes les corruptions et toutes les défaillances. »

A. Q. stupéfiant, vous êtes bien maladroit! Cette génération abâtardie, née pour toutes les corruptions et pour toutes les défaillances, c'est elle qui a élu vos amis, qui leur a donné le Pouvoir. Est-elle abâtardie parce qu'elle a élu et réélu les 363 ? Est-elle née pour les corruptions et pour les défaillances parce qu'elle supporte trop patiemment toutes les palinodies, tous les excès de pouvoir des libéraux d'autrefois transformés en opportunistes ?

Le mordant et spirituel écrivain du *Constitutionnel*, ému de la gaminerie des élèves du Lycée Lamartine, s'était demandé s'il ne serait pas bon de reprendre le fouet du vieux temps. A. Q. s'empare de cette proposition, me l'attribue à tort et dit aux jeunes lycéens :

« Si une telle perspective vous effraye, faites pénitence et jetez au feu votre pétition. Sinon, et entre nous, c'est ce que vous avez de mieux à faire, envoyez à Jean Lavigne *un superbe pied de nez.* »

A. Q. que vous êtes charmant! Voilà sans doute l'éducation que vous rêvez! Vous voulez des jeunes gens qui raisonnent d'un ton pédantesque et qui ripostent par des pieds de nez aux justes remontrances qu'on leur fait.

De A. Q. à M. Margue, je n'ai pas besoin de transition,

A. Q. recommande aux lycéens l'usage des pieds de nez, M. Margue (1) qui a plusieurs fois présidé leurs distributions de prix, prêche d'exemple et leur donne deux formules avec lesquelles un jeune homme, qui « n'est pas encroûté dans l'ornière où vivent ses pères », peut toujours se tirer d'embarras. On dit aux uns : « C'est emm.... » Aux autres : « Vous êtes des niais ! » Avec le pied de nez et ces deux formules, on est un jeune homme accompli et dont l'éducation ne laisse rien à désirer. On n'est pas un de ces « petits parfumés » dont A. Q. a horreur.

Puisque je parle de M. Margue, je n'ai pas besoin de dire que je regarde comme un honneur d'être du nombre de ceux auxquels le député de Mâcon a dit : « Vous êtes des niais ! » M. Margue a résumé dans ce second mot toutes les rancunes qui se sont amassées dans sa cervelle depuis la fameuse séance où il lâcha son premier mot. Les coups d'épingle multipliés dont la presse l'a accablé depuis cette époque ont amené en lui un excès de bile. Il n'est pas de jour où son nom ne serve de prétexte à des satires ou à des quolibets. Tout le monde rit, lui seul ne peut rire. Ces plaisanteries dont son nom est le prétexte, et qui déridant les hommes les plus graves, lui semblent à lui idiotes et stupides. Aussi voit-il des niais partout. Pauvre homme ! plaignons-le et sachons comprendre sa situation.

Voyez, en effet, comme notre temps est injuste. Lorsque Cambronne eut dit aux Anglais le célèbre mot que M. Margue devait répéter 75 ans plus tard, toute la socéité parisienne fit fête au héros, chacun voulut l'avoir et lui faire redire la scène et l'exclamation breneuse qui l'avait terminée. Cambronne, dit-on, s'y prêtait de bonne grâce ; cepen-

---

(1) M. Margue venait de faire sa première apparition à la tribune depuis le jour où « le mot malheureux lui avait échappé ». Les journaux avaient critiqué son discours et recommencé leurs lazzi. M. Margue répondit par une lettre adressée à son cher Monin, qui depuis... mais alors il célébrait les vertus de M. Margue. Dans cette lettre, M. Margue se bornait à répondre aux écrivains qui l'avaient critiqué : « Vous êtes des niais ! ».

dant on raconte qu'un jour, pressé par une jeune et jolie femme qui le suppliait de lui dire quel mot il avait dit aux Anglais, le brave général, après beaucoup d'hésitations, essaya de s'exécuter ainsi : « Ma foi, madame, je ne sais pas au juste ce que j'ai dit à l'officier qui me criait de me rendre ; mais, ce qui est certain, c'est qu'il comprenait le français et qu'il m'a répondu : « Mange ! »

Pourquoi M. Margue qui a emprunté à Cambronne son mot ne lui a-t-il pas aussi emprunté son esprit ?

Je vous demande pardon, mes chers lecteurs, de vous faire une causerie aussi grasse en temps de carême. Mais les bonnes odeurs du renouveau, des violettes et des pâquerettes qui émaillent nos prairies, corrigeront les mauvaises senteurs qui pourraient se dégager des souvenirs historiques que j'ai rappelés. Pour me justifier, je pourrais invoquer l'exemple de Victor Hugo qui a dit qu'il ne devait pas être défendu « de déposer du sublime dans l'histoire ».

18 mars 1881.

L'ÉTENDARD DE SAINTE-CATHERINE

AUX LECTEURS

Un de mes confrères parisiens, le spirituel Bernadille, parlant de la Sainte-Catherine, la fête traditionnelle des jeunes filles, se posait cette question : « A quel âge coiffe-t-on sainte Catherine? » D'après lui, pour les jeunes filles de dix-huit ans, c'est à vingt-un ou vingt-deux. Pour les jeunes filles de vingt-deux, c'est à vingt-cinq. Pour les jeunes filles de vingt-cinq, c'est à trente. N'allons pas plus loin. Et mon très « malicieux » confrère ajoutait :

« On est vieille fille à vingt-six ans. On est encore jeune homme à trente-cinq. Ainsi l'a décidé sans appel le sexe tyrannique si fier de la toute puissance dont la barbe est l'enseigne, et telle est sa justice distributive! Que ne se lèvent-elles toutes ensemble contre l'oppresseur! Ce serait encore plus terrible que le soulèvement du Midi. Malheureusement, comme le Midi, elles ne se lèveront pas, malgré l'exemple qui leur a été donné par quelques vaillantes, car la révolte de MM^{lles} Louise Michel, Léonie Rouzade, Hubertine Auclert m'a tout l'air de n'être au fond qu'une insurrection de vieilles filles, qui devraient prendre, non le drapeau rouge, mais la bannière de sainte Catherine. »

Cet appel a été entendu : à preuve, lisez le petit compte rendu suivant que j'ai trouvé dans plusieurs journaux radicaux de notre département :

« Dimanche dernier, 27 novembre, sainte Catherine a été fêtée dignement par les jeunes filles de Vinzelles. Elles se sont réunies dans un banquet au Café Perraton fils, puis elles ont parcouru les rues de la commune, précédées d'une fanfare qui jouait la *Marseillaise*. Un bal a eu lieu le soir. Il a été très brillant. En somme, soirée amusante pour tous. »

Comme tous les morceaux de choix, il faut savourer ce compte rendu par petites tranches et lire entre les lignes. Relisons ensemble si vous voulez :

« Sainte Catherine a été fêtée *dignement* par les jeunes filles de Vinzelles. » Dignement est le mot juste. Dignement en dit plus qu'il n'est gros.

« Les jeunes filles se sont réunies dans un banquet au Café Perraton fils. »

Bravo, Vinzelles! on y donne l'exemple du progrès, de l'émancipation. Un banquet de jeunes filles et au café, c'est très bien cela ! Quel dommage que le compte rendu soit aussi sobre de détails. J'aurais voulu un récit plus long de cette ripaille. J'imagine qu'après un potage à l'émancipation, une tête de veau à la Louise Michel, un gigot à la Hubertine Auclert, on a dû trinquer et toaster. Je vois d'ici l'*oratrice*, le verre en main, débitant un petit discours dans ce genre :

« Citoyennes, mes amies, assez longtemps les hommes ont eu le privilège des banquets et des gueuletons politiques. Ils nous laissaient pendant ce temps au logis, à balayer la maison et à raccommoder nos bas. A notre tour. Une nouvelle ère commence. La République est représentée par une femme, qu'on ne l'oublie pas, notre règne va commencer. Les hommes à la maison et les femmes au café ; les hommes gardant et soignant le pot-au-feu, les femmes banquetant et pérorant : voilà la revanche! Liberté pour nous, égalité avec les hommes, et fraternité s'ils le veulent. Voilà notre programme. Je bois au progrès et à l'émancipation. »

Je ne garantis pas l'exactitude du texte, mais il est certain qu'un petit toast de ce genre a dû être prononcé et obtenir un succès formidable.

Reprenons le compte rendu : « Elles (les jeunes filles) ont parcouru les rues de la commune, précédées d'une fanfare qui jouait la *Marseillaise*. »

Aimable et touchant spectacle ! Pourquoi ces amazones se sont-elles contentées de défiler dans les rues de Vinzelles, pourquoi ne sont-elles pas venues jusqu'à Mâcon ? Elles auraient eu un succès fou.

M. le Maire et ses adjoints n'auraient certainement pas refusé l'autorisation de circuler à cette procession tout à fait laïque. Que dis-je ? ils auraient peut-être accepté de faire partie du cortège. S'inspirant du vœu émis jadis par l'ex-conseiller municipal de Mâcon, le citoyen Lesthevenon, de joyeuse mémoire, ils n'auraient pu moins faire pour terminer la fête que d'offrir quelques rations de vin blanc et un nombre suffisant de ces fameuses brioches qu'on fabrique depuis si longtemps à l'Hôtel de Ville. Après ces libations, tout le monde en chœur aurait chanté la *Marseillaise* modifiée ainsi pour la circonstance :

> *Allons, filles de la patrie,*
> *Le jour de gloire est arrivé.*
> *Contre nous de la tyrannie*
> *L'étendard odieux est levé.*

Espérons que ce n'est que partie remise et que l'année prochaine les jeunes filles de Vinzelles nous donneront ce joyeux spectacle.

Je me garderais bien de blâmer leur escapade. On ne frappe pas une femme, même avec une fleur... de rhétorique. Et puis, après tout, puisque les hommes ont des banquets, des réunions, des défilés avec fanfare et *Marseillaise*, pourquoi les femmes n'auraient-elles pas de tout cela ? Pourquoi ? je vous le demande.

Nous devrions nous estimer bien heureux que les réformatrices se contentent de demander à vivre avec nous sur le pied de l'égalité. Car, enfin, elles pourraient fort bien exiger, à leur tour, le commandement pour elles, et l'obéissance pour nous. Il y a des précédents en leur faveur et Mlle Hubertine Auclert, qui a de l'érudition, pourrait fort bien les faire valoir, d'autant plus que cela ne remonte pas tout à fait au déluge. Voulez-vous que je vous cite quelques exemples? Tenez, en voici :

Sémiramis fit une loi réputée longtemps inviolable qui attribuait aux femmes l'autorité sur les hommes. En un temps où l'on fait revivre toutes les lois existantes, un pareil souvenir est dangereux pour nous. En voici d'autres : La législation des Sarmates prescrivit qu'en toutes choses, dans les familles et dans les villes, les hommes fussent sous le gouvernement des femmes. En Egypte, chaque mari devait être esclave de la volonté de sa femme : il s'y engageait formellement par une clause indispensable exigée dans tous les contrats de mariage. En Assyrie, il y avait un temple dédié à la lune, où l'on n'admettait que ceux qui faisaient hautement profession de se montrer toujours soumis à leurs épouses, et l'on assure que de toute la contrée les dévots pèlerins ne cessaient d'y affluer.

Si dans les lycées de jeunes filles où l'on va tout enseigner : la physique, la chimie, l'astronomie, la géographie, l'anatomie, etc., on rappelle aux jeunes élèves ces souvenirs de l'histoire ancienne, les droits de l'homme seront fort menacés dans quelque vingt ans.

A cette époque-là, on citera certainement les jeunes filles de Vinzelles en exemple, comme ayant, les premières, levé, aux accents de la *Marseillaise*, l'étendard de sainte Catherine. A cette époque-là aussi, les jeunes filles de la campagne ne seront plus astreintes aux travaux domestiques qu'un poète a résumés ainsi :

> *Avec l'aube elle se réveille,*
> *Tord vaillamment son chignon lourd*

Et s'en va, diligente abeille,
Vaquer à tous les soins du jour ;
Compte les œufs, court à l'étable,
Trait les vaches, donne le foin,
Et, providence véritable,
A ses oiseaux, jette le grain.

Elles seront du conseil municipal et feront de la politique : les hommes, eux, compteront les œufs, trairont les vaches et donneront le foin. Espérons qu'on ne les contraindra pas à porter un « chignon lourd ».

3 décembre 1881.

PÈRE ET FILS

I

AUX LECTEURS

J'ai reçu de plusieurs habitants du Charollais des lettres où l'on me demandait de donner mon avis sur la situation qu'ont au tribunal de Charolles MM. Gondard père et fils : le fils, avocat, plaidant par devant Monsieur son père, et le père présidant le tribunal chargé de juger les causes que défend Monsieur son fils ; bref, le tribunal de Charolles fonctionnant sous la raison sociale Gondard père et fils et Cie.

J'avais retardé toute discussion sur ce sujet, voici pourquoi : j'espérais toujours que MM. Gondard père et fils comprendraient la délicatesse de leur situation, qu'ils cèderaient devant les réclamations de l'opinion publique.

Deux moyens se présentaient à eux : ou M. Gondard père se résignerait à ne plus présider quand son fils plaiderait, et, pour cela, M. Gondard fils se montrerait aussi sévère que Léandre pour Perrin Dandin dans les *Plaideurs* :

> *Son fils ne souffre plus qu'on lui parle d'affaire,*
> *Il nous le fait garder jour et nuit — et de près :*
> *Autrement, serviteur, et mon homme est aux plaids.*

Si le rôle de Léandre ne lui convenait pas, M. Claudien Gondard aurait pu jouer celui du Cid se dévouant pour don Diègue, son père. Le dévouement n'aurait eu d'ailleurs rien de périlleux, ce qui n'eût pas empêché tout Charolles d'avoir pour M. Claudien les yeux de M. Gondard père. Il s'agissait simplement pour M. Gondard fils de ne plus plaider quand son père présiderait.

Admettons que ces moyens aient été difficiles à exécuter, que M. Gondard père n'ait pu se résigner à ne pas présider quand son fils plaiderait, que M. Gondard fils n'ait pu consentir à ne pas plaider quand son père présiderait, il restait une troisième solution, un peu plus héroïque celle-là !

M. Gondard fils pouvait quitter Charolles et aller porter dans une ville plus importante son éloquence irrésistible. M. Gondard père aurait pu alors chanter, avec un trémolo à l'orchestre :

Pars, mon enfant, adieu,
A la grâce de Dieu.

Mais il est certain que M. Claudien Gondard n'aurait pas été embarrassé pour faire son chemin ailleurs.

En effet, ou M. Claudien Gondard, qui, sur 185 causes plaidées par lui, en gagne 164, est convaincu qu'il doit tous ses succès à son mérite, et il ne peut pas craindre de transporter ailleurs son cabinet, je dis même qu'il doit désirer une scène plus vaste pour son talent.

Ou bien, au contraire, M. Claudien Gondard est persuadé qu'il doit une grande part de ses gains de cause à sa situation de fils du président, et son amour-propre lui fait une loi de prouver qu'il est capable, même sans cet appui, de remporter de beaux succès.

Voilà les raisonnements que devait faire, à mon avis, la famille Gondard, et qui devaient changer la situation. Si, au contraire, le père et le fils restaient rebelles à cette manière de voir, comme l'opinion publique s'était émue de cette situation, comme bon nombre de républicains charollais l'avaient, j'en ai des preuves, trouvée anormale, je pensais qu'un avis venu de haut lieu amènerait MM. Gondard père et fils à résipiscence.

On aurait pu, par exemple, faire comprendre aux deux personnages en cause que si l'esprit de famille est une chose éminemment louable, il ne doit point se manifester dans le « sanctuaire des lois ». On aurait pu indiquer à M. Gondard père que l'amour paternel peut parfois aveugler l'esprit le plus droit et le plus loyal.

Sans demander à M. Gondard père d'avoir pour son fils la rigueur d'un Brutus, on aurait pu lui rappeler que, s'il n'y a pas de texte de loi qui interdise à un fils de plaider lorsque son père préside le tribunal, il y a de nombreux exemples de magistrats qui n'ont pas voulu accepter cette situation, pensant avec raison que la justice, plus encore que la femme de César, ne doit pas être soupçonnée.

Si M. Gondard père avait tenu à ce qu'on lui citât des noms, on aurait pu lui offrir, en exemple, M. Millevoye, premier président de la cour d'appel de Lyon, qui n'a jamais consenti à siéger dans les affaires où son fils, avocat à cette même cour, plaidait. M. Gondard aurait pu répondre que M. Millevoye est un réactionnaire, et qu'à ce titre il ne doit pas jouir des mêmes privilèges qu'un républicain. Mais je vous laisse, mes chers lecteurs, le soin d'apprécier la valeur de cet argument.

Voilà ce que j'espérais, avant le 14 Juillet. Mais, ce jour-là, M. Gondard père s'est distingué; il a banqueté, il a pavoisé sa maison, il l'a illuminée. Dès lors il a eu, comme on dit, les quatre pieds blancs. Ses bouts de chandelle lui ont, suivant l'expression consacrée, refait une virginité. Par le temps qui court, le bout de chandelle du 14 Juillet est un paratonnerre pour les fonctionnaires; il les garantit contre les foudres ministérielles, contre les dénonciations misérables des petites feuilles radicales, contre les plaintes des justiciables. On paye en argent les assurances contre la grêle ou l'incendie; les assurances pour la conservation des places se payent en bouts de chandelle. Je dis plus : le mérite, la capacité, l'intégrité d'un fonctionnaire s'évaluent aujourd'hui d'après la longueur et le nombre de ses bouts de chandelle.

Donc, M. le président Gondard n'ayant pas fait, pour le 14 Juillet, d'économies… de bouts de chandelle, doit être assuré maintenant contre toute observation ou critique qui aurait pu lui venir de haut lieu. Il peut continuer à présider quand son fils plaidera ; les justiciables pourront se plaindre et aller le dire à Dijon, la vertu du bout de chandelle opèrera, et M. Gondard père pourra laisser passer ces récriminations ; Achille, baigné dans la mer, était invulnérable ; M. Gondard père, tout imprégné de l'huile de ses lampions, est désormais inviolable.

C'est ce qui m'a décidé à lui présenter humblement aujourd'hui quelques observations.

Je respecte la magistrature tout entière, qu'elle soit républicaine ou qu'elle ne le soit pas. Je crois qu'un magistrat, quel que soit son parti, lorsqu'il est chargé de décider du sort ou de la fortune de ses concitoyens, sait se dépouiller de ses opinions ; l'homme disparaît, il ne reste plus que le juge. Je ne fais pas d'exception pour M. Gondard père.

Cependant il me semble qu'un père doit être irrésistiblement porté à donner raison à son fils, à trouver ses causes bonnes, ses arguments excellents, son éloquence invincible. Son fils plaidant devant lui, c'est un autre lui-même, c'est la chair de sa chair, et, instinctivement, pour ainsi dire malgré lui, le père est porté à juger suivant l'opinion du fils.

Ajoutez à cela que l'orgueil paternel est flatté d'entendre le nom du fils cité avec envie, toute une ville parler des succès incroyables, inouïs (164 sur 185), remportés par ce jeune avocat, jusqu'alors obscur et inconnu, de voir tous les plaideurs, républicains, conservateurs, accourir en foule et pêle-mêle au cabinet de M. Claudien et dire ouvertement que celui qui l'a pour avocat a cause gagnée.

On se chuchote même à l'oreille que ce jeune avocat, enivré par ses succès au Palais, se croit appelé à de plus brillantes destinées, et qu'il convoite le siège occupé au Parlement par l'un de nos honorables. Cette rumeur n'est pas faite pour déplaire au papa.

Mais il y a le revers de la médaille : à côté des plaideurs heureux, il y a les plaideurs évincés qui disent hautement que M. Gondard fils n'aurait pas autant de succès si son père n'était pas président. Je veux bien n'en rien croire, je veux bien tenir cette suspicion pour éminemment injurieuse ; mais, à mon humble avis, c'est déjà trop qu'une pareille rumeur puisse courir et s'accréditer. Et lorsque la cour d'appel de Dijon vient donner crédit à tous ces bruits en infirmant un grand nombre des jugements rendus par le tribunal de Charolles, la situation ne peut plus durer, la justice perd son autorité, le respect auquel elle a droit : il faut aviser.

Voilà tout ce que je voulais dire, pour aujourd'hui, à MM. Gondard père et fils. Je souhaite qu'ils tiennent compte de ces observations qui sont, je l'affirme, l'écho de l'opinion publique dans le Charollais.

Certain philosophe de l'antiquité, pressé de témoigner de l'affection à ses enfants qui, lui faisait-on observer, étaient sortis de lui, se mit à cracher en disant que cela aussi était bien sorti de lui.

Quoique philosophe, cet homme était un barbare et un sot. Mais si ce philosophe péchait par excès d'indifférence pour ses enfants, M. Gondard père pèche peut-être par excès contraire.

29 juillet 1882.

II

UNE CAUSE GRASSE

AUX LECTEURS

Ecoutez cette histoire, elle en vaut la peine. Je vais gazer le plus possible, mais je crois bon de prévenir les mères de ne pas en permettre la lecture à leurs filles.

Le 27 mars dernier, trois femmes de La Motte-Saint-Jean revenaient de la foire en babillant. Arrivées près du cimetière de la commune, elles aperçurent le sieur Bonnin, qui, disent-elles, urinait sur la tombe de M. Carré, ancien conseiller général républicain, décédé subitement quelque temps auparavant.

Rentrées chez elles, les trois femmes racontèrent ce qu'elles avaient vu aux commères de leur voisinage. On n'ajouta d'abord pas d'importance à ce cancan. Il semblait impossible qu'un homme âgé et considéré dans son pays eût commis un pareil acte. Mais bientôt, les langues marchant toujours, le maire de La Motte-Saint-Jean, M. Poncet, voyant là une bonne occasion de molester un conservateur, un réactionnaire, si vous aimez mieux, rapporta ce commérage au conseil municipal.

Le conseil municipal s'émut, et dénonça le fait au parquet de Charolles ; une enquête fut ouverte, le juge de paix de Digoin alla trouver les trois commères qui avaient lancé le cancan et qui, naturellement, persistèrent dans leurs dires.

Bref, *cinq mois après* le jour du prétendu délit, M. Bonnin était cité devant le tribunal correctionnel de Charolles.

Pendant l'enquête, M. Bonnin avait, en vain, protesté de son innocence, démontré qu'il était moralement et *matériellement* incapable de l'acte qu'on lui reprochait. Dès l'instant où les trois commères de La Motte-Saint-Jean incriminaient un réactionnaire, elles devaient être crues sur parole. La proie était trop bonne à prendre pour qu'on la laissât échapper.

C'est alors que M. Bonnin eut une idée lumineuse, vraiment géniale. Il avait entendu parler des succès inouïs remportés par M. Gondard fils. Il se dit : « Il n'y a qu'un homme capable de me tirer de ce mauvais pas, c'est l'avocat influent qui, sur 185 causes plaidées, en a gagné 164, » et il alla trouver immédiatement M. Claudien Gondard, qui se chargea volontiers de la défense de ce « réactionnaire ».

Le 29 juillet dernier, donc, M. Bonnin comparaissait, assisté de M. Gondard fils, devant le tribunal correctionnel de Charolles, présidé par M. Gondard père.

Ici, la scène devient épique. Les trois commères viennent déclarer au tribunal qu'elles ont, le 27 mars dernier, vu M. Bonnin uriner sur la tombe de M. Carré. « Rappelées trois ou quatre fois par M. le Président qui les pressa de questions, elles répondirent imperturbablement la même chose et sans hésitation. » M. Gondard fils leur fit alors poser par son père la question suivante : « Avez-vous vu le jet? » Les trois commères ne comprenaient pas. M. le Président leur donna de paternelles explications et les trois commères, ayant compris, répondirent unanimement qu'elles avaient vu le jet.

C'était là que M. Gondard fils les attendait. Il avait en poche un certificat du médecin constatant que ce jet n'avait pu se produire.

En outre, quatre témoins cités par la défense venaient déclarer qu'ils avaient procédé à une expérience : l'un d'eux placé dans le cimetière avait « fait le Bonnin », les trois autres, restés sur la route, avaient essayé de voir et n'avaient rien vu.

Mais le procureur de la République avait, lui aussi, fait procéder à une expérience. Le juge de paix, le greffier, le brigadier de gendarmerie de Digoin, le maire et l'instituteur de La Motte-Saint-Jean s'étaient rendus sur les lieux ; l'un des cinq avait « fait le Bonnin » et les quatre autres avaient vu.

Le tribunal était aussi indécis entre ces deux expériences contradictoires que l'animal de Buridan entre son seau d'eau et son picotin d'avoine. Le procureur de la République voulait la condamnation du « réactionnaire », mais M. Gondard fils voulait son acquittement : Comment faire? A quoi se résoudre? Le tribunal en délibéra et décida que, lui aussi, ferait l'expérience sur les lieux. Et, en effet, le mardi 1er août courant, M. Gondard père, assisté de ses deux juges assesseurs, se rendait à La Motte-Saint-Jean. Là, en présence de la population, l'expérience était faite ; seulement l'homme qui « faisait le Bonnin » manœuvrait une seringue.

Du haut de leurs demeures dernières, Lamoignon, d'Aguesseau, de Harlay et tous les grands magistrats qui ont illustré nos annales judiciaires devaient se voiler la face pendant cette expérience.

Quel en fut le résultat? Ici, je laisse la parole au journal radical de Charolles que je cite textuellement :

« Mardi donc, M. Gondard, président, et MM. de Montillet et Seurre, se rendirent à La Motte-Saint-Jean et renouvelèrent l'expérience déjà faite. Nous croyons savoir que M. le Président déclara lui-même qu'on pouvait voir; les deux autres ne dirent rien. *Un grand nombre de personnes profitèrent de l'occasion offerte pour se rendre compte du fait.* TOUT LE MONDE VOYAIT. »

Tout le monde voyait! Que pensez-vous, mes chers lecteurs, de cette façon d'honorer la mémoire d'un mort en faisant procéder en public à de pareils expériences sur sa tombe ?

Enfin, le samedi 5 août, l'affaire revenait devant le tribunal correctionnel de Charolles : le procureur de la République concluait énergiquement pour la condamnation de M. Bonnin; l'avocat de la famille Carré, qui s'était portée partie civile, demandait, lui aussi, une condamnation; seul, Me Gondard fils défendait M. Bonnin. Et Me Gondard fils vainquit.

En effet, le tribunal rendit le jugement suivant :

« *Attendu qu'il y a doute dans l'esprit du Tribunal, attendu que le doute est au bénéfice du prévenu, attendu que la partie qui succombe est condamnée aux dépens, le Tribunal renvoie Bonnin des fins de la plainte et condamne la partie civile en tous les dépens.* »

M. Bonnin était acquitté ! Mais MM. Gondard père et fils étaient sévèrement jugés par leurs amis politiques.

Voici comme le journal radical de Charolles retrace l'impression que cette sentence causa dans l'auditoire :

« Un silence glacial accueille ce jugement. Nous avons vu sur tous les visages les signes évidents d'un étonnement profond. *C'était de la stupeur.* Les débats ne laissaient pas prévoir un pareil dénouement.

» Et la réaction triomphante battait la grosse caisse ; le télégraphe allait porter partout la bonne nouvelle. Les expéditeurs de dépêches, dans leur joie exubérante, ne comptaient plus les mots.

» *Et les républicains battus s'inclinaient devant la majesté du jugement rendu.* La cour de Dijon, par un arrêt prochain, adoucira peut-être les amertumes de notre défaite. Car nous pouvons affirmer que la famille Carré interjette appel. De plus, nous espérons que le ministère public suivra cet exemple salutaire. »

Comment! les républicains sont battus parce qu'on a acquitté un honnête homme injustement accusé! Comment! les républicains sont plongés dans la stupeur par cet acquittement! « Ils s'inclinent devant la majesté du jugement rendu, » et ils excitent le ministère public à interjeter appel! Si les juges avaient un doute sur la culpabilité du prévenu, devaient-ils donc le condamner quand même pour satisfaire les passions politiques? Ce seul fait indique quel genre de magistrature et de tribunaux vous voudriez nous imposer!

La feuille radicale a encore protesté vivement et à diverses reprises parce que M. Tondut, juge d'instruction, n'avait pas siégé dans cette affaire et avait été remplacé par M. Seurre, un homme justement estimé et considéré dans le Charollais. On a donné à entendre que M. Gondard père s'était adjoint un suppléant d'opinions conservatrices afin de pouvoir faire donner raison à son fils.

Je n'ai pas à défendre M. Gondard père, en cette circonstance, mais il me semble que le juge qui a instruit une affaire agit sagement en ne siégeant pas lorsque cette affaire vient devant le tribunal.

Je dois ajouter que toutes ces critiques ne se seraient pas produites si M. Gondard fils n'avait pas plaidé par devant M. Gondard père, si l'on n'avait pas eu dans le public le moindre motif de supposer que le désir de donner raison à son fils avait agi plus puissamment sur l'esprit du père que l'idée fort louable, fort généreuse, fort impartiale, de ne pas condamner un innocent, lors même qu'il n'est pas républicain.

Quant à moi, j'admets très bien qu'en cette occasion, comme en toute autre, M. Gondard père n'a écouté que sa conscience, mais j'ajoute qu'il est très regrettable que de pareilles suspicions puissent se produire et trouver crédit dans le public. La justice y perd son autorité et son prestige. Qu'arriverait-il, en effet, si l'on pouvait se dire dans l'arrondissement de Charolles qu'il suffit d'avoir comme avocat Me Gondard fils pour être innocenté ?

Que MM. Gondard père et fils méditent sur cette question, et ils en arriveront certainement à la conclusion que j'émettais dans ma dernière lettre, lorsque je disais : Ou M. Gondard fils doit se résigner à ne plus plaider quand son père présidera, ou M. Gondard père doit prendre la résolution de ne plus présider quand son fils plaidera.

Le procès Bonnin vient de démontrer qu'il était plus que temps pour MM. Gondard père et fils de choisir entre les deux termes de ce dilemme.

S'il était permis à un simple citoyen comme moi de donner un conseil à un magistrat, j'ajouterais, pour terminer, que M. Gondard père fera bien aussi de ne pas multiplier les expériences dans le genre de celles de La Motte-Saint-Jean, car la majesté de la justice y subit des atteintes irrémédiables.

Que pouvaient penser, je vous le demande, les justiciables en voyant le tribunal de Charolles assister gravement, comme des apothicaires du temps passé, au fonctionnement d'une seringue ?

Ils en ont ri, on en a ri dans tout le Charollais et ailleurs, et s'il est vrai, comme l'a dit Chamfort, que la moins perdue de toutes les journées est celle où l'on a le plus ri, j'affirme qu'il y a eu dans le Charollais nombre de journées qui n'ont pas été perdues.

12 août 1882.

III

SERINGUE ET GARDE CHAMPÊTRE

AUX LECTEURS

C'est aujourd'hui que se juge l'affaire Bonnin, c'est aujourd'hui que les conseillers de la cour d'appel de Dijon vont être appelés à décider souverainement de cette grave question : A-t-on vu le jet? N'a-t-on pas vu le jet? La manœuvre de la seringue opérée sous la haute direction de M. le président Gondard a-t-elle donné des résultats justes et satisfaisants? Qui avait raison de ceux qui ont vu, de ceux qui n'ont pas vu, de ceux qui doutent s'ils ont vu?

Je me représente volontiers l'avocat de la partie civile récusant, réfutant, dans un beau mouvement d'éloquence, l'expérience de la seringue, et l'avocat de M. Bonnin soutenant, au contraire, que la seringue a donné des résultats beaucoup plus concluants que ceux de son client.

J'imagine aussi que le ministère public condamnera l'expérience de la seringue, comme les autres, et pensera que c'est une singulière manière d'honorer un mort que de venir provoquer toute une série de jets vrais ou simulés sur sa tombe. Je crois donc que M. Bonnin sera acquitté en appel, comme il l'a été en première instance.

Mais quelle scène à ajouter à l'immortelle comédie des *Plaideurs!*

L'AVOCAT DE M. BONNIN.

Messieurs, tout ce qui peut étonner un coupable,
Tout ce que les mortels ont de plus redoutable
Semble s'être assemblé contre nous par hasard,
Je veux dire la brigue et l'éloquence. Car,
D'un côté, le crédit du défunt m'épouvante,
Et de l'autre côté l'éloquence éclatante
De mon contradicteur m'éblouit.

LE PRÉSIDENT.

Avocat.
De votre ton vous-même adoucissez l'éclat.

LE DÉFENSEUR.

Oui dà, j'en ai plusieurs ; mais quelque défiance
Que nous doive donner la susdite éloquence
Et le susdit crédit, ce, néanmoins, Messieurs,
L'ancre de vos bontés nous rassure. D'ailleurs,
Voici le fait : en mars, trois femmes indiscrètes,
Passant en un chemin, crurent voir en cachette
Celui pour qui je parle — il faut dire en latin —
MINGENTEM en plein jour et sans respect humain.
Ont-elles vu, messieurs ? Le demandeur l'affirme,
Et je soutiens que non, mon client est infirme.
La seringue pour lui qu'on a fait manœuvrer,
Plus puissante que lui, n'a pas pu démontrer
Aux premiers magistrats qu'un jet était visible ;
C'est de notre innocence une preuve invincible,
Eclatante. Au surplus, messieurs, je vous atteste
Qui ne sait que la loi, SI QUIS HOMO, *Digeste,*
DE VI PARAGRAPHO, *messieurs,* CAPONIBUS,
Prouve que cette affaire est pour vous un rébus.

Le plus à plaindre dans tout cela, c'est M. Gondard père. Quelle que soit la solution de l'affaire, il aura les étrivières.

Si M. Bonnin était — ce que je ne crois pas — condamné par la cour d'appel de Dijon, les radicaux de Charolles ne manqueraient pas de dire que si M. Gondard père avait acquitté M. Bonnin, s'il s'était astreint à la légendaire expérience de la seringue, c'est parce que M. Bonnin était défendu par M. Gondard fils. Si, au contraire, comme je le pense, M. Bonnin est de nouveau acquitté par la cour d'appel de Dijon, les radicaux de Charolles en voudront à M. Gondard père d'avoir imaginé cette expérience de la seringue pour sauver le client de son fils.

Et l'un des rares succès que M. Gondard père aura remportés à Dijon se retournera contre lui. Je ne serais même pas surpris de voir les radicaux de Charolles, pour se venger, ouvrir une souscription à l'effet d'offrir à M. Gondard père une seringue d'honneur.

15 septembre 1882.

FRÈRES ET AMIS

AUX LECTEURS

Je me promenais, hier, dans un de ces petits chemins agrestes où les haies se touchent presque, où la solitude et le silence sont à souhait, et où il fait bon à rêver en cueillant, par ci, par là, quelques brins de violette. Soudain je fus interrompu dans ma rêverie, je levai la tête et je vis au dessus de moi toute une volée de moineaux babillards et effrontés qui se querellaient, se battaient, criant, piaillant, se poursuivant et faisant beaucoup plus de bruit qu'ils n'étaient gros. Décidément, me dis-je, on n'est pas plus sage dans le monde des oiseaux que dans le monde des hommes. Et comme la politique vous suit partout, même à la promenade, j'en vins à songer à toutes nos querelles. Assis au pied d'un arbre, sur le gazon naissant, je notai ces quelques réflexions que je vous transmets telles quelles.

Le plus beau mot de la langue des hommes est certainement celui de fraternité. Jésus-Christ le premier a enseigné à l'humanité cette vertu en nous disant : « Aimez-vous les uns les autres. » Grande maxime qui a fait des héros et produit des merveilles de dévouement. Plus tard, les républicains ont repris le mot sinon la chose et l'ont inscrit dans leur devise. S'ils pratiquaient cette belle vertu, s'ils avaient, non seulement pour leurs coreligionnaires politiques, mais pour tous leurs compatriotes, cet amour fraternel que leur prescrit leur devise, leur parti serait invincible et il faudrait dire : Honte et malheur à l'homme qui n'est pas républicain!

Malheureusement c'est peut-être dans le parti républicain où la fraternité est le moins comprise. On s'y querelle, on s'y jalouse, on s'y déchire plus que partout ailleurs. Les hommes de ce parti sont les plus ardents à soigner leurs intérêts personnels, ils ont les rancunes les plus vivaces, les appétits les plus violents, l'égoïsme le plus féroce et le dédain le plus absolu des misères d'autrui.

Je ne dis rien que je ne prouve. Faisaient-ils de la fraternité, ces républicains, lorsqu'ils privaient de malheureux pères de famille de leur gagne-pain, non pour assurer la sécurité de l'Etat, mais pour procurer des places à leurs parents et à leurs amis? Est-ce au nom de la fraternité que les députés républicains se sont accordé le parcours gratuit, en première classe, sur toutes les lignes de chemins de fer? N'aurait-il pas été plus démocratique et plus fraternel d'obtenir pour le peuple une diminution sur le prix des places de troisième classe ; d'assurer, moyennant un sacrifice, le parcours gratuit aux ouvriers que le chômage contraint à se déplacer pour chercher de l'ouvrage?

Est-ce par un sentiment de fraternité que les députés républicains — avant de voter les dégrèvements qu'attendent les ouvriers et les cultivateurs — songent à doubler leur traitement? Ils n'ont pas assez de 9,000 francs pour vivre? Pensent-ils à tous ceux qui n'en ont pas autant? Ont-ils créé une seule fondation charitable pour adoucir les maux de ces ouvriers qu'ils plaignent tant dans leurs discours? Ils songent à eux d'abord, ils prennent leur large part du gâteau ; tant pis s'il ne reste rien pour le peuple ! Ils diraient volontiers comme ce personnage de comédie : « Quand j'ai bien bu et bien mangé, je veux que tout le monde soit saoûl dans la maison. »

Et, entre eux, voyez comme ils pratiquent la fraternité ! Dès que leurs intérêts ne sont plus d'accord, ils s'injurient, ils s'abominent. Ouvrez le premier journal républicain venu, vous y trouverez des critiques et des satires contre un autre républicain. Notre département, pendant longtemps, n'a vu ces querelles que de loin : dans quelques jours, il pourra les voir de près.

Avant un mois, vous entendrez ce dialogue : « Vous êtes un transfuge ! — Et vous un caméléon. — Vous tournez à tous les vents qui soufflent, comme une girouette. — Et vous, comme les vieilles girouettes rouillées, vous ne tournez plus, vous ne faites que grincer. — Vous êtes un sophiste. — Et vous, un vain déclamateur. — Allez, petit grimaud, barbouilleur de papier. — Allez, maigre orateur, opprobre du métier ! »

La querelle est déjà commencée. Nos députés se sont partagés en deux camps : ceux qui tiennent pour M. Gambetta et le scrutin de liste, ceux qui sont pour le ministère actuel et le scrutin d'arrondissement. Nos trois sénateurs, hommes graves et qui ont peur du bruit, se sont tenus prudemment à l'écart, ne prenant parti ni pour les uns ni pour les autres, se constituant à l'état d'amphibies qui vivent également bien dans l'un et l'autre élément.

Chaque parti aura son porte-drapeau, les gambettistes ont le *Progrès*, de Chalon, les antigambettistes auront l'*Avenir républicain*, un journal qui va profiter de la pousse des feuilles pour apparaître à la fin de ce mois (1). L'*Avenir* a vu se ranger autour de lui sept députés : MM. Boysset, Bouthier de Rochefort, Daron, Gilliot, de Lacretelle, Logerotte et Sarrien ; il a pour lui la quantité. La phalange du *Progrès* est plus mince, elle se réduit à deux députés, mais il a la qualité puisqu'il possède... M. Margue.

Les sept députés, partisans de l'*Avenir*, ont écrit à ses fondateurs une lettre chaleureuse que vous avez lue. Un petit journal gambettiste du département les représente spirituellement entourant le berceau de la feuille nouvelle et,

---

(1) Ledit journal, hélas ! a succombé à l'âge d'un an, malgré les sept fées qui avaient présidé à sa naissance.

comme des fées aimables, lui faisant chacun un don précieux et prononçant ainsi leur horoscope :

« M. Boysset : Sois impersonnel.
» M. Logerotte : Sois indépendant.
» M. Daron : Sois l'écho fidèle.
» M. Gilliot : Sois impartial.
» M. Bouthier de Rochefort : Sois un guide éclairé.
» M. Sarrien : Sois sincère.
» M. de Lacretelle : Sois ferme et digne. »

Un journal qui a d'aussi bons parrains, qui a pour lui, à la fois, la fée Grognon, M. Boysset, et la fée Gracieuse, M. de Lacretelle, ne saurait manquer d'avoir d'heureuses destinées. Il ne vivra pas qu'un printemps comme tant d'autres feuilles radicales que nous avons vues naître et mourir en ces dernières années dans notre département.

Mais le *Progrès*, cela s'explique, n'est pas content. Il accable fraternellement les députés, ses anciens amis, de tous ses anathèmes. On a pu voir qu'il a traité les sept députés en général d'hommes légers, versatiles, et M. Boysset, en particulier, de déclamateur perpétuel. Ecoutez encore comme il les tance :

« Vous figurez-vous transformés en conventionnels MM. Daron, Lacretelle, Sarrien, Gilliot, Bouthier de Rochefort..., et tous ceux, et ils sont nombreux, qui leur ressemblent! C'est à pouffer de rire, quand on songe que tout l'esprit révolutionnaire et politique de ces petits grands hommes du scrutin d'arrondissement consiste à vouloir conserver à chacun d'eux le droit de distribuer selon ses caprices, ses amitiés et le besoin de son influence, les faveurs gouvernementales dans sa circonscription.

» Car, il ne faut pas s'y tromper, c'est là le fond de la politique de ces adversaires acharnés du fameux pouvoir personnel. Tous ces conventionnels en miniature ne se sont tant insurgés contre le fantôme de la dictature d'un homme que pour assurer celle des cinq cents petits tyranneaux dont nous a gratifiés le scrutin d'arrondissement.

» — Nous avons renversé le ministère Gambetta, écrivait un député qui nous touche de près et que nous pourrions nommer, parce qu'il se refusait à donner des places à nos amis.

» Cet aveu n'est-il pas fait pour éclairer la situation.

» Quant aux réformes réclamées par le pays, quand à l'organisation de la République, c'est le dernier souci de ces braves gens qui ne songent qu'à caser leurs amis.

» Les faits sont là pour le prouver. »

Qu'en dites-vous? Il y a un an à peine, le *Progrès* nous représentait M. Boysset comme le modèle des républicains, c'était « l'honneur de la cité et de la démocratie »; à présent ce n'est plus qu'un vulgaire déclamateur, un marchand de paroles.

Tous les autres députés de Saône-et-Loire étaient des phénix : M. Gilliot avait de l'éloquence, M. de Lacretelle du style, M. de Bouthier de Rochefort de la science : tous étaient des amis du peuple, et les électeurs devaient s'empresser d'accorder leurs suffrages à tous ces grands citoyens qui voulaient le bonheur de la patrie et de la République.

Maintenant, le vent a tourné, et ce même *Progrès* nous montre les Daron, les Gilliot, les Lacretelle, les Bouthier de Rochefort sous leur vrai jour : le bonheur du peuple, ils s'en soucient comme un coq d'une perle ou un lapin de l'orthographe. Ce qu'ils cherchent, avant tout, c'est à défendre leurs intérêts particuliers, à *caser leurs amis*. C'est un républicain, c'est leur partisan d'hier qui les juge et les dépeint ainsi. Allez donc dire maintenant que la fraternité n'existe pas dans le parti républicain !

Voyez ces deux chiens de basse-cour. Ils jouent ensemble ils se font des caresses et des agaceries ; qu'on jette un os auprès d'eux et voilà les deux amis aux prises. Ils grognent, ils se menacent et finissent par se livrer bataille pour savoir qui rongera l'os.

La fraternité dans le parti républicain dure de même jusqu'au jour où il y a un os à ronger.

18 mars 1882.

NOS JUGES

AUX LECTEURS

Le garde des sceaux, M. Martin-Feuillée, a terminé ses coupes sombres dans les rangs de la magistrature. Les magistrats peuvent dormir en paix. Les justiciables peuvent-ils en faire autant ? Voilà une question à examiner. Avant d'aborder ce grave sujet, laissez-moi répéter, comme mon ancêtre le paysan du Danube :

Veuillent les immortels, conducteurs de ma langue,
Que je ne dise rien qui doive être repris ;
Sans leur aide, il ne peut entrer dans les esprits
    Que tout mal et toute injustice.

Je ne m'attarderai pas dans une longue discussion sur les défauts de la loi du 30 août. Tout a été dit et répété là-dessus, à satiété. Je veux me demander seulement, comme tout citoyen a le droit de le faire, si cette loi nous a donné quelques-uns des avantages que l'on pouvait attendre d'une réforme judiciaire. Et il me sera facile de prouver, par des exemples choisis dans notre département, que cette prétendue réforme n'a rien réformé du tout et qu'elle a aggravé, loin de les diminuer, les inconvénients dont les justiciables avaient lieu de se plaindre.

Que désiraient les justiciables ? Souhaitaient-ils que M. Marignan fût premier président de la cour d'appel de Dijon, que M. Gondard continuât à *gondardiser* la justice à

Charolles et que M. F. Martin fût nommé juge au tribunal de Mâcon? Si le peuple souhaitait cela, les vœux du peuple sont comblés, et il n'y a plus qu'à rendre grâces au Parlement et à M. Martin-Feuillée, son serviteur.

Mais j'ai lieu de croire que le peuple demandait autre chose. Peu importe au peuple que son juge s'appelle Pierre ou Paul, Gondard ou Martin, pourvu qu'il soit bien jugé et jugé à bon marché.

Les justiciables attendaient de la réforme judiciaire trois choses : plus de sûreté dans les jugements, plus de rapidité dans l'expédition des affaires, la diminution des frais de justice.

La loi du 30 août n'a donné satisfaction à aucun de ces désirs. Elle n'a pas augmenté la sûreté des jugements puisqu'elle a diminué le nombre des juges; elle n'a pas augmenté la rapidité des affaires, les juges ayant plus de besogne iront moins vite ; elle n'a pas non plus diminué les frais de justice, elle n'a fait qu'augmenter le traitement des magistrats.

Plus je cherche et moins je trouve ce que le justiciable a pu gagner à cette réforme. Il ne faut pas chercher longtemps pour voir ce qu'il y perd.

Un exemple rendra la démonstration plus sensible. Prenons, si vous le voulez, le tribunal de Charolles.

Avant la réforme, le tribunal de Charolles se composait d'un président, de deux juges assesseurs, d'un juge d'instruction, d'un juge suppléant, d'un procureur et d'un substitut.

Aujourd'hui, le tribunal de Charolles ne se compose plus que de M. Gondard, président; de M. Abord, juge d'instruction ; de M. de Montillet, juge, et de M. du Puy, procureur. Quatre magistrats au lieu de sept. Il y a économie, dira-t-on. Non. Ces quatre magistrats coûtent plus cher maintenant que ne coûtaient autrefois les sept autres.

Sous ce rapport donc la réforme n'a réalisé aucun avantage. En revanche, elle a occasionné les plus graves troubles dans le fonctionnement du tribunal. Ecoutez plutôt.

Vous savez quelle était la situation au tribunal de Charolles : M. Gondard fils plaidait, M. Gondard père présidait et jugeait. Et les jugements de M. Gondard père donnaient, dans la grande majorité des cas, raison aux plaidoiries de M. Gondard fils. La loi du 31 août — c'est la seule réforme utile qu'elle ait accomplie — a modifié cette situation. L'article 13 de cette loi stipule qu'un magistrat ne pourra pas siéger dans une affaire où son fils ou un de ses proches parents plaidera.

Je ne puis pas résister au plaisir de vous citer en passant un extrait du discours prononcé par M. Barne, sénateur républicain, qui a fait adopter cet article 13. C'est une digression, mais je puis bien m'écarter un peu de ma route pour cueillir cette rose épineuse qui fera si bien à la boutonnière de M. Gondard père. Voici donc ce que disait M. Barne, le 27 juillet dernier, à la tribune du Sénat :

« La nature humaine suffirait pour nous signaler le danger grave qu'il y a de voir l'intérêt d'un plaideur dépendre d'une décision sollicitée à la conscience d'un juge par son fils. On a beau être juge, même d'un ordre élevé, on conserve les sentiments inhérents au cœur de l'homme, et parce qu'on devient président de tribunal, on ne cesse pas d'être père. *Et comment se défendre d'une sympathie trop facile pour la parole qui sort d'une bouche aimée ?* »

Ah ! monsieur Gondard père, que n'étiez-vous au Luxembourg pour voir tous les sénateurs rire de bon cœur à ce trait-là.

« Oui, messieurs, a continué M. Barne, il y a danger pour les intérêts des plaideurs, pour la dignité de la justice elle-même à exposer l'opinion publique à croire — et elle y est bien autorisée — que, quand un père juge les arguments présentés par son fils, il ne peut pas toujours offrir les garanties d'impartialité qui s'imposent au magistrat. On croit et on a raison de croire qu'il peut y avoir, pour la rectitude des décisions judiciaires, une grave inconvenance dans de pareilles situations. Le mal s'est révélé plus d'une fois. On a vu des carrières professionnelles d'avocat (à vous, monsieur Gondard fils!) et d'avoué se développer rapidement, avec un excès de rapidité, à raison de l'influence exercée sur l'étude, le cabinet de l'un des défenseurs, avocat ou avoué près d'une cour ou d'un tribunal, à la faveur de la situation d'un père, chef ou membre de cette corporation judiciaire. »

Aujourd'hui, le mal est réparé, l'art. 13 sauvegarde les intérêts des plaideurs et M. Gondard fils ne peut plus plaider par devant M. Gondard père. Les justiciables charollais ne peuvent qu'applaudir ; mais — et c'est là où je voulais en venir — la réforme a aussi un inconvénient très grave.

En effet, M. Gondard père ne peut plus siéger quand M. Gondard fils plaide ; or, M. Gondard fils, dont « le cabinet s'est développé avec un excès de rapidité, à la faveur de la situation de M. Gondard père, » M. Gondard fils plaide très souvent, il occupe dans presque toutes les affaires, il en résulte qu'à presque toutes les audiences M. Gondard père ne peut pas siéger. De quatre ôtez un, restent trois.

Ce n'est pas tout. L'arrondissement de Charolles est très étendu, par suite les crimes y sont assez fréquents, d'où la nécessité pour le juge d'instruction et pour le procureur de se déplacer souvent à l'effet de procéder à une enquête judiciaire. De trois ôtez deux, reste un.

M. de Montillet reste seul pour composer le tribunal de Charolles : supposez M. de Montillet malade ou indisposé. De un ôtez un, reste zéro.

Le tribunal de Charolles disparaît, la justice chôme, les plaideurs attendent. Et voilà les bienfaits de la réforme judiciaire.

Il y a à peine quinze jours que les tribunaux fonctionnent

sous l'empire de la nouvelle loi et déjà, plusieurs fois, M. Gondard fils plaidant et le juge d'instruction étant forcément absent, le tribunal de Charolles a dû se compléter en s'adjoignant des avocats et des avoués. Pas plus tard que samedi dernier, le tribunal de Charolles a été obligé de se modifier trois fois. Il a dû recourir successivement pour se compléter à un avoué et à deux avocats.

Il y a là une situation que la loi du 30 août a aggravée loin de l'améliorer. Ce n'est pas le seul grief que l'on ait contre elle et, pendant que j'y suis, je vais tout dire.

La réforme judiciaire avait surtout pour but, avouait-on, d'écarter de nos prétoires tous les magistrats qui font de la politique. J'en connais plusieurs qui ne s'occupaient pas le moins du monde de politique et qui ont été éliminés tout de même. Mais, en admettant que les éliminations n'aient frappé que des magistrats politiques, leurs remplaçants valent-ils mieux ?

Voyons, à Mâcon, par exemple, le choix n'aurait-il pas été politique ? A-t-on choisi le plus éloquent des avocats, le plus capable des avoués pour en faire un juge ? Nullement, on est allé choisir un vieil avoué retiré des affaires et qui depuis dix ans consacrait tous ses loisirs à la politique. Il est républicain, c'est vrai, mais ce n'est pas pour les justiciables une garantie suffisante. Au contraire, et sans vouloir faire de personnalités, sans obéir à des préventions, je me dis : « Est-ce une bonne condition pour un magistrat que d'arriver comme juge dans une ville, après avoir été mêlé à toutes les luttes politiques, à toutes les polémiques, à tous les petits conflits qui ont pu surgir dans cette ville depuis plusieurs années ? »

Je suppose volontiers que ce nouveau magistrat n'écoutera que sa conscience, qu'il oubliera sur son siège toutes ses rancunes, mais empêcherez-vous le plaideur malheureux qui a 24 heures pour maudire ses juges de penser et de dire que son échec n'est pas dû entièrement à des raisons de droit ?

C'est déjà trop que de pareilles récriminations soient possibles.

Je crois avoir prouvé, par ces exemples, que la prétendue réforme judiciaire n'a rien amélioré ni au point de vue de la rapidité, ni au point de vue de la sécurité des jugements. A-t-elle diminué les frais de justice ? Pas le moins du monde. A preuve, laissez-moi vous raconter une petite anecdote toute récente.

Il y a dans un canton du Charollais un juge de paix de fabrication nouvelle. Il ne savait pas un mot de droit et de jurisprudence, mais c'était un républicain renforcé et il avait besoin d'une place. On lui donna une justice de paix, comme on lui eût donné une perception ou un bureau de tabac : il était aussi propre à un emploi qu'à l'autre. Il aurait même mieux manœuvré les balances d'un débit de tabac que celles de la justice. Il a eu à juger dernièrement un cas assez fréquent dans les campagnes et voici comment il s'en est acquitté.

Il y a quelque temps, deux vaches appartenant à un sieur A. pénètrent dans le pré d'un sieur B. et y tondent la largeur de leurs langues. Les vaches avaient aussi cassé un fil de fer et avaient passé dans un champ de pommes de terre. A. offrit au sieur B. de s'arranger à l'amiable en payant le dégât. B. refusa et fit citer le sieur A. devant le juge de paix. Ce dernier rend un jugement par lequel il nomme des experts ; les experts prêtent serment, font la visite des lieux, procèdent à une estimation et déposent leur rapport. Le dommage est fixé par les experts à la somme de..... *trois francs*, mais les frais du procès se sont élevés à *cent cinquante-huit francs*.

Un juge de paix expérimenté et soucieux de l'intérêt des justiciables aurait certainement trouvé le moyen d'empêcher tant de frais pour un dommage aussi minime. Il est question en ce moment, d'un projet de loi destiné à augmenter la compétence des juges de paix, pourquoi ne peut-on pas augmenter aussi par une loi l'intelligence de certains d'entre eux ?

On raconte qu'un ignorant ayant été nommé bibliothécaire, le ministre lui dit en lui remettant son brevet : « Voilà une belle occasion pour apprendre à lire. » A beaucoup de nouveaux juges on pourrait dire : « Voilà une belle occasion pour apprendre le droit. »

17 novembre 1883.

LES EXPLOITS D'ISIDORE

A Monsieur Isidore MARTIN

Maire de Couches-les-Mines, conseiller général.

Les Couchois, vos sujets, ne sont pas contents de vous, monsieur Isidore. J'ai reçu les doléances de plusieurs d'entre eux ; je veux vous en faire part.

Les portraits que l'on m'a faits de votre personne sont peu flatteurs ; vous seriez, si j'en crois ceux qui vous connaissent, une sorte de Chicaneau vétilleux, tatillon et autoritaire, comme qui dirait « un loup quelque peu clerc. » Très obséquieux pour les puissants du jour, préfets ou agents électoraux ; très rogue, très peu endurant pour ceux dont vous n'avez pas besoin, vous avez pu recueillir des suffrages politiques dans votre pays, vous n'y avez point conquis des amitiés, ni de la popularité.

Cependant, comme l'ambition vous talonne, comme vous tenez à conserver votre fief électoral et à le transmettre à votre fils, pour fonder, à Couches, la dynastie des Martins, vous faites, à votre façon, la cour au peuple. Et vous ne manquez pas en cela d'un certain flair : vous avez su habilement exploiter la passion radicale qui est à la mode aujourd'hui. Vous appartenez à cette classe de politiciens qui, pour conquérir une popularité de mauvais aloi, mettent en avant, à défaut des services rendus, leur haine du clergé, de la religion, de tout ce qui porte un habit religieux ; qui se disent anticléricaux pour esquiver les programmes embarrassants, les questions gênantes ; qui font manger du prêtre à leurs électeurs pour n'être pas mangés eux-mêmes.

Mais il arrive souvent que ces flagorneurs, pour plaire à quelques radicaux influents, mécontentent le peuple laborieux et sensé qui ne veut pas les suivre, épouser leurs passions, et qui leur donne, à sa manière, une leçon de tolérance et de libéralisme. C'est là le dernier mot de la petite et véridique histoire que je vais raconter, histoire dont Couches fut le théâtre, et vous, monsieur Isidore, le peu glorieux héros.

Il y avait, à Couches, une école communale dirigée par des religieuses, école très florissante, très fréquentée, et qui avait des succès incontestables. Au dernier concours pour le certificat d'études primaires, les élèves de cette école réussissaient si bien dans leurs examens que l'inspecteur d'Autun, peu suspect de partialité, était obligé de reconnaître qu'elles avaient « considérablement distancé » leurs concurrentes.

Comme maire, vous auriez dû féliciter les Sœurs de leurs succès, vous auriez dû vous estimer heureux d'avoir dans votre commune des maîtresses aussi dévouées, aussi intelligentes. Loin de là, pour plaire à la coterie radicale, Martin est monté à l'arbre, Martin a fait le beau, Martin a entrepris une campagne contre cette école florissante.

Au mois de novembre 1879, 12 conseillers municipaux, vous compris, — sur 21, — adoptèrent, sous votre inspiration, un vœu en faveur de l'enseignement laïque. Ils prirent à cet égard une délibération curieuse à plus d'un titre. L'orthographe, la grammaire et le bon sens y font des cabrioles insensées. En voici quelques extraits copiés textuellement pour la plus grande joie de mes lecteurs :

« Considérant que le conseil municipal de Couches-les-
» Mines a demandé *nombre d'années* (sans pouvoir l'obtenir)
» que l'institutrice congréganiste *dirigant* l'école communale
» des filles de Couches *soit* pourvue d'un brevet en règle. »

Or, l'institutrice congréganiste qui dirigeait l'école communale de Couches, était pourvue d'un brevet en règle. Mais comme on comprend bien l'exigence de vos amis en matière d'instruction, la leur a été si négligée ! Continuons :

« Considérant que des institutrices congréganistes qui *se
» retranchent derrière des lettres d'obédience* ne *présente* aux
» pères de familles aucune *garanti* pour l'instruction de
» leurs enfants. »

Des institutrices qui se retranchent derrière des lettres ! cela fait image, on voit cela d'ici ; vos amis ont fait le siège de Frigolet et des couvents ; vous, monsieur Isidore, vous poussez les Sœurs dans leurs derniers retranchements.

Mais voici les considérants les plus curieux :

« Considérant que des religieuses placées en dehors de la
» société civile ne présentent également pas des garanties
» suffisantes pour l'éducation des petites filles qui sont
» appelées non à faire des religieuses, mais bien *des mères de
» familles* selon les besoins de la *sociétés actuelles*...
» Considérant que les faits qui se produisent tous les
» jours montrent jusqu'à l'évidence qu'il en est ainsi... »

A quels faits faites-vous allusion, monsieur Isidore ? Vos administrées qui ont été élevées par les Sœurs ne sont-elles pas toutes de bonnes mères de famille ? Et qu'entendez-vous par « une mère de famille selon les besoins de la société actuelle ? » Est-ce une femme faisant de la politique au lieu de soigner le pot-au-feu ? Est-ce une harangueuse de clubs, une Rouzade ou une Louise Michel ? Vos administrés sont-ils jamais venus se plaindre à vous, vous conter que leurs femmes n'étaient pas selon les besoins de la société actuelle ? O Prudhomme doublé de Jocrisse !

Terminons la lecture de cette délibération supercoquentieuse :

« A l'unanimité, demande que l'école communale des

» filles de Couches dirigée par des congréganistes soit trans-
» formée le plus tôt possible en école laïque.
» Signé : Curot, Descloix, Martin, Jussiaume, Giraud, Maratray, Cornu, Mottet, Deschamps, Magnien, Jacqueson, Communaud. »

Quant à moi, je demande que ces douze bons apôtres soient nommés officiers d'Académie. J'en pourrais citer qui ont moins mérité cette distinction et qui avaient encore moins d'orthographe.

Mais cette délibération ne suffisait pas. Il fallait une décision du Conseil départemental de l'instruction publique. Plusieurs habitants de Couches demandèrent qu'elle fût précédée d'une enquête. Si la majorité des pères de famille, disaient-ils, se prononce contre les Sœurs, nous nous inclinerons, mais nous demandons à ce qu'ils soient consultés, à ce qu'on respecte le vœu des familles. L'enquête ne faisait point votre affaire, monsieur Isidore, vous craigniez un échec semblable à celui que plusieurs municipalités ont essuyé dans le département sur cette même question. Aussi vous vous êtes opposé à ce que l'on consultât les pères de famille, en affirmant que vous vous portiez fort de leur adhésion. Et, sur votre affirmation, M. le Préfet et le Conseil départemental se départirent de leur tradition si sage et si libérale, ils votèrent la laïcisation sans enquête.

Mais vous avez reculé pour mieux sauter. A ceux qui demandaient l'enquête, qui voulaient soumettre le différend au suffrage universel, vous, monsieur, vous répondiez avec une dédaigneuse suffisance : « C'est inutile ! c'est inutile ! » Si vous aviez été franc, vous auriez dit : « C'est gênant ! c'est gênant ! » Et cependant l'enquête s'est faite malgré vous et contre vous.

Voici comment :

Plusieurs habitants de Couches, indignés de vos procédés despotiques, ont résolu d'offrir un asile aux Sœurs que vous chassiez, de conserver aux enfants des maîtresses qui avaient su gagner leur affection et mériter la confiance des mères de famille. Grâce à ces personnes généreuses, une belle maison, au centre de Couches, est transformée en école, et l'autorisation d'ouvrir les classes est demandée à l'autorité académique. Alors vous intervenez de nouveau, vous entassez chicanes sur chicanes pour empêcher l'ouverture de l'école libre. Mais, malgré votre opposition, vos finasseries de légiste retors, l'autorisation est donnée, une école libre, dirigée par les Sœurs, est ouverte.

Puisque l'enquête était, selon vous, inutile, puisque vous prétendiez avoir été l'interprète des vœux de la population de Couches, cette école aurait dû être déserte, et l'institutrice laïque que vous aviez installée aurait dû réunir dans ses classes le plus grand nombre des enfants. C'est le contraire qui s'est produit : les Sœurs ont actuellement **164** élèves, et l'institutrice communale laïque n'en a que **38**. Voilà l'enquête ! **164** pères de famille, ou à peu près, se sont prononcés contre vous, et **38** seulement, plusieurs malgré eux, ont approuvé votre transformation et vos idées « sur les besoins de la société actuelle. »

Que pensez-vous, monsieur Isidore, de cette leçon de libéralisme et de reconnaissance que vos administrés vous ont donnée ? Croyez-vous toujours que l'enquête était inutile ? Croyez-vous représenter encore les sentiments de la population couchoise ? Croyez-vous que ce dernier exploit vous ait acquis les sympathies qui vous manquaient ? »

Déjà, grâce à vos procédés brouillons et autoritaires, vous avez éloigné du conseil municipal une dizaine de conseillers intelligents, ne gardant avec vous que les hommes qui opinent du bonnet et sont toujours de l'avis de M. le Maire ; déjà, aux élections du 1er août, 200 bulletins blancs ont protesté contre votre administration : ce n'est pas fini. Les élections municipales prochaines (1) vous réservent sans

---

(1) Isidore n'a pas été réélu ; il n'est plus maire de Couches, et Couches s'en console.

doute une désagréable surprise ; on vous donnera le temps d'étudier « les besoins de la société actuelle » et d'apprendre l'orthographe et la grammaire au rédacteur de vos délibérations.

Comptez-vous pour redorer votre prestige sur les « images patriotiques » que vous distribuez à profusion dans les écoles? J'ai sous les yeux quatre exemplaires de ces enluminures grotesques revêtues du timbre de la mairie de Couches. L'une d'elles représente Luther brûlant la bulle du Pape ; quel joli exemple à fournir à des enfants catholiques que celui de ce réformateur licencieux! Les trois autres sont dans le même goût.

Je ne sais pas quel succès obtiennent ces grossières images, mais je vais vous donner l'idée d'un petit tableau qui serait fort goûté à Couches. Réunissez un jour vos neuf ou dix acolytes du conseil municipal, et faites-vous photographier dans une pose digne et solennelle, faites tirer à plusieurs milliers d'exemplaires et inscrivez au bas cette légende : « M. Isidore Martin, maire de Couches et ses conseillers, étudiant les besoins de la société actuelle et les secrets de l'orthographe. » Cette image aura un succès fou, je vous le garantis. Voulez-vous un sujet de tableau qui puisse rivaliser avec celui-là? Dites à votre adjoint de se faire peindre, dans l'exercice de ses fonctions, à l'instant où ayant à légaliser des certificats par lesquels plusieurs mères de famille attestaient que leurs enfants, contrairement à vos dires, n'avaient été à l'école l'objet d'aucun sévice, ce célèbre adjoint écrivit : « *Je les galise les femmes et no les certifiga.* » Et comme titre à ce tableau, je propose celui-ci : « *Nécessité de l'instruction obligatoire pour les conseillers municipaux.* »

27 novembre 1881.

NOS PRÉFETS

I

AVIS PRATIQUES

A Monsieur René LAFFON

Préfet de Saône-et-Loire.

Depuis 1870, onze préfets ont successivement administré notre département, vous complétez la douzaine. Onze préfets en treize ans ! Notre département met un peu plus d'un an à consommer (dans le sens d'user) un préfet. Pour les amateurs de comptes exacts, un préfet, dans Saône-et-Loire, sous la République, dure en moyenne 14 mois 5 jours et 10 heures. En supposant que vous atteigniez la durée moyenne, vous aurez donc relativement assez de temps pour apprécier le charme de votre somptueuse résidence, il vous sera plus difficile de connaître les 589 communes qui composent notre vaste et riche département, et toute la légion de politiciens que la République a produits ici, comme ailleurs.

C'est ce qui m'a inspiré l'idée de vous écrire cette lettre pour vous donner non des conseils, non pas même des avis, mais de simples renseignements. Le terrain sur lequel se meut un préfet, à notre époque, est tout semé de ravins et de précipices, le moindre faux pas entraîne une chute. Un guide expérimenté n'est pas de trop. Ecoutez-moi un instant, monsieur le Préfet, je vais essayer de vous dévoiler quelques-uns des périls cachés de la route.

Vous arrivez de l'Yonne, un département bourguignon et républicain, dans Saône-et-Loire, un département républicain et bourguignon. C'est dire que l'esprit des populations est à peu près le même ici que dans votre ancienne résidence. On peut le résumer en deux mots : on a été fort enthousiaste de la République, on commence à s'en lasser et à désirer autre chose.

Il y a un autre point de ressemblance entre votre ancien département et celui que vous allez administrer. Dans l'Yonne, le parti républicain obéit à deux influences contraires, celles de M. Paul Bert, le découpeur de chiens, et celles de M. Lepère, le culotteur de pipes. Autrefois alliés, ces deux citoyens sont aujourd'hui des frères ennemis. Travailler pour l'un, c'est mécontenter l'autre. Vous avez assez habilement manœuvré, si j'en crois les on-dit : l'opportunisme étant le maître, vous avez pris parti pour M. Paul Bert, dont la protection, lorsque votre situation dans l'Yonne commençait à être ébranlée, vous a valu de l'avancement.

Dans Saône-et-Loire, vous aurez à naviguer entre deux écueils de même genre. M. Paul Bert et M. Lepère s'appellent ici M. Margue et M. Ch. Boysset. Qu'allez-vous faire? Cela se devine, vous allez, par reconnaissance, être l'homme de M. Margue. Mais, prenez garde, sous la République, les ministres changent encore plus vite que les préfets. M. Margue est tout puissant aujourd'hui, demain, la roue de la fortune aura tourné et M. Boysset aura l'influence à son tour. Il vous arrivera alors ce qui est arrivé à votre prédécesseur, M. Bertereau. Lorsqu'il fut nommé dans le département, M. Ch. Boysset était tout puissant ; président du Conseil général, à la veille d'être ministre, disait-on, il régnait en maître dans Saône-et-Loire. M. Bertereau, fier Sicambre, courba la tête devant le puissant du jour, le combla d'éloges et de prévenances. Les évènements ayant ramené M. Margue aux affaires et l'influence de M. Boysset ayant été réduite à rien, M. Bertereau, fier Sicambre, n'aurait pas mieux demandé que de brûler M. Boysset qu'il avait adoré et d'adorer M. Margué qu'il avait brûlé. Il était trop tard et, quoi qu'il pût faire, votre infortuné prédécesseur était depuis un an sous le coup d'une disgrâce.

Voilà un écueil à éviter! Ah! il n'est pas gai d'être préfet dans ces conditions-là, ballotté entre deux influences contraires, et sûr, quoi que l'on fasse, de mécontenter l'une des deux. Il faudrait toute la souplesse d'un Talleyrand pour se maintenir en équilibre.

Afin de ne pas vous décourager, j'ai hâte de vous signaler un avantage de la situation.

Vous n'aurez pas à lutter contre le souvenir de votre prédécesseur. Vous n'aurez pas à craindre les louangeurs du temps passé. Nous serions bien malheureux si l'on en venait à dire : « Les affaires allaient mieux que cela au temps de M. Bertereau! » J'aime à croire que vous ne serez pas, comme ce dernier, un préfet Benoîton presque toujours sorti quand ses administrés venaient lui demander audience. Vous n'aurez pas grand'peine à être plus poli et plus affable que lui dans vos tournées de révision, et je me plais à espérer que vous ne laisserez pas, à son exemple, les affaires languir et les dossiers s'accumuler.

Maintenant, je termine en vous donnant quelques avis pratiques qui ne vous seront pas inutiles dans vos rapports avec les députés, les sénateurs et les conseillers généraux de Saône-et-Loire.

Vous connaissez assez l'histoire contemporaine pour ne pas risquer, devant M. Margue, la moindre allusion à la bataille de Waterloo et à l'héroïque résistance du dernier carré de la garde. N'allez pas croire cependant que, pour vous faire bien voir du sous-secrétaire d'Etat à l'intérieur, il soit très habile d'employer dans vos entretiens avec lui le langage de l'Assommoir et les expressions favorites de Mes-Bottes et Bibi-la-Grillade. On vous saurait mauvais gré de cette courtisanerie. Ayez, au contraire, un langage fleuri et n'usez que de périphrases pour désigner certaines choses. Le mot propre ne l'est pas toujours, et si le député de Mâcon l'a laissé échapper une fois, depuis ce temps-là, il gaze, gaze, gaze.

Ne dites jamais devant M. Ch. Boysset que la République est solidement établie. La marotte du député de Chalon est que la République n'est pas encore fondée et que lui seul la fondera ou la confondra. (Voir son discours au Conseil général en août 1882.)

Ne critiquez pas des fautes d'orthographe devant M. Bouthier de Rochefort, ne vous moquez pas devant lui des braves gens qui ont la manie d'élever des lapins dans l'espoir de s'en faire plusieurs mille livres de rentes. Lorsque vous parlerez avec le député de Charolles, dites : « la *bonne* argent, un cataplasme *humiliant*. » Cela le flattera.

Ne parlez pas de sous-vétérinaires devant les docteurs Loranchet et Flochon, ils prendraient cela pour une allusion personnelle.

Ne vous moquez pas des improvisateurs qui manquent de mémoire, devant M. le sénateur Alfred Mathey.

A M. de Lacretelle, vantez ses romans, dites que vous avez lu avec plaisir l'*Histoire d'une cabine*, les *Mouches sur le lion*, le *Sylphius*, *Frédéric et Voltaire*. Pour prouver que vous les avez lus, employez des phrases comme celles-ci ; quand il entrera dans votre cabinet, dites : « J'ai été un peu étonné lorsque j'ai vu entrer un veston sous lequel il y avait un député. » Si vous voulez l'inviter à se rafraîchir, dites : « Ne vous sentez-vous pas vide comme une canne à sucre qu'on a pressurée ? » Si vous voulez le retenir à dîner, dites : « Vous me crèverez le boyau si vous ne dînez pas avec moi. » Le député-romancier sera très flatté de vous voir si « imbibé » de ses œuvres.

Ne plaisantez pas les pêcheurs à la ligne en présence de M. le général Guillemaut. N'allez pas surtout, lorsque le sénateur louhannais sera là, citer la fameuse définition : « La ligne est un instrument qui se termine à une extrémité par un ver et à l'autre par un imbécile ! » Le général devient un énergumène lorsqu'on parle de religion, mais il est loin d'être un sot.

Avec M. Louis Goujon, le poète devenu sous-préfet à Louhans, n'attaquez pas les crapauds. Déclarez plutôt que vous êtes disposé à avaler tous ceux qu'on vous présentera. Vous flatterez ainsi M. Goujon qui a célébré, sur sa lyre, les mérites et les chants du crapaud :

Pauvre deshérité des splendeurs de la forme,
Que la nature a fait d'une laideur énorme.

Avec les conseillers généraux, vous aurez aussi à user d'une certaine prudence. Voici quelques renseignements à ce sujet :

Ne parlez jamais du plébiscite et des comités plébiscitaires devant M. Louis Mathey. Il croirait à une réminiscence. Ne vous vantez pas de vos diplômes (si vous en avez) en causant avec M. Michel Saulnier. Il croirait que vous savez qu'il n'a jamais pu obtenir son grade de bachelier. Vous pourrez citer devant lui le proverbe : « Les méchants sont buveurs d'eau. » Il applaudira.

N'offrez pas un londrès ou un panatellas à M. Poncet, conseiller du canton de Digoin ; dites-lui : « Ne vous gênez pas, fumez votre pipe et ne vous inquiétez pas du crachoir. » Chantez-lui à l'occasion le vieux couplet composé par M. Lepère aux beaux temps de sa jeunesse, et qu'il a dû vous apprendre :

Mon brûle-gueule à la couleur d'ébène,
Toi qui vaux mieux que cent panatellas,

De ces mignons sous ta brûlante haleine
Défailliraient les faibles estomacs.

Ne félicitez pas sur son nœud de cravate M. F. Martin (F veut dire François et non pas Feuillée), ancien maire de Mâcon, ancien président de la commission des hospices, chevalier de la Légion d'honneur (80 ans de services) et l'homme le plus susceptible du département.

Ne parlez de désintéressement et d'économie devant aucun.

Grâce à ces précautions et à bien d'autres encore qu'il serait trop long d'énumérer, en faisant bon accueil à toutes les recommandations, apostilles, réclamations, plaintes et délations que les sénateurs, les députés, conseillers généraux, conseillers d'arrondissement, maires et conseillers républicains vous adresseront, vous aurez chance de rester dans Saône-et-Loire 14 mois 5 jours et 10 heures, et même plus..., à moins que d'ici ce temps-là le diable ne se soit cassé le cou.

8 décembre 1883.

II

UN PRÉFET DE PASSAGE

A Monsieur René Laffon

Ancien préfet de Saône-et-Loire.

Le 1er décembre 1883, vous étiez nommé préfet de Saône-et-Loire en remplacement de M. Bertereau.

Je vous écrivais alors :

« Depuis 1870, onze préfets ont successivement administré notre département, vous complétez la douzaine. Onze préfets en treize ans. Notre département met un peu plus d'un an à consommer (dans le sens d'user) un préfet. Pour les amateurs de comptes exacts, un préfet, dans Saône-et-Loire, sous la République, dure en moyenne 14 mois 5 jours et 10 heures. En supposant que vous atteigniez la durée moyenne, vous aurez donc relativement assez de temps pour apprécier le charme de votre somptueuse résidence ; il vous sera plus difficile de connaître les 589 communes qui composent notre vaste et riche département, et toute la légion de politiciens que la République a produits ici comme ailleurs. »

J'ajoutais :

« Vous n'aurez pas à lutter contre le souvenir de votre prédécesseur. Vous n'aurez pas à craindre les louangeurs du temps passé. Nous serions bien malheureux si l'on en venait à dire : « Les affaires allaient mieux que cela au temps de » M. Bertereau. » J'aime à croire que vous ne serez pas comme ce dernier un préfet Benoîton, presque toujours sorti quand ses administrés venaient lui demander audience. Vous n'aurez pas grand'peine à être plus poli et plus affable que lui dans vos tournées de révision. »

Mes prévisions ont été trompées ; vous avez fait l'impossible ; vous avez fait regretter M. Bertereau et vous avez duré moins longtemps que lui. Il s'en faut de deux mois que vous ayez atteint la durée moyenne d'un préfet de Saône-et-Loire, en temps de République. En dix mois vous avez été usé, que dis-je ? il y a six mois que la majorité des conseillers généraux républicains souhaitait votre départ.

A quoi cela tient-il ? Je puis vous le dire. Qu'on soit républicain ou monarchiste, on n'aime pas en Saône-et-Loire les fonctionnaires à allure rogue et hautaine, au ton cassant, aux procédés autoritaires, qui ne souffrent pas la contradiction et prétendent mener le département à la baguette, comme un maître d'école dirige sa classe. On veut de l'affabilité, de la bonne humeur, on déteste les pince-sans-rire empesés et dogmatiques, raides et pointus comme des paratonnerres.

En outre, dans notre département, la situation est très difficile ; les opportunistes et les radicaux ont des forces et des influences à peu près égales. Pour vivre en bons termes avec les deux partis, il faudrait un diplomate rusé comme un Chinois. Votre prédécesseur, M. Hendlé, pratiquait à merveille ce jeu de bascule, il était l'ami de M. Margue, mais il savait à l'occasion flatter M. Ch. Boysset et lui donner de l'encensoir. Il savait à merveille qu'il faut qu'un préfet de la République, comme un courtisan, s'incline,

Et qu'il courbe son échine
Autant qu'il la peut courber.

Aussi put-il rester pendant cinq ans préfet de Saône-et-Loire, prodige qu'on ne reverra plus en temps de République.

Vous, au contraire, vous avez, dès les premiers jours, indisposé les radicaux sans contenter les opportunistes.

Votre erreur vient de ce que vous aviez cru qu'il vous suffirait pour réussir de faire parade d'anticléricalisme. Vous pensiez qu'un préfet qui mangerait du curé et en ferait manger pourrait tout se permettre.

C'est ainsi qu'on vous a vu devancer les vœux des Magnien, des Decœne et des Dubief dans la question du petit séminaire, et leur ôter, pour ainsi dire, le morceau de la bouche. Vous mettiez une sorte de coquetterie à vous montrer plus actif et plus ardent qu'eux dans cette œuvre de spoliation. Lorsqu'il s'agit de dépouiller un évêque et un diocèse, sembliez-vous dire, je ne me laisse devancer par personne.

C'est ainsi qu'à la session d'avril, vous répondiez à un vœu des susdits : « J'ai eu une conversation avec le ministre des cultes qui m'a promis que les bâtiments du petit séminaire seraient désaffectés. » A la session d'août, les Magnien, les Decœne et les Dubief ayant renouvelé leur vœu, vous preniez un malin plaisir à leur démontrer que leur interpellation arrivait comme moutarde après dîner et que vous n'aviez pas eu besoin de leurs conseils et de leurs provocations pour donner raison à la force contre le droit. Tout le monde sait avec quelle satisfaction vous rappeliez que le diocèse était sous la tutelle du préfet et du conseil de préfecture, qu'il ne pouvait plaider sans votre autorisation, et que cette autorisation, vous l'aviez refusée. Vous vous targuiez de ce déni de justice comme d'un titre de gloire.

Plus tard, vous n'avez voulu laisser à personne le soin de présider à l'exécution.

Vous vous êtes rendu à Autun pour achever votre œuvre. Cependant il manque quelque chose à votre gloire, vous n'auriez pas dû laisser à un policier subalterne le soin d'obtenir la remise des clefs et d'effectuer un crochetage, si la chose eût été nécessaire. Vous auriez dû opérer vous-même. Cela eût été plus crâne que de rester enfermé dans la sous-préfecture derrière les abat-jour et sous la protection de plusieurs brigades de gendarmerie mandées en toute hâte des environs.

Je me plais pourtant à reconnaître que vous avez agi en tacticien consommé. Votre plan de campagne était parfaitement tracé. Si le policier qui était votre fondé de pouvoirs eût trouvé une résistance quelconque, il avait mission, paraît-il, de se retirer en bon ordre et toutes les mesures étaient prises pour un siège en règle, ou plutôt pour un blocus. On vous a joué un bien mauvais tour en vous privant de ces lauriers et en ne vous laissant à enfoncer..... qu'une porte ouverte.

Après avoir déployé un pareil zèle, après le succès relatif de votre expédition, vous vous attendiez sans doute à être décoré ; pas du tout, on vous dégomme quinze jours après votre exploit et vous n'avez comme fiche de consolation que les éloges du citoyen Durey-Nasica et les sympathies du citoyen franco-belge Decœne-Racouchot. C'est maigre !

Vous êtes victime à votre tour d'une désaffectation ; vous avez enlevé à l'éminent évêque d'Autun son petit séminaire, on vous a enlevé votre préfecture. A chacun son tour.

Puisse cette leçon servir à d'autres et leur apprendre qu'il ne suffit plus maintenant, pour garder sa place, d'être un laïcisateur et un désaffectateur enragé. Il ne suffit plus pour réussir dans un département d'être un fervent émule de Paul Bert, sinon vous seriez encore préfet.

Votre successeur, j'aime à le penser, ne suivra pas vos traces. Si j'en crois les on-dit, c'est un bon administrateur, ce n'est pas un sectaire. Voici la note que lui consacre une feuille conservatrice, le *Journal de Chartres* :

« M. Floret quitte, ainsi qu'on l'a vu, pour un poste plus élevé, le département d'Eure-et-Loir qu'il dirigeait depuis bientôt quatre années.

» Nous lui rendons volontiers cette justice qu'il a administré sans tracasseries, avec une largeur de vues assez rare par ce temps-ci.

» Ses manières aimables lui avaient gagné dans le département de nombreuses sympathies.

» Il sera regretté, non seulement par ses amis, mais aussi par beaucoup de ses adversaires politiques. »

Si le *Journal de Chartres* dit vrai, M. Floret n'a avec vous aucun trait de ressemblance. Son administration sera en contraste absolu avec la vôtre. Vous perdre et acquérir M. Floret sera pour nous double bénéfice.

Vous voyez que les manières aimables, la largeur de vues, servent mieux un préfet que l'intolérance et les tracasseries; elles ont permis à M. Floret de rester pendant quatre ans préfet d'Eure-et-Loir, d'obtenir un avancement considérable et d'emporter en s'en allant les sympathies, non seulement de ses amis, mais aussi de ses adversaires politiques. Vous, au contraire, qui, à votre arrivée, disiez au Conseil général : « Je m'efforcerai d'obtenir la sympathie du plus grand nombre et le respect de tous, » vous partez, laissant dans le département moins de regrets que M. Bertereau, qui n'en laissait pas du tout.

12 octobre 1884.

III

PRÉVOIR POUR VOIR

A MONSIEUR PAUL FLORET

Préfet de Saône-et-Loire.

Vous êtes arrivé ici sans tambours ni trompettes. Autrefois les préfets nouveaux, à peine débarqués, convoquaient les fonctionnaires de tout ordre qui venaient solennellement leur souhaiter la bienvenue. On échangeait des compliments et des promesses réciproques, et on ébauchait une rapide connaissance dans une entrevue d'un instant.

Le préfet, le sourire aux lèvres et la main sur le cœur, disait qu'il emploierait « tout son zèle à administrer ce beau et riche département ». Phrase consacrée. Les fonctionnaires venaient à tour de rôle assurer à M. le Préfet qu'il pouvait compter sur leur dévouement. Et tout était dit. On se séparait enchantés les uns des autres.

Depuis quelque temps, on a abandonné cette tradition; les préfets changent si souvent maintenant que ces petites cérémonies devenaient trop fréquentes. On les a supprimées, on a bien fait. Les fonctionnaires qu'elles obligeaient à endosser l'habit noir, à nouer la cravate blanche, à faire des salamalechs parfaitement ennuyeux, ne les regrettent point. Quant aux affaires, elles n'en vont ni mieux ni plus mal. Il n'y a rien de changé en France, il n'y a qu'une formalité de moins. Il en reste encore assez pour nous consoler.

Les harangues officielles faisant défaut, vous me permettrez bien, monsieur le Préfet, de vous parler en homme indépendant et de vous faire entendre quelques vérités qui pourront ne pas vous être inutiles.

Vous avez passé quatre ans dans le département d'Eure-et-Loir, et vous n'avez peut-être pas quitté sans regret le riche et tranquille pays de la Beauce.

« Quoy voyant Gargantua, dit Rabelais, y prict plaisir bien grand, sans autrement s'en vanter et dit à ses gens : « Je trouve *beau ce.* » Dont fut appelé depuis ce pays la Beauce. »

Notre pays n'a pas eu la bonne fortune d'avoir un pareil baptême. Mais lorsqu'on a vu nos coteaux pittoresques du Mâconnais, les vastes et riches plaines de la Bresse, les riantes et plantureuses prairies du Charollais, les forêts et les montagnes du Morvan, on peut dire aussi du département de Saône-et-Loire si varié dans ses aspects : « Je trouve *beau ce.* »

Comme séjour, notre département vaut bien celui d'Eure-et-Loir. Je dirais même qu'il lui est préférable, si j'en croyais certain poète de l'antiquité qui prétendait qu'il manquait à la Beauce six petites choses : des sources, des prés, des bois, des pierres, des arbres à fruits, des vignes. Ici, vous trouverez toutes ces choses-là, les pierres surtout ne manqueront pas sur votre chemin.

Cependant vous nous arrivez sous d'heureux auspices. Les journaux d'Eure-et-Loir, républicains comme conservateurs, s'accordent, chose rare, pour faire votre éloge et pour exprimer les regrets que votre départ cause à vos administrés. Et, ici, vous remplacez un préfet que personne ne regrette. Double bonne fortune.

Votre tâche va se trouver facilitée. Vous n'aurez qu'à prendre en tout le contre-pied de votre prédécesseur pour réussir, vous n'aurez qu'à vous montrer aussi conciliant qu'il était roide, aussi avenant qu'il était rogue, pour que tout le monde se félicite du changement.

Toutefois vous arrivez à un moment difficile. La Bande

noire des dynamiteurs vient de recommencer ses exploits. Les journaux d'Eure-et-Loir, mal placés pour être bien informés, ont forcé la note lorsqu'ils ont dit que notre département était « soumis au régime de la terreur ». Nous n'en sommes pas là, nous avons vu pis que cela en 1882. Pourtant, ne vous laissez pas induire en erreur par les endormeurs qui vous diront : « Laissez faire, cela passera. » Il est à croire que ces braves à tous crins perdraient un peu de leur belle assurance s'ils habitaient Sanvignes, Ciry-le-Noble ou tel village de la région de Montceau-les-Mines.

N'ajoutez pas foi non plus aux rengaines des feuilles radicales qui, avec leur mauvaise foi accoutumée, attribuent ces explosions aux « cléricaux ». Un de ces clabaudeurs de l'ordre des herbivores (il signe ses articles des pseudonymes fourragers Dutrèfle et Laluzerne) écrivait l'autre jour ces lignes : « J'ai déjà dit (il l'a déjà dit, vous comprenez l'autorité que cette récidive donne à son opinion) ce qu'il fallait penser de ces explosions dont on ne retrouve jamais les auteurs (on en a condamné deux la semaine dernière à Charolles et un troisième est sous les verrous), et je ne crois pas trop m'aventurer (l'aimable réticence !) en ajoutant que, lorsque les cléricaux le voudront, on n'en entendra plus parler. »

Voyez-vous les « cléricaux » détruisant les chapelles et renversant eux-mêmes les croix ? Il faudrait être... naïf à manger du trèfle pour ajouter foi à de pareilles bourdes.

On ne retrouve jamais les auteurs des explosions, dit Dutrèfle.

Vraiment ? Et Viennet, et Garnier dit la Chique, et Demepples dit le Rouge, pourquoi ont-ils été condamnés à Riom ? Pourquoi les condamnations récentes de Charolles ?

Ne sont-ce pas des conservateurs (ceux que Dutrèfle appelle des cléricaux) qui ont dénoncé au préfet Hendlé les réunions clandestines des sociétés révolutionnaires la *Pensée* et la *Santa-Maria* de Montceau-les-Mines et les réunions dans les bois de la Bande noire de Gueugnon ? Si le préfet avait voulu agir lorsqu'il a été prévenu, il lui eût été facile d'empêcher le scandale révolutionnaire du 15 août 1882 à Montceau-les-Mines. Pourquoi n'a-t-il tenu aucun compte des avis qui lui étaient donnés ? Avait-il donc intérêt à laisser se produire ces tentatives criminelles ?

Ou pensait-il, comme Jérôme Dutrèfle-Laluzerne, qu'il faut sévir avec rigueur contre les cléricaux et laisser les anarchistes mijoter en paix leurs petits complots ?

J'aime à penser que vous n'ajouterez aucun crédit à ces insinuations aussi perfides que grotesques, à ces accusations ridicules et sans aucun fondement qui ont pour but d'entraver la répression. Sans vous exagérer l'importance du mouvement révolutionnaire qui se produit dans certaines régions du département, vous le suivrez d'un œil vigilant. Vous ne vous laisserez pas influencer par les écrivailleurs qui se servent de leur plume, comme Joseph Prudhomme de son sabre, pour combattre les anarchistes et au besoin pour les défendre.

Quant à nous, conservateurs, nous ne vous demanderons que d'être juste. La passion du sectaire empêchait souvent votre prédécesseur de l'être. Je vais vous le prouver par un exemple tout récent.

Au mois de mars dernier, une petite fille qui fréquentait l'école congréganiste de Mouthier-en-Bresse eut, pendant la classe, une hémorrhagie nasale ; elle rentra chez ses parents, tomba malade et mourut de la fièvre typhoïde.

Des gens malveillants répandirent le bruit que la jeune fille avait été brutalisée par la religieuse ; cette maîtresse, disaient-ils, avaient frappé la tête de l'enfant contre une table et ce choc avait, suivant eux, déterminé ce saignement de nez. Le maire, un radical, s'empressa de dénoncer le fait au parquet de Louhans. Le juge de paix de Pierre-en-Bresse, commis pour faire l'enquête, déclara que l'accusation n'était pas fondée et que l'hémorrhagie était tout simplement un symptôme de la fièvre typhoïde qui devait se déclarer. Le maire de Mouthier ne fut pas satisfait, il revint à la charge et il obtint une deuxième enquête judiciaire. Elle aboutit au même résultat ; une ordonnance de non lieu fut rendue et les poursuites abandonnées. Deux mois après, les élections municipales avaient lieu, le maire et ses conseillers étaient blackboulés et remplacés par des conservateurs.

La leçon était complète, l'administration aurait dû en prendre son parti. Il n'en fut rien. On résolut de faire payer à la religieuse de Mouthier-en-Bresse les mécomptes du maire. Elle fut donc citée devant le conseil départemental de l'instruction publique. Pourquoi? Parce qu'au cours des enquêtes qui avaient eu lieu, elle avait avoué avoir donné quelquefois des coups de baguette sur les doigts des enfants. Quel crime abominable!

L'affaire vint au conseil départemental. L'inspecteur d'Académie proposa, vu le peu de gravité du grief, la peine la plus minime, c'est-à-dire l'interdiction pour la religieuse d'enseigner dans la commune de Mouthier. Un magistrat qui fait partie du conseil réclama une peine plus sévère. On lui fit observer que la pénalité plus élevée comportait l'interdiction absolue d'enseigner, ce qui était une punition disproportionnée avec la faute si minime reprochée à l'institutrice. Le magistrat, impitoyable lorsqu'il s'agit des congréganistes, tint bon. Et alors le préfet, loin de soutenir la proposition juste et sage de M. l'Inspecteur d'Académie, réclama lui aussi la peine la plus sévère; il rallia à son opinion deux membres du conseil et, par 4 voix contre 3, la religieuse de Mouthier fut frappée de l'interdiction absolue d'enseigner... pour avoir donné quelques coups de baguette sur les doigts d'enfants turbulentes.

Il sera fait appel de cette sentence et elle sera certainement cassée par le conseil supérieur de l'instruction publique. Tous les hommes impartiaux auxquels je dénonce ce jugement draconien le condamneront aussi.

Certes, si cette rigueur était la même pour tous, si les instituteurs laïques et congréganistes subissaient la même loi, on pourrait demander moins de sévérité, mais on n'aurait pas à protester contre une injustice.

Il n'en est pas ainsi. J'ai cité, au mois d'avril dernier, le cas de l'instituteur d'Aluze qui ne se contentait pas de donner quelques coups de baguette aux enfants, mais qui leur tirait brutalement les oreilles, leur arrachait les cheveux, leur donnait des soufflets et des coups de poing. Eh bien! cet instituteur, quoique les faits aient été signalés à M. l'Inspecteur d'Académie, quoiqu'ils soient attestés par un grand nombre de parents et par leurs enfants, n'a pas même été poursuivi.

Je ne demande pas une peine contre cet instituteur brutal, je veux bien qu'on se contente de le blâmer et de l'inviter à plus de douceur, mais pourquoi l'administration, si indulgente lorsqu'il s'agit d'un instituteur laïque, perd-elle toute mesure et applique-t-elle la peine la plus sévère du règlement à une religieuse contre laquelle on n'a relevé qu'une peccadille? J'aime à croire, monsieur le Préfet, que, sous votre présidence, le Conseil départemental de l'instruction publique se montrera plus équitable.

Je devrais terminer ici cette lettre déjà longue, cependant je veux vous dire encore un mot de la crise municipale de Mâcon, de la cause qui l'a motivée et vous apprendre ce qu'en pensent la grande majorité des habitants.

Il y a, à Mâcon, un vieillard de 72 ans qui est depuis plus de 30 ans au service de la ville. Ses fonctions — il est préposé à l'octroi — lui ont suscité des ennemis. Les employés d'octroi sont détestés des fraudeurs et l'espèce d'inquisition qu'ils sont obligés d'exercer leur crée bien des antipathies. Les passants, même bien intentionnés, n'aiment guère les chiens de garde qui viennent rôder autour d'eux.

Une cabale a donc été organisée et douze individus ont

adressé au maire de Mâcon une pétition pour demander la révocation de cet honorable employé du nom de Ménard. Parmi les pétitionnaires se trouvent un fraudeur pris en contravention par le préposé d'octroi incriminé et un citoyen condamné en police correctionnelle pour l'avoir injurié dans l'exercice de ses fonctions.

Le maire de Mâcon, je me plais à lui rendre cette justice, a fait son devoir. Il a fait procéder à une enquête qui aboutit à la confusion des pétitionnaires et démontra que leurs accusations ne reposaient sur rien de sérieux. Le maire répondit donc aux dénonciateurs qu'il ne pouvait donner aucune suite à leurs plaintes et il maintint le préposé Ménard à son poste.

Cela ne faisait pas l'affaire de la majorité radicale du conseil municipal. Elle revint à la charge et infligea un blâme au maire qui partage ses opinions politiques, mais qui avait eu le tort d'être juste et impartial. Le maire donna sa démission.

C'était un premier succès pour les ambitieux remuants de la majorité. Mais il leur fallait un triomphe plus complet. Voilà pourquoi, après une interpellation tapageuse, ils ont voté un ordre du jour demandant non seulement la révocation du préposé Ménard, mais encore celle du préposé en chef Danaud, coupable d'avoir défendu son subordonné contre d'injustes attaques.

L'affaire en est là. On attendait votre arrivée pour vous proposer d'approuver ces révocations. Mais on compte à Mâcon sur votre fermeté et sur votre esprit de justice.

On ne peut pas, pour le bon plaisir de quelques individus, priver de leur emploi et jeter sur le pavé deux vieux serviteurs de la ville qui, pendant de longues années, n'ont donné lieu à aucune plainte.

Si douze individus, dont plusieurs sujets à caution, se plaignent du préposé Ménard, il y en a des centaines qui désapprouvent cette dénonciation, et on fait circuler en ce moment une pétition qui se couvre de signatures pour vous demander que ce vieillard de 72 ans reste à son poste. Ce serait une cruauté que de sacrifier ce vieil employé aux rancunes de quelques fraudeurs. Vous empêcherez cette injustice (1). Tout le monde, ici, sauf les meneurs de cette intrigue, vous en saura gré.

Ma harangue vous a paru sans doute un peu longue, vous l'excuserez en faveur des bonnes intentions qui l'ont inspirée.

Un dernier mot. Dans un de ses romans, — je vous conseille de les lire pour rire un brin, — un de nos députés. M. de Lacretelle, dépeint ainsi une de ses héroïnes : « Elle était dure à cuire, si l'on peut dire d'une vieille fille ce que l'on dit d'une vieille poule. »

Ne soyez point dur à cuire. Rien ne réussit en Bourgogne comme la bonté et la belle humeur.

P. S. J'apprends que vous êtes revenu à la tradition et que la réception des autorités civiles et militaires aura lieu mardi prochain. Les choses se passeront donc comme j'ai dit plus haut.

25 octobre 1884.

(1) L'employé Ménard a été révoqué.

LES DIFFAMATEURS

AUX LECTEURS

Nous vivons dans un singulier temps. Des littérateurs, comme M. Zola, se font de belles rentes en mettant sur du papier blanc ce qu'on ne met généralement que sur du papier déjà imprimé. Des députés, comme M. Margue, lâchent le *mot* en plein Parlement. Des hommes d'affaires, comme M. Lesueur, vident la *chose* sur la tête des journalistes, en plein boulevard des Italiens, et, pour immortaliser ce souvenir, pour montrer comme tout se tient, comme tout s'enchaîne, un journal propose d'appeler désormais le boulevard des Italiens le boulevard Margue.

Cette floraison des gros mots et des ordures, qui sont les plus beaux fleurons de la couronne naturaliste, s'épanouit à notre printemps et nous serions condamnés à la supporter pendant quelque temps encore s'il fallait en croire M. Zola qui a dit : « La République sera naturaliste ou ne sera pas. » Merci bien. Je n'en prends pas !

Cependant le naturalisme du style, du langage et des mœurs n'est pas ce que nous devons redouter le plus. A la rigueur, on peut s'arranger pour vivre avec cet hôte désagréable et malpropre sans en être trop incommodé. Il est bien facile de ne pas lire les romans de M. Zola, bien facile encore de se boucher les oreilles ou de tourner le dos lorsque des gens grossiers qui ne sont pas sans doute habitués à parler à des visages redisent le mot de M. Margue.

Quant aux imitateurs de M. Lesueur, il est plus difficile de s'en garer. Cependant, si la mode de ces vengeances à... ce qu'un homme d'esprit a appelé le vitriol du pauvre tendait à se généraliser, il se trouverait bien un chapelier de génie pour inventer, sans garantie du Gouvernement, un chapeau paraverse insubmersible, imperméable et inodore.

Mais il est un autre danger plus terrible que le naturalisme et dont il est beaucoup plus difficile de se préserver : c'est la diffamation, c'est la calomnie. Un coup de langue, a-t-on dit, est plus dangereux qu'un coup d'épée. On peut parer celui-ci, on ne peut que malaisément se défendre de celui-là.

La diffamation est aujourd'hui très florissante, il y a des gens et des journaux qui en vivent. Ils s'attaquent à tout ce qui compte, à tout ce qui est respectable et qui était jusqu'à nos jours respecté, comme les limaces s'attachent de préférence aux feuilles les plus vertes, les guêpes aux fruits les plus mûrs. Tous ceux qui ont un rang, une situation dans le monde, quelle que soit leur vie, quelles que soient leurs opinions, sont exposés aux coups de langue et aux coups de plume, l'une aidant l'autre.

Mais les membres du clergé sont l'objet des attaques les plus fréquentes et les plus envenimées. Sans chercher trop loin dans mes souvenirs, je pourrais citer cent exemples de prêtres ou de religieux odieusement diffamés. Je me bornerai à rappeler trois faits, qui tous les trois sont récents et se sont passés dans notre région.

Le premier indique chez ses auteurs une imagination profondément dépravée alliée à une mauvaise foi sans bornes. Un individu vient raconter à un journaliste radical de Nevers qu'étant monté à l'improviste dans un wagon, entre deux stations de chemins de fer, il a vu un spectacle singulier. Deux Sœurs de la Sainte-Famille, plus connues sous le nom de Sœurs bleues, se trouvaient dans un compartiment : l'une accouchait, l'autre faisait l'office de matrone.

Le journaliste radical affriandé de scandale se jette sur ce morceau de choix. Sans réfléchir, sans songer à l'invraisemblance du fait, à son impossibilité matérielle, sans s'éclairer et se renseigner, il raconte l'histoire dans son journal la *République de Nevers,* en l'agrémentant de commentaires indignés, de tirades contre la religion et le clergé. Les journaux voisins émettent des doutes, contestent l'exactitude du récit : le journaliste radical persiste, affirme que le fait est vrai, qu'il a les preuves en mains. Toutes les petites feuilles radicales reproduisent à l'envi l'histoire, le scandale est complet. Quelle joie !

La Supérieure des Sœurs de la Sainte-Famille intente alors une action en diffamation. Une enquête est ordonnée : elle démontre que le fait est complètement faux, qu'aucune religieuse n'est montée dans le train dont il s'agit ; l'auteur du récit est convaincu d'imposture, il finit par avouer qu'il a inventé cette histoire. La *République de Nevers* est condamnée à 1,500 fr. de dommages-intérêts envers la Supérieure de la Sainte-Famille et à l'insertion du jugement dans plusieurs journaux.

Ce jugement, le *Journal de Saône-et-Loire* l'a publié, dans son dernier numéro, aux frais des diffamateurs. Relisez-le, mes chers lecteurs, il est édifiant et instructif.

Les deux autres histoires concernent des curés de campagne : elles se sont passées toutes les deux dans Saône-et-Loire. Je vais vous les raconter succinctement.

Quelques individus en veulent au curé de Chardonnay, l'abbé Lapalus. Ils ont juré de le faire partir de la commune. Ils inventent contre lui une histoire abominable : ils l'accusent en public d'avoir commis des actes d'immoralité avec des petites filles, de les avoir fait monter dans son grenier, etc.

Le maire de Chardonnay ouvre une enquête. Il fait venir chez lui l'une des jeunes filles qui étaient désignées, il l'interroge ; l'épouse de M. le Maire, jouant elle-même le rôle d'*officière* de police, aide à l'interrogatoire. La jeune fille dit que tous ces bruits sont calomnieux, qu'il n'y a absolument rien de vrai dans tout ce qu'on raconte. On la menace, elle pleure, mais elle persiste dans ses dénégations.

Une enquête judiciaire est ouverte, elle démontre l'innocence du curé ; le parquet de Mâcon, peu suspect d'indulgence exagérée pour le clergé, reconnaît qu'il n'y a pas matière à poursuites. Le curé a donc été diffamé. Il cite devant le tribunal correctionnel de Mâcon le diffamateur qui répond au joli nom de Coquillard, et Coquillard en est quitte pour 25 fr. d'amende et 150 fr. de dommages-intérêts envers le curé.

Le *Journal de Saône-et-Loire* a déjà parlé de cette histoire. Il a donné un résumé de l'éloquente plaidoirie de Me Toussaint, l'avocat de l'abbé Lapalus. Il a dit un mot du réquisitoire du procureur de la République qui s'était constitué d'office l'avocat du diffamateur et s'était montré plus indulgent que le défenseur lui-même. Glissons, n'appuyons pas.

Le troisième fait est venu la semaine dernière devant le tribunal correctionnel d'Autun. Le journal l'*Autunois* le rapporte ainsi :

« Vers la fin de l'année dernière, les sieurs Sébastien Lacomme, Pierre Lacomme et Louis Canet, habitants de Reclesne, adressèrent au parquet d'Autun une plainte dans laquelle des actes d'immoralité particulièrement graves étaient imputés à M. l'abbé Ballereau, curé de cette paroisse. Le parquet fit procéder à une enquête par les soins de M. le Juge de paix de Lucenay-l'Evêque ; cette enquête démontra la parfaite inanité des accusations portées par les trois défendeurs contre leur curé. De son côté, l'évêché avait été saisi de l'affaire par le sieur Sébastien Lacomme, la chancellerie se livrait également à un examen approfondi des faits et ne tardait pas à acquérir la preuve que la plainte déposée contre M. le Curé de Reclesne ne contenait que les plus odieuses calomnies.

» M. l'abbé Ballereau avait eu le tort, paraît-il, de déplaire à une certaine coterie dont les trois défendeurs font partie, et c'est dans le but de s'en débarrasser que les plaignants auraient imaginé de créer de toutes pièces un scandale sous le poids duquel, dans leur pensée, l'honorable prêtre devait nécessairement succomber. Certains détails, colportés à plaisir à Reclesne ou dans les environs et jusqu'à Autun, par des meneurs aussi lâches que perfides qui se sont bien gardés de sortir de la coulisse, amenèrent les choses à un point qui ne permettait plus à M. l'abbé Ballereau de rester indifférent devant la calomnie. Il se décida à saisir la justice de ses griefs, et c'est dans cet état que l'affaire venait devant le tribunal.

» Le demandeur avait choisi pour avocat Me André, ancien conseiller municipal, un républicain de l'avant-veille, modéré, honnête et convaincu. Me André a exposé brièvement les faits de la cause ; il l'a fait en termes pesés et plus que courtois pour les défendeurs. »

Je passe sur les plaidoiries et j'arrive au réquisitoire :

« M. Cazer, dans un réquisitoire énergiquement concis, *a soutenu la demande de M. le Curé de Reclesne*, en établissant la mauvaise foi des trois défendeurs et en insistant sur les contradictions qui se sont manifestées dans leurs dépositions devant le parquet. Il a conclu à la recevabilité de l'instance en dommages-intérêts introduite par M. l'abbé Ballereau, et, tout en sollicitant le tribunal d'en proportionner le chiffre à la situation pécuniaire des défendeurs, il a déclaré qu'il était nécessaire qu'une leçon leur fût donnée, afin que l'on sût bien partout que personne ne peut calomnier impunément.

» Le tribunal a remis le prononcé de son jugement à huitaine.

» A la sortie du prétoire, M. le Curé de Reclesne a été entouré et chaudement félicité par toutes les personnes qui assistaient à l'audience ».

Lundi dernier, le tribunal civil d'Autun a rendu son jugement dans cette affaire : il condamne les trois diffamateurs, les sieurs Sébastien Lacomme, Pierre Lacomme et Louis Canet, *chacun* et *solidairement* à mille francs de dommages-intérêts envers M. l'abbé Ballereau.

Je n'insiste pas, je vous laisse, mes chers lecteurs, le soin de tirer du rapprochement de ces trois affaires toutes les comparaisons et tous les enseignements que le sujet comporte. Les faits sont assez éloquents par eux-mêmes, ils n'ont pas besoin de commentaires.

Si vous réfléchissez un peu, vous n'aurez pas de peine à vous imaginer combien est terrible la situation d'un malheureux curé de campagne en butte à ce dénigrement, à ces diffamations, à cet « assassinat moral », comme le disait très justement M⁰ Toussaint. Le malheureux ne peut pas se défendre et s'il poursuit ses diffamateurs, on lui dit comme on faisait l'autre jour pour le curé de Chardonnay : « Vous êtes le ministre d'une religion qui prêche le pardon des injures, vous auriez dû être indulgent. »

Oui, pardonnez, afin que les diffamateurs vous outragent et vous accusent avec plus d'audace encore. C'est le cas de répéter, en la modifiant, la parole d'Alphonse Karr : « Que messieurs les diffamateurs commencent ! »

19 mars 1882.

LA LÉGENDE D'UN CHAPEAU

Sganarelle dit à Géronte : « Hippocrate, dans son chapitre des chapeaux, dit que nous nous couvrions tous les deux. » Et Géronte de répondre : « Puisque Hippocrate le dit, il le faut faire. » Et Géronte et Sganarelle, suivant le précepte d'Hippocrate, se couvrent tous les deux, donnant à leurs chapeaux leur place naturelle.

Hippocrate, malheureusement, ne pouvait pas prévoir dans son chapitre des chapeaux et il n'a pas prévu la place que le couvre-chef d'un instituteur devait occuper à l'église ; cet oubli vient de causer à M. Drouillot, instituteur à Chamilly, une série d'ennuis.

On pourrait écrire tout un poème sur les mésaventures du chapeau de M. Drouillot, avec l'invocation obligatoire à la Muse :

> *Muse, redis-moi donc quelle haine indomptable*
> *Infligea cet affront au feutre respectable,*
> *Tout neuf et bien lustré du bon M. Drouillot.*
> *Tant de fiel entre-t-il dans l'âme d'un dévot !*
> *Et toi, sage héros, Drouillot, dont l'âme altière*
> *De tes amis blessés suscita la colère,*
> *Viens, d'un regard heureux, animer mon projet*
> *Et garde-toi de rire en ce grave sujet.*

Je continue en simple prose : que M. Drouillot m'excuse !

Lorsqu'il va à l'église, M. Drouillot est très embarrassé de son chapeau. Le garder sur sa tête, M. Drouillot n'oserait ; le tenir à la main, cela gênerait M. Drouillot ; le poser à terre, cela ternirait le lustre du chapeau de M. Drouillot. Que faire? Hippocrate n'ayant pas prévu le cas, M. Drouillot le résout en plaçant l'objet sur une chaise destinée à servir d'escabeau pour prendre l'ostensoir. M. le Curé, en tirant la chaise, renverse par mégarde le chapeau de M. Drouillot; les amis de M. Drouillot s'offensent de cette atteinte portée à la dignité d'un feutre éminemment respectable. Que faire? Quelle vengeance tirer? On dénonce le fait à la presse républicaine du département. Le *Progrès*, de Chalon, part aussitôt en guerre contre M. le Curé d'Aluze et Chamilly, et prend énergiquement la défense du chapeau de M. Drouillot. Faire tomber le feutre respectable de M. Drouillot, c'est, selon le *Progrès*, commettre « un acte de dédain et d'intolérance inqualifiable, une méchanceté, une vengeance, une représaille contre la loi du 28 Mars ». Le *Progrès* va jusqu'à dire que la chute du chapeau de M. Drouillot est un argument en faveur de la séparation de l'Eglise et de l'Etat. Rien que cela ! Excusez du peu. On ne s'attendait guère à voir le Concordat dans cette affaire, et les lois organiques n'ont pas d'article spécial pour le cas du chapeau de M. Drouillot. Bref, le coup d'éventail du dey d'Alger ne fit guère plus de bruit que la chute du chapeau de M. Drouillot..... dans un rayon plus restreint, je me hâte de le dire.

Le *Courrier de Saône-et-Loire*, n'ayant pas voulu prendre la chose au tragique et s'étant permis quelques railleries à l'adresse de M. Drouillot et de son chapeau, s'est attiré la lettre suivante :

« Chamilly, le 3 juin.

» A Monsieur le Directeur du *Courrier de Saône-et-Loire*, à Chalon.

» Monsieur,

» Un de mes amis vient de me communiquer le n°
» **10496** de votre journal dans lequel il est question de
» l'instituteur de Chamilly. Je ne répondrai pas aux

» railleries plus ou moins sensées qui y sont contenues, car
» je sais que la raillerie est une arme qui blesse toujours
» celui qui en fait usage. Je me contenterai de les couvrir
» de mon plus grand dédain. »

Le dédain de M. Drouillot est plus monumental encore que son chapeau : de l'un, il ne couvre que sa tête ; de l'autre, il couvre tous ses railleurs. Il faut à ce dédain une capacité que M. Drouillot ne possède peut-être pas.

« Voici les faits tels qu'ils se sont passés, continue
» M. Drouillot : Dimanche, en entrant à la messe, je déposai
» mon *feutre* (qui est aussi respectable que le vôtre) sur
» une vieille chaise placée presque derrière l'autel et ne ser-
» vant à rien. (Il n'y a donc rien d'irrévérencieux.) La
» messe finie, M. Comte s'avança près de cette chaise, la
» prit, par extraordinaire, pour atteindre le Saint-Sacre-
» ment, et, par une forte secousse, envoya mon *couvre-chef*
» à deux ou trois mètres de là. *Sans porter atteinte à sa*
» *dignité, je crois, M. le Curé aurait pu le détourner.* »

Sans porter atteinte à sa dignité ? A la dignité de qui ? De M. le Curé ou du couvre-chef de M. Drouillot ? Ce n'est pas clair. M. Drouillot termine ainsi :

« Le fait en lui-même n'est rien, mais la manière dont il
» a été accompli montre une impolitesse. Et cet acte,
» comme le dit le correspondant du *Progrès*, a été blâmé, je
» dois vous le dire, par toutes les personnes qui en ont été
» témoins.

» Dans l'intérêt de la vérité, je vous prie, monsieur le
» Directeur, de vouloir bien insérer ces quelques explica-
» tions dans l'un de vos plus prochains numéros, car vous
» laissez supposer, peut-être à dessein, qu'il y a eu un
» manque aux convenances de ma part.

» Veuillez agréer, etc.

» *L'Instituteur de Chamilly,*
» E. Drouillot. »

On remarquera avec quel respect M. Drouillot parle de son chapeau. Il l'appelle tour à tour son FEUTRE ou son COUVRE-CHEF : chapeau serait trop vulgaire.

Pour terminer, je demanderai à M. Drouillot d'imiter son voisin, l'instituteur d'Aluze, qui, tout en s'entendant très bien avec le maire républicain, s'entend non moins bien avec son curé, suit assidûment les offices, chante au lutrin et prélève la dime comme au bon vieux temps.

Je prierai encore M. Drouillot d'envoyer son chapeau au *Musée républicain*, il servira à remplacer le matériel perdu à Toulouse par le Barnum cher à M. Waldeck-Rousseau. On l'étiquettera avec cette mention : « Chapeau de M. Drouillot, victime de l'intolérance, » et on le placera à côté du fameux sabre de M. Joseph Prudhomme.

9 juin 1883.

LA BANDE NOIRE

I

AUX LECTEURS

« *Vive la Révolution sociale! Vive la République de 93! celle de 82 sera plus terrible!* » C'est en proférant ces cris qu'une bande de révolutionnaires — qu'on appelle improprement la Bande noire, car on devrait l'appeler la Bande rouge — parcourait, ces jours derniers, la ville de Montceau, ainsi que les communes et les hameaux voisins, démolissant les croix, brisant les portes, les fenêtres, les vitres, démolissant et brûlant une chapelle, menaçant de mort les *bourgeois*, pillant les magasins et terrorisant toute la population stupéfiée par tant d'audace.

En rapportant ces faits odieux, les feuilles radicales de notre département ont, avec leur bonne foi ordinaire, donné à entendre que les révolutionnaires de Montceau pourraient bien être des agents provocateurs obéissant à un mot d'ordre des cléricaux. Jadis on disait : « C'est la faute à Voltaire, c'est la faute à Rousseau! » Maintenant, le refrain a changé : « Si les vignes gèlent, si le phylloxera les ravage, si les rivières débordent, si le Gouvernement est dans le gâchis, si des révolutionnaires troublent l'ordre, c'est la faute aux cléricaux. » Refrain aussi commode que le : « Tarte à la crème! » mais refrain qui a tant servi qu'il est aujourd'hui usé et qu'il laisse voir la ficelle!

Voyez-vous des cléricaux faisant démolir des croix, brûler des chapelles, profaner les temples! Pourquoi ne pas dire que ce sont les cléricaux qui, en 1880, pour déconsidérer la République, mettaient les rossignols dans la main des préfets, qui faisaient crocheter et démolir à coups de hache les portes des couvents?

Je serais fondé à répondre à ceux qui lancent ces insinuations perfides : « Si les révolutionnaires de Montceau brisent des croix et brûlent des chapelles, c'est votre faute à vous, républicains et radicaux, qui leur avez donné l'exemple. N'avez-vous pas, vous aussi, officiellement enfoncé des portes, décroché des crucifix, brisé des croix? Les démolisseurs de Montceau n'ont fait que suivre vos traces et ils n'ont eu qu'un tort, celui de ne pas vous demander une permission que vous ne leur auriez, sans doute, pas refusée. »

Voilà ce que je pourrais répondre avec raison. Mais puisque les journalistes radicaux de Saône-et-Loire demandent une enquête sérieuse, puisqu'ils veulent que la lumière soit complète, et que les responsabilités soient dégagées, au lieu de m'attarder à de vaines récriminations, je préfère leur signaler un fait authentique, dont je garantis l'exactitude absolue et qui aidera les enquêteurs à faire retomber sur qui de droit la responsabilité.

Il y a quelques mois, le directeur d'une des grandes usines du département se promenait, le soir, vers dix heures dans les environs de la ville. Arrivé près d'une promenade, il aperçut une bande d'individus qui causaient mystérieusement et à voix basse. Ces individus, en l'apercevant, s'enfuirent. Intrigué par ces manières insolites, le directeur n'hésita pas à poursuivre les fuyards et trouva l'un d'eux qui s'était dissimulé derrière un arbre. « Que faites-vous là? » lui dit-il. L'homme questionné ne répondit pas. Mais le directeur l'avait reconnu pour un des ouvriers de l'usine et il se promit de le faire parler dans un moment plus propice.

En effet, il le fit appeler le lendemain. Cet honnête ouvrier, longuement questionné, apprit au directeur qu'il s'était laissé entraîner à faire partie d'une société secrète, d'une bande qui se réunissait, à de certaines dates, la nuit, dans les bois ; que, là, on s'entretenait des questions sociales, de la Révolution, et que l'orateur ordinaire de ces réunions était un instituteur du voisinage.

Le directeur de l'usine fit alors une enquête très minutieuse ; il parvint, après de longues recherches, à connaître les meneurs de la bande, son organisation, ses statuts et même les noms de la plupart des associés. Quand il eut réuni tous ces renseignements, il s'empressa, bien entendu, de donner congé aux meneurs, qui reçurent cette nouvelle sans sourciller, disant que leurs chefs de Paris leur assureraient les moyens de vivre.

Le directeur de l'usine ne s'en tint pas là, il crut nécessaire de prévenir l'autorité. Il fit le voyage de Mâcon tout exprès et vint trouver le préfet de Saône-et-Loire. C'était alors M. Hendlé. Il lui raconta tout ce qu'il avait appris, les réunions de la bande dans les bois ; il lui désigna l'orateur habituel des réunions, lui remit un exemplaire des statuts de la Société secrète. M. Hendlé voulut bien écouter le directeur de l'usine et prendre connaissance des statuts dont il garda l'exemplaire, puis il se contenta de dire : « Vous avez donc cela aussi à X...? » Et ce fut tout.

M. Hendlé ne fit rien ; il ne déplaça même pas l'instituteur ; il ne s'agissait que d'assurer la sécurité de la société, cela avait, en vérité, trop peu d'importance. Si le directeur de l'usine était venu demander à M. Hendlé d'interdire l'ouverture d'une école libre, M. Hendlé se serait dérangé ; mais quant à troubler les révolutionnaires dans leurs projets et dans leur organisation, M. Hendlé ne pouvait même pas y songer.

De cette simple histoire, il faut tirer deux conclusions :

1° M. Hendlé n'ignorait pas l'existence de ces sociétés

secrètes, de ces bandes révolutionnaires organisées aujourd'hui dans tous les centres ouvriers de notre département. Il n'a rien fait, rien dit, pour les entraver dans leurs odieux projets.

2° Les conservateurs, qu'on les appelle réactionnaires ou cléricaux, ont fait tout ce qui était possible pour prévenir les scènes désolantes qui viennent de se passer à Montceau, car le directeur d'usine dont je viens de parler est un conservateur déterminé qui croyait, à juste titre, rendre service à la société en prévenant l'autorité administrative des complots qui se tramaient.

Tous les faits que je viens de raconter sont de la plus rigoureuse exactitude. Il sera facile à la commission d'enquête de s'en assurer. Elle n'a qu'à demander des renseignements à M. Hendlé retiré aujourd'hui dans son fromage de Normandie.

Maintenant veut-on savoir le but que se proposent les révolutionnaires de Montceau et d'ailleurs ; voici leur programme résumé par un poète de l'Internationale :

Le jour viendra bientôt où les enfants, les femmes,
Les mains frêles, les petits bras,
S'armeront de nouveau, sans peur des fusillades,
Et sans respect pour vos canons :
Les faibles sans pâlir iront aux barricades ;
Les petits seront nos clairons,
Sur un front de bataille épouvantable et large,
L'émeute se relèvera ;
Et sortant des pavés pour nous sonner la charge,
Le spectre de Mai parlera...
Il ne s'agira plus alors, gueux hypocrites,
De fusiller obscurément
Quelques mouchards abjects, quelques obscurs jésuites
Canonisés subitement ;

Il ne s'agira plus de brûler trois bicoques
Pour défendre tout un quartier,
Plus d'hésitations louches ! plus d'équivoques !
Bourgeois, tu mourras tout entier !
La conciliation, lâche, tu l'as tuée !
Tes cris ne te sauveront pas !
Tu vomiras ton âme au crime habituée
En invoquant Thiers et Judas !
Nous t'apportions la paix et tu voulus la guerre.

Albert Legrand, *délégué de l'Internationale, devant les conseils de guerre.*

Un terroriste célèbre disait : « S'il faut être brigands pour le bonheur des peuples, soyons brigands. » La bande de Montceau a pris cette parole pour devise. Elle est tout à fait dans la tradition révolutionnaire, et elle mettrait volontiers sur son drapeau cette inscription relevée sur un étendard de l'insurrection de juin 1848 : « Vainqueurs, le pillage ; vaincus, l'incendie ! » Peut-être même, les révolutionnaires de Montceau rediraient-ils volontiers la parole du trop fameux conventionnel Joseph Lebon : « Il y aurait assez de cinq millions d'habitants en France. »

Il reste à savoir si la masse des Français voudra se laisser mener par cette minorité de tapageurs, d'énergumènes, de bandits. En tout cas, que le Gouvernement de la République y prenne garde, il a accru notre budget de plus d'un milliard, il n'a pas su assurer à la France la considération ni le rang auxquels elle peut prétendre en Europe ; si, par surcroît, il n'est pas capable de nous assurer même l'ordre dans la rue, on se demandera vite à quoi il est bon, à quoi il sert.

19 août 1882.

II

MENEURS ET MENÉS

AUX LECTEURS

Je lisais, hier, dans le *Constitutionnel*, journal ordinairement bien informé, les lignes suivantes :

« Le cabinet se préoccupe beaucoup plus qu'on ne croit de l'affaire de Montceau-les-Mines et des incidents précurseurs qui en ont été le prodrome, mais *que l'administration préfectorale avait négligé de signaler*. L'ancien préfet de Saône-et-Loire, M. Hendlé, aujourd'hui préfet de la Seine-Inférieure, est directement mis en cause, et nous croyons savoir *que le ministre de l'intérieur fait poursuivre une enquête toute particulière à ce sujet*. On n'hésite pas à dire, place Beauvau, *que la situation de M. Hendlé est fortement menacée.* »

Que M. le Ministre de l'intérieur fasse son enquête, il se convaincra que tous les faits que j'ai racontés étaient de la plus scrupuleuse exactitude. J'ai dit et je répète que M. Hendlé avait été prévenu, il y a plusieurs mois, de l'organisation d'une « Bande noire » dans un des centres industriels de notre département, que le directeur de la grande usine de cette ville avait communiqué à M. Hendlé les statuts de cette association ténébreuse, lui avait fourni tous les renseignements possibles sur l'organisation de cette bande et sur ses réunions dans les bois, qu'il avait même donné au susdit préfet le nom de l'orateur habituel de la bande ; que cet orateur, ce professeur de démagogie et de révolution sociale, était un instituteur du voisinage.

M. Hendlé avait écouté tous ces renseignements, gardé l'exemplaire des statuts de la bande et s'était contenté de dire : « Vous avez donc cela aussi à X... » Et il n'avait rien fait, pas même déplacé l'instituteur en question, de sorte qu'à l'heure actuelle la Bande noire de X... existe toujours et continue à se réunir, attendant l'occasion favorable pour agir.

Ce récit a été reproduit par plus de cinquante journaux de Paris et de la province, il n'a pas été démenti, il ne pouvait pas l'être. M. Hendlé a dû nécessairement le lire, il n'a pas pu en contester l'exactitude et je le défie bien de le faire. L'enquête ministérielle, par le fait du silence de M. Hendlé, est donc déjà à moitié faite. M. Hendlé n'avait pas eu, d'ailleurs, que ce seul avertissement ; il connaissait l'existence d'autres bandes noires, c'est lui-même qui l'a avoué en disant au directeur de l'usine de X... : « Vous avez donc cela *aussi* à X... »

M. Hendlé connaissait, en outre, les menées du citoyen Dumay, les tournées de cet apôtre du collectivisme révolutionnaire dans les villes de Montceau, Chalon, Tournus, Mâcon ; il savait que le but avoué du citoyen Dumay était d'organiser une fédération du parti ouvrier dans Saône-et-Loire, pour faire triompher ses idées, *même par la force*. Le citoyen Dumay s'était vanté d'avoir déjà au service de la cause révolutionnaire une armée de 150,000 adhérents.

M. Hendlé n'ignorait pas, non plus, qu'un autre des grands meneurs de la cause révolutionnaire, le citoyen Allemane, l'orateur bien connu des clubs de Paris, était venu dans Saône-et-Loire, et notamment au Creusot, exciter les ouvriers à l'insurrection. C'est ce citoyen Allemane qui disait récemment dans une conférence faite à Nantes :

« Un vidangeur est plus utile à la société qu'un Victor Hugo et un Louis Blanc. (Textuel.)

» Ne criez pas : Vive la République ! ne criez pas : Vive

le suffrage universel ! Ce sont des cris politiques. Criez : Vive le prolétariat !

» Préparez-vous pour une guerre prochaine, et quand le jour sera venu, nous étoufferons la bourgeoisie, nous l'écraserons sous nos pieds, nous marcherons dans le sang ».

M. Hendlé devait connaître toutes ces menées révolutionnaires dont les troubles d'Epinac furent le premier résultat. En a-t-il informé le Gouvernement? Le Gouvernement a-t-il jugé à propos de laisser les Bandes noires préparer tranquillement leurs exploits de Montceau-les-Mines? Je n'ai pas à le rechercher. Il me suffit d'avoir démontré, par ces faits, combien grande est l'erreur volontaire des journaux républicains et radicaux qui disent hypocritement : « Ce sont les cléricaux, ce sont les bonapartistes qui ont préparé les troubles de Montceau. »

Ceux qui sont responsables de ces troubles, ce sont d'abord les révolutionnaires tels que les citoyens Dumay et Allemane, ce sont ensuite les journaux qui ont encouragé les prédications de ces agents de guerre civile, ce sont enfin les représentants du Gouvernement qui, informés de toutes ces menées, connaissant l'existence de ces nouveaux *carbonari* qu'on appelle les « Bandes noires », n'ont rien fait pour empêcher leurs réunions, pour prévenir les désordres, et qui se sont dit, sans doute, que la société n'avait rien à craindre puisqu'ils continuaient à toucher régulièrement leurs appointements.

Cette faiblesse des représentants du Gouvernement donne aux révolutionnaires toutes les audaces. C'est ainsi que le citoyen Dumay, dans une lettre adressée par lui au procureur de la République de Chalon, défie ce magistrat d'oser l'arrêter.

Dans cette même lettre, suivant l'éternelle tactique des révolutionnaires, le citoyen Dumay désavoue le mouvement de Montceau-les-Mines — parce qu'il n'a pas réussi — et se défend de l'avoir conseillé. Mais ce qu'il ne peut nier, c'est que c'est lui, qui, par ses déclamations, a attisé les haines à Montceau, lui qui a organisé ce que le public appelle la Bande noire, et ce que les collectivistes nomment la Fédération du parti ouvrier. Que la Bande noire de Montceau soit partie trop tôt; que, dans son amour du désordre, elle ait devancé les ordres de son organisateur, de son chef, je le veux bien croire, mais il n'en est pas moins vrai que le véritable instigateur, le vrai coupable, c'est le citoyen Dumay. Plus coupable, à coup sûr, que les malheureux dont il a abusé l'ignorance, qu'il a endoctrinés et grisés de ses haines.

Le citoyen Dumay a fait pour Montceau ce qu'il avait déjà fait pour le Creusot. Il a calomnié l'administration des Mines dont un journal républicain, le *Temps*, était obligé, hier, de proclamer la paternelle et bienfaisante direction. Il a calomnié de même l'administration des grandes usines du Creusot.

J'ai, en mains, une petite brochure à couverture rouge, du prix de 40 centimes et intitulée : *Un fief capitaliste.* — *Le Creusot*, par J.-B. Dumay, *tourneur sur métaux*, délégué de la Chambre syndicale des métallurgistes du Creusot. Cette petite brochure, de 36 pages, sue la haine depuis la première ligne jusqu'à la dernière. Les faits y sont présentés sous un jour mensonger et dans un style violent et déclamatoire. Toutes les intentions de l'administration du Creusot, les plus bienfaisantes, les plus prévoyantes, y sont dénaturées à plaisir.

L'administration du Creusot a ouvert des écoles, depuis longtemps gratuites, qui sont citées comme des modèles, qui ont obtenu la plus haute récompense à l'Exposition universelle de 1878. Voici comment le citoyen Dumay apprécie ce bienfait :

« Voilà, dit-il, comment on façonne à l'obéissance passive 2,500 élèves que la situation de leurs parents destine à être les esclaves de Schneider et Cie. »

L'administration du Creusot, par suite de grands sacrifices qu'elle s'impose, donne à ses ouvriers la facilité de devenir propriétaires en ne retenant sur leurs salaires mensuels, pendant dix ans, qu'une somme égale à celle qu'ils payeraient pour leurs loyers. Le citoyen Dumay, loin d'applaudir à cette généreuse initiative, la déplore ; il parle des ouvriers qui ont LE MALHEUR D'ÊTRE PROPRIÉTAIRES (page 23).

L'administration du Creusot a créé une caisse de retraite pour les ouvriers âgés ou invalides. Le citoyen Dumay se plaint « de ce qu'avec des panacées semblables on veuille détourner les ouvriers de l'étude des questions sociales ».

Le prix des journées au Creusot est supérieur à celui de toutes les autres usines ; la réduction de la durée du travail de douze à onze heures, puis de onze heures à dix, a été faite spontanément par M. Schneider. Le citoyen Dumay, à l'aide de chiffres erronés, proteste contre l'insuffisance des salaires.

L'administration du Creusot assure à ses ouvriers la gratuité complète des soins médicaux et pharmaceutiques; elle a fondé un hôpital, créé depuis longtemps une caisse d'épargne scolaire, un bureau de bienfaisance qui secourt 4 ou 500 pauvres avec un budget de 40,000 fr. La prospérité et le bien-être au Creusot sont tels que la proportion des décès, dans une population livrée de bonne heure à des travaux pénibles et dangereux, n'y atteint pas cependant la moyenne générale. Le citoyen Dumay n'en parle pas moins de « la griffe sanglante du Moloch du Creusot ».

Et pour couronner cette œuvre dans laquelle la haine emprunte ses armes à la calomnie, le citoyen Dumay dit à la fin de sa brochure :

« Des éclairs avant-coureurs de la tempête sillonnent déjà les nuages. Vous êtes sur un volcan, messieurs de la bourgeoisie, et vous continuez aveuglément vos persécutions! C'est à croire que vous avez hâte d'en venir aux mains, et pourtant vous avez peu de chances de gagner la partie, car, ne vous le dissimulez pas, vos plus dociles esclaves, les moutons que vous tondez le plus facilement aujourd'hui peuvent être les lions de la Révolution de demain. »

Ce sont les déclamations de ce genre qui sont les véritables causes des troubles de Montceau. Et les vrais coupables, encore une fois, ce ne sont pas les quelques centaines d'imbéciles ou d'ignorants qui se sont laissé entrainer par ces déclamations et ces mensonges, ce sont les citoyens Dumay, Allemane et tous les autres grands meneurs du parti collectiviste.

Les punira-t-on ? Osera-t-on réprimer leur audace ? Pour ne pas l'avoir fait, on est obligé aujourd'hui de donner une escorte de gendarmes à M. le docteur Jeannin et à M. Ph. Baudin. Ces deux conseillers généraux républicains, qui ont, sans doute, jadis protesté contre le régime du sabre, contre la gendarmerie, sont obligés aujourd'hui de mettre leurs maisons sous la protection des gendarmes. Pauvre M. Jeannin ! Pauvre M. Baudin ! comme ils doivent souffrir !

Puisse cet exemple ouvrir les yeux aux républicains « bourgeois » opportunistes ou radicaux, et leur prouver qu'en combattant les agitateurs révolutionnaires, c'est leur propre cause, c'est leur sécurité, autant et plus que la nôtre, qu'ils défendent.

26 août 1882.

III

BLOUSES BLANCHES ET BANDE NOIRE

AUX LECTEURS

On disait autrefois : « Il était à Austerlitz, c'était un brave ! » On dira bientôt : « Il était de la Bande noire, c'était un bon citoyen ! »

Dans quelques années d'ici, vous verrez dans les chaumières, au lieu des images enluminées qui représentaient Napoléon Ier, les photographies de Bonnot, de Viennet et de l'intéressant Garnier dit la Chique, fièrement campé comme il était au banc des accusés, à Chalon, la main dans la poche du pantalon, une ceinture rouge sale ceignant ses reins, les cheveux dans un aimable désordre, le sourire sur les lèvres, et dans la bouche... ce qui lui a valu son pittoresque surnom.

On pourra varier les sujets : on pourra nous représenter Viennet, l'ami de l'ouvrier, coupant un câble à Epinac pour faire tuer ses compagnons de mine, ou encore on pourra nous montrer cet aimable personnage jouant de la vielle avec un missel sur les ruines de la chapelle du Bois-du-Verne pour gagner le pain de ses huit enfants.

Garnier dit la Chique pourra être aussi représenté un drapeau d'une main, un revolver de l'autre, arrêtant trois instituteurs congréganistes, leur distribuant généreusement des coups de pied et leur disant : « Il faut que tout le monde travaille ! » Garnier dit la Chique n'a jamais rien fait que rôder de cabaret en cabaret.

Viennet, Devillard, Garnier dit la Chique, Demepples dit le Rouge et leurs amis seront, dans quelques années d'ici, les saints du calendrier révolutionnaire anarchiste. Déjà les journaux intransigeants leur tressent des couronnes. Ils ont brûlé une chapelle, ils ont renversé des croix. La belle affaire! disent MM. Henri Rochefort, Lissagaray et Cie. D'abord pourquoi se permet-on de bâtir des chapelles et d'élever des croix? Si l'on n'avait bâti que des cabarets où l'on aurait pu boire et danser gratuitement d'une aurore à l'autre, Garnier dit la Chique n'aurait pas songé à s'insurger.

Et puis, renverser des croix, est-ce un si grand crime? Le Gouvernement n'a-t-il pas prêché d'exemple? n'a-t-il pas fait enlever des croix ou des statues à Lyon, Toulouse? ne fait-il pas disparaître les crucifix des écoles? n'a-t-il pas enfoncé à coups de hache les portes de nombreuses chapelles? Viennet et consorts, comme on dit en style judiciaire, sont des disciples de M. Constans : ils n'ont qu'un tort, celui d'avoir montré trop de zèle, d'avoir fait plus qu'on ne leur demandait.

Mais, direz-vous, ces lettres de menaces adressées au président des assises, aux jurés, à M. Chagot, et venant de Suisse, d'Allemagne, comme de France, ces attentats qui se sont multipliés pendant le procès, ces bombes qui éclatent dans un café, cette tentative contre le bureau de recrutement de Lyon, tout cela ne prouve-t-il pas jusqu'à l'évidence qu'on a affaire à une vaste association de malfaiteurs qui essayent par l'intimidation d'empêcher la condamnation de leurs amis de Montceau? Erreur! Vous n'y êtes pas; votre imagination surexcitée ne vous fait voir partout que pétrole qui flamboie et dynamite qui foudroie. Revenez à une plus sage appréciation des évènements, croyez-en M. Henri Rochefort qui s'y connait : ces lettres de menaces, c'est la police qui les a écrites; ces bombes, c'est la police qui les a jetées dans le café de Bellecour; ce kilogramme de dynamite qui devait faire sauter le bureau de recrutement de Lyon, c'est la police qui l'avait placé; c'est la police qui, depuis deux mois, affole et terrorise notre département, c'est la police qui avait enrégimenté Bonnot, Viennet, l'aimable Demepples dit le Rouge et l'intéressant Garnier dit la Chique : ce sont tous des victimes de la police. Ce sont les blouses blanches qui ont imaginé et organisé la Bande noire.

La conclusion, c'est que la police devrait passer en cour d'assises, que tout le conseil des ministres, y compris M. Duclerc, que M. le président Masson, M. le procureur général Fochier, M. le procureur de la République Wencker, MM. Vèze et Mariani, MM. Bertereau et Ardisson, M. Léonce Chagot et ses principaux employés devraient être, s'il y avait une justice en ce monde, jugés par un tribunal présidé par Viennet, assisté de Demepples dit le Rouge, de l'aimable Devillard et de Garnier dit la Chique, faisant fonctions de ministère public.

Quant à nous, mes chers lecteurs, il ne nous reste plus qu'un parti qui soit sûr, c'est de nous faire affilier à la Chambre syndicale la Pensée du Bois-du-Verne, ou à la Santa-Maria du Bois-Franc. On nous apprendra à nous passer l'index sur le sourcil pour nous faire reconnaître dans les cabarets et les lieux publics, à frotter notre pouce sur trois des doigts de Demepples dit le Rouge et de ses amis, à embrasser Viennet sur les deux joues d'abord et sur la bouche ensuite.

Il y a bien une formalité ennuyeuse à remplir, c'est celle qui consiste à bander les yeux du néophyte et à lui faire tirer sur un homme, sur un traître, mais les débats nous ont appris que c'est là un exercice inoffensif et qu'on ne tue personne : on peut donc se soumettre sans crainte à cette épreuve. Il n'y a dans tout cela qu'une chose sérieuse, c'est la cotisation mensuelle de 1 fr. 25 qu'il faut payer. Mais qui ne serait heureux de s'imposer ce léger sacrifice pour augmenter les appointements des citoyens Bonnot et Dumay qui ne sont vraiment pas assez payés. Dumay, le tourneur, ne reçoit que 50 francs par mois, et Bonnot, le forgeron, que 15 francs seulement, pour tourner et forger la Société sur un nouveau modèle : ces gens-là travaillent pour rien !

Quant à moi, j'offrirai de doubler ma cotisation mensuelle si l'on veut me dispenser d'embrasser sur les joues et sur la bouche Garnier dit la Chique ou tel autre de ses acolytes.

Vous me pardonnerez, mes chers lecteurs, d'avoir plaisanté dans les circonstances graves que nous traversons. Il y a des écrivains et des articles auxquels on ne peut pas répondre sérieusement, ce sont ceux qui font du mensonge un jeu, qui abusent de la crédulité, de la badauderie de leurs lecteurs pour leur faire gober les choses les plus invraisemblables.

Oui, il y a de soi-disant libres penseurs, de prétendus esprits forts qui affectent de ne croire à rien et qui se laissent berner par les assertions fantaisistes de tel ou tel plaisantin intransigeant.

Lorsque les troubles de Montceau ont commencé, au mois d'août dernier, il y avait des journalistes qui écrivaient : « Ce sont les cléricaux qui font ces mauvais coups, qui renversent des croix, brûlent des chapelles, arrêtent les religieux et les terrorisent. » Il y avait des niais pour le croire.

Quand le procès de la Bande noire a commencé, que les révolutionnaires ont semé les bombes et la dynamite à Lyon, à Montceau et ailleurs, ces mêmes journalistes ont dit : « C'est la police qui fait tout cela. » Pour le coup, la plaisanterie était trop forte, les gobeurs ont refusé d'y croire ; cependant, quand les journaux intransigeants auront répété cela quotidiennement pendant un mois, les badauds finiront par dire : « C'est peut-être vrai. » Dans deux mois, la légende sera faite et il sera obligatoire d'y ajouter foi.

Tous les honnêtes gens, quel que soit leur parti, devraient réagir, protester contre ces mensonges éhontés.

Il y a un homme, en France, un seul qui ait intérêt à ce que ces mauvaises plaisanteries passent pour articles de foi, c'est notre ancien et peu regretté préfet, le fameux M. Hendlé. Il devrait employer toute son éloquence (!) à démontrer par la parole et par la plume que ce sont les cléricaux qui ont brûlé la chapelle du Bois-du-Verne et la police qui a jeté les bombes dans le café de Bellecour.

Car, du jour où il sera démontré qu'il y avait une bande de malfaiteurs révolutionnaires organisée depuis quatre ans dans le département sous le nom de Bande noire ; lorsqu'il sera démontré que le préfet Hendlé, qui connaissait parfaitement l'existence de ces bandes, loin de les réprimer, les laissait complaisamment ourdir leurs complots contre la sécurité sociale, occupé qu'il était à persécuter les fonctionnaires, à traquer les religieux et à interdire, contre tout droit et toute justice, les écoles libres ; lorsque cela sera démontré, M. le préfet Hendlé n'aura plus qu'à prévenir par une démission l'éclat d'une révocation à laquelle il ne saurait échapper. Il emportera, dans sa retraite, la sympathie de Garnier dit la Chique et de Demepples dit le Rouge, qu'il a couverts de son silence protecteur.

Une chose m'étonne même, c'est que Me Laguerre n'ait pas fait comparaître M. Hendlé comme témoin à décharge en compagnie de Quatrevalet.

« La preuve, aurait pu dire l'avocat de Viennet et consorts, que la Bande noire n'était pas dangereuse, c'est que M. Hendlé, préfet de Saône-et-Loire, prévenu depuis deux ans de l'existence de cette bande, de ses réunions dans les bois et les carrières, n'a pas jugé utile de la poursuivre. Ou M. Hendlé était complice de la Bande noire, ce qui expliquerait son silence, et il devrait être poursuivi comme mes clients ; ou M. Hendlé croyait que cette bande n'était pas dangereuse, alors il a manqué de perspicacité et le Gouvernement aurait dû le punir de cette faute ; or, M. Hendlé a obtenu de l'avancement, il est encore préfet d'un des plus importants départements de France, c'est que le Gouvernement ne croit pas plus que lui à l'existence de la Bande noire. J'ai même la conviction, aurait ajouté l'ami de Quatrevalet, que si l'intelligent M. Hendlé fût resté préfet de ce département, le sympathique Garnier dit la Chique, au lieu d'être sur le banc des accusés, aurait obtenu les palmes d'officier d'Académie pour avoir arrêté trois de ces Frères ignorantins qui sont les véritables ennemis du Gouvernement. »

Ce ne sera, je pense, que partie remise. Puisque l'affaire est renvoyée à une autre session, Me Laguerre réparera cet oubli et citera, comme témoin à décharge, M. Ernest Hendlé, qui paraîtra devant la cour d'assises en compagnie de Quatrevalet, et viendra témoigner de ses sympathies éclairées pour Demepples dit le Rouge, et Garnier dit la Chique.

28 octobre 1882.

IV

UN HÉRON OFFICIEL

A Monsieur HENDLÉ

Ancien préfet de Saône-et-Loire.

Quatorze des accusés de Montceau-les-Mines sont rentrés chez eux, et vous, monsieur le Préfet, vous êtes rentré dans votre préfecture. Qui d'eux ou de vous est le plus content de la fin de ce procès, voilà ce que je voudrais bien vous demander. Bonnot est acquitté, mais vous, il s'en faut que vous soyez quitte de toute responsabilité devant l'opinion publique. Je vais le démontrer : si le Gouvernement n'entend pas ma faible voix, elle trouvera au moins un écho dans l'esprit des honnêtes gens.

Au mois d'août dernier, quelques jours après les troubles de Montceau, je racontai de façon très circonstanciée un fait qui prouvait que vous aviez été dûment averti de l'existence et des agissements de la Bande noire, et que vous n'aviez rien fait pour les empêcher. Plus de cent journaux reproduisirent mon récit ; quelques journaux républicains émirent des doutes sur l'exactitude des renseignements que j'avais donnés et vous demandèrent des explications ou un démenti. Démentir, cela vous était impossible, vous avez fait répondre que le secret administratif vous empêchait de parler.

Vint le procès de Chalon : M. Campionnet, directeur des forges de Gueugnon, fut cité comme témoin. Dans une déposition énergique et qui produisit une impression considérable, il confirma de point en point le récit que j'avais publié : la visite qu'il vous avait faite, les révélations qu'il vous avait apportées sur l'existence de la Bande noire, l'indifférence que vous aviez manifestée à cet égard, votre réponse évasive, tout cela était de la plus scrupuleuse exactitude.

Quelques jours après le procès de Chalon, j'annonçai que vous seriez certainement, lors du nouveau procès, cité comme témoin à décharge, afin d'expliquer au jury pour quelle raison vous aviez cru à l'innocuité absolue des Chambres syndicales, c'est-à-dire des Bandes noires de Montceau, Blanzy, Gueugnon, etc. Ma prédiction s'est réalisée : vous avez comparu devant le jury de Riom dans l'attitude embarrassée d'un écolier pris en faute et qui n'a pas fait son devoir.

Vous n'avez pas pu nier l'exactitude du fait que j'avais rapporté, vous avez dû reconnaître que M. Campionnet, dès le mois de novembre 1881, vous avait signalé l'existence des Bandes noires, leurs réunions mystérieuses dans les bois, leurs affiliations avec d'autres sociétés secrètes. Et, pour vous excuser, vous en avez été réduit à dire — je cite vos paroles textuellement :

« Oui, je savais qu'il y avait des menées souterraines, que les ouvriers de Montceau étaient travaillés depuis longtemps, mais il ne serait venu à la pensée de personne qu'on pût introduire des mœurs indignes d'un peuple civilisé ; jamais on n'aurait pu prévoir les inqualifiables attentats qui se sont produits au mois d'août. »

Vous vous trompez, monsieur le Préfet, un administrateur intelligent, consciencieux, dévoué à la cause de l'ordre, eût prévu ces inqualifiables attentats. Il eût compris que des hommes qui se réunissent mystérieusement dans les bois, dans les carrières, ne peuvent pas être animés de bonnes intentions ; qu'on ne s'entoure point de tant de mystère pour discuter des questions professionnelles.

Si l'on fût venu vous dire qu'une Société de Saint-Vincent-de-Paul ou un Cercle catholique se réunissait, la nuit, dans les bois, vous n'auriez pas hésité à dissoudre ce Cercle et à demander des poursuites contre ses membres. Pourquoi n'avez-vous pas agi de même à l'égard des Bandes noires? Pourquoi aussi n'avez-vous pas empêché la propagande funeste du citoyen Dumay? Vous avez déclaré, à Riom, que Dumay était un des hommes qui avaient exercé le plus d'influence sur les ouvriers de Saône-et-Loire, qu'il avait surexcité par ses discours les populations ouvrières, qu'il était considéré comme le chef des perturbateurs? Pourquoi l'avez-vous laissé faire? Pourquoi lui avez-vous accordé le patronage officiel aux élections du mois d'août 1880? Pourquoi, M. Schneider ayant été élu par 4,800 voix, tandis que Dumay n'en avait que 1,200, avez-vous appuyé la protestation que ce dernier adressa au Conseil d'État? Parce que vous teniez à vous ménager les bonnes grâces des radicaux intransigeants ; parce que, désireux avant tout de conserver votre situation, vous vouliez, en vue de l'avenir, vous assurer un protecteur. Vous êtes, avant tout, un adorateur du soleil levant. L'autre jour, devant la cour de Riom, vous avez renié Dumay, parce que Dumay est poursuivi, mais, dans un an, dans deux ans, si Dumay était ministre, vous lui rappelleriez qu'en 1880 il eut votre protection.

En attendant, vous avez été cité comme témoin à décharge en faveur de la Bande noire ; prochainement, vous serez peut-être cité comme témoin à décharge en faveur du citoyen Dumay. Nous vous reverrons encore, comme à Riom, mal à l'aise sur le banc des témoins, regardant mélancoliquement la porte par laquelle vous étiez entré et par laquelle vous désiriez sortir au plus vite. Jamais aucun préfet ne fut soumis à une pareille épreuve ; jamais on ne vit un haut fonctionnaire condamné à déposer en faveur des ennemis du

Gouvernement qu'il sert. Vous avez pu, monsieur le Préfet, sortir de cette passe difficile avec votre subtilité bien connue, mais, aux yeux de tous les honnêtes gens, amis de l'ordre, vous êtes jugé. On sait maintenant que si vous protégiez le citoyen Damay, vous molestiez M. Chagot ; on sait que si vous montriez une tolérance compatissante pour Viennet et Garnier dit la Chique, vous ne reculiez pas devant l'arbitraire et l'absolutisme le plus tyrannique pour contrecarrer M. Chagot. On vous a entendu dire, avec la plus parfaite aisance, et de l'air le plus dégagé, que vous aviez menacé M. Chagot d'arrêter toutes les affaires de la Mine s'il ne reprenait pas des ouvriers qu'il avait renvoyés. Vous aviez inauguré contre M. Chagot une grève d'un nouveau genre, la grève de l'administration, et vous ne vous êtes pas aperçu, au moment où vous exposiez ce procédé d'administration tout à fait nouveau, que vous excitiez dans toute l'assistance un murmure de réprobation, que les radicaux et les intransigeants auxquels vous faisiez la cour vous condamnaient, à tel point que Me Laguerre lui-même a dû vous donner une leçon de libéralisme et blâmer la tyrannie dont vous aviez usé envers M. Chagot. Tout cela, vous ne l'avez point remarqué.

Et lorsque M. Campionnet vous a flagellé avec cette phrase : « Une administration libérale et qui se respecte aurait dû tenir compte des avertissements qu'elle avait reçus ; si M. Hendlé avait fait son devoir, ces malheureux ne seraient pas sur ces bancs », vous avez entendu cela bénévolement, placidement, sans une de ces indignations généreuses qui font pardonner bien des fautes ; vous vous êtes contenté de répondre à celui qui vous condamnait si énergiquement, en pleine audience : « Je n'ai pas à rendre compte à M. Campionnet des mobiles qui m'ont fait agir. »

Lorsqu'un Gouvernement solide et ami de l'ordre sera installé, il se rappellera votre conduite dans Saône-et-Loire et les paroles que vous avez prononcées à Riom. Jusqu'à ce moment, vous resterez préfet, c'est-à-dire un de ces hérons officiels au long bec emmanché d'un long cou, qui savent rester debout sur une patte, quand il est nécessaire, ou piquer du bec, en temps utile, dans le marécage.

2 janvier 1883.

V

LE CANDIDAT DE LA BANDE NOIRE

―――

AUX LECTEURS

Le plus court chemin pour arriver au Conseil général ou au Parlement serait-il de passer par la cour d'assises? On serait tenté de le croire. L'ami de Louise Michel, l'anarchiste Pouget, n'est pas encore candidat à la députation, mais cela viendra, et, en attendant, le citoyen Bonnot, l'acquitté de la cour d'assises de Riom, est candidat au Conseil général de Saône-et-Loire. Dans un mois, il sera peut-être le cher collègue de MM. Ch. Boysset et Margue.

On raconte que le vieux Raspail, président d'âge de la Chambre en 1876, était tout étonné d'avoir à passer entre une haie de soldats et de gendarmes qui lui rendaient les honneurs : « Ces gens, disait-il, qui tant de fois m'ont conduit en prison, me présentent les armes à présent. Ça me change un peu, mais j'ai peine à m'y faire. »

Voyez-vous le citoyen Bonnot appelé à approuver les actes, les comptes, la gestion du préfet de Saône-et-Loire qui contribua, pour sa part, je le dis à sa louange, à envoyer en cour d'assises le futur conseiller général. Le jugé devenant juge à son tour, quel changement! Eh bien! nous marchons, nous descendons, ou, pour employer le mot propre, nous dégringolons si vite que ce qui aurait paru chimérique, il y a six mois, est possible aujourd'hui et n'étonne pas, outre mesure, le public.

Le citoyen Bonnot est candidat, il peut être élu. Qui l'en empêcherait? Ce n'est pas la concurrence de M. le docteur Jeannin qui, en voulant se ménager un siège dans les deux camps, s'est trouvé tout naturellement... assis par terre.

Il y aurait peut-être un candidat qui pourrait lutter avantageusement contre le citoyen Bonnot, c'est l'homme qui a travaillé, qui travaille encore à assurer le bien-être moral et matériel des ouvriers de Montceau-les-Mines. Mais ce candidat-là voudra-t-il se présenter? Le Gouvernement ne le combattrait-il pas avec plus d'acharnement que le citoyen Bonnot lui-même? Telle est la question, et malheureusement la réponse ne semble pas douteuse. Entre Bonnot, adversaire du capital, ennemi de la « pieuvre bourgeoise », révolutionnaire patenté, et l'homme que je veux dire, défenseur de l'ordre, travailleur consciencieux, ami intelligent et bienfaisant des ouvriers, le Gouvernement n'hésiterait sans doute pas, il préférerait le citoyen Bonnot.

Le citoyen Bonnot a donc de grandes chances d'être élu; c'est le moment, mes chers lecteurs, de vous présenter le futur conseiller général.

Le citoyen Bonnot est ouvrier forgeron. Il a 35 ans. Il avait entrepris un petit commerce d'épicerie qui ne lui a pas réussi; il dut l'abandonner, ayant fait 4 ou 5 mille francs de dettes. C'est à partir de ce moment que Bonnot, qui jusque-là était resté un ouvrier laborieux, rangé, nullement utopiste, donna dans les chimères de la Révolution sociale et devint, à Montceau, le bras droit de Dumay.

Cet ouvrier, à la figure énergique, à la mine intelligente, à l'œil sournois, est un madré compère. A Chalon et à Riom, il joua très bien son rôle et se fit passer pour un homme ignorant, sans instruction, n'ayant pas compris la portée de ce qu'il avait dit et écrit.

Ainsi, on avait retrouvé une lettre adressée par lui à Dumay et dans laquelle il disait :

« Serrons nos coudes, car nous pouvons être surpris par plusieurs évènements à l'intérieur. Soyons énergiques, le grand jour approche. »

Qu'est-ce que cela veut dire? demandait le président. Et l'accusé Bonnot de répondre : « Je ne sais pas, monsieur, je n'ai pas d'instruction. »

Le citoyen Bonnot avait envoyé, au nom de la Chambre syndicale la *Pensée* dont il était l'organisateur, un secours de 20 francs aux grévistes du Gard. La lettre d'envoi était ainsi conçue : « *Je vous envoie 20 francs pour les victimes des exploiteurs capitalistes du Gard. Notre armée grandira. Nous étoufferons la pieuvre capitaliste.* »

Que vouliez-vous dire par là? demandait le président. Et Bonnot de répondre : « Je ne sais pas, monsieur, j'avais pris cette phrase-là dans les journaux. »

Il prétendait ignorer de même ce que signifiait cette phrase des statuts de la Chambre syndicale la *Pensée* : « Notre Société triomphera parce qu'elle a pour but l'armement de la justice. » Même ignorance en ce qui regarde la formule de salutation par laquelle il terminait ses lettres : « Tout à vous et à la Révolution sociale! »

De même encore, Bonnot était abonné au journal collectiviste révolutionnaire le *Prolétaire*, mais il le lisait sans le comprendre.

Comme le client de l'avocat Pathelin, il eût volontiers répondu à toutes les questions du président : Bée, bée, bée!

Cette attitude lui a réussi à Riom, mais elle n'aurait aucun succès auprès des électeurs. Il est certain qu'il en changera.

L'ignorant d'autrefois va devenir, par une subite métamorphose, tout à fait intelligent. Les phrases qu'il désavouait devant la cour d'assises, il va s'en faire un titre et une gloire devant le collège électoral de Montceau-les-Mines. Cette attitude amphibie n'a rien de noble. L'anarchiste Pouget était plus coupable que Bonnot, mais il était plus franc : il a eu, à ses dépens, le courage de ses idées extravagantes. Bonnot, au contraire, va se faire un mérite des opinions qu'il a reniées pour sauver sa liberté.

Et cependant il y a lieu de croire que Bonnot réussira aussi bien dans un rôle que dans l'autre. Acquitté comme ignorant et inconscient par les jurés de Riom, le citoyen Bonnot sera élu comme un révolutionnaire intelligent et décidé par les ouvriers de Montceau qui pourraient mieux choisir.

En effet, puisqu'ils veulent un rouge bon teint, les électeurs intransigeants de Montceau feraient mieux, à mon humble avis, de nommer Garnier dit la Chique, un martyr de ses opinions celui-là et un crâne. Il fallait le voir à Chalon et à Riom. Il ne se retranchait pas derrière son manque d'intelligence et d'instruction, il reconnaissait, avec une désinvolture et un cynisme imperturbable, la part qu'il avait prise au mouvement du 15 août. Il racontait, le sourire sur les lèvres et la main dans la poche, comment il avait arrêté trois Frères de la doctrine chrétienne en leur disant : « Il faut que tout le monde travaille, à présent ! »

Voilà l'homme qu'il faudrait aux intransigeants de Montceau, sans compter qu'en votant pour lui ils assureraient son amnistie, sa délivrance. De cette pierre lancée dans le jardin de la République ils feraient deux coups.

Cependant, si le citoyen Bonnot a caché son jeu, il n'a pas trompé tout le monde, témoin ce jugement porté sur lui par M. le Procureur général de Riom :

« Bonnot, a dit M. Allary, est un de ceux qui ont le plus contribué à former la Bande noire, l'armée de l'émeute, qui par sa propagande anarchiste a soufflé la haine. Il a à la fois une grande responsabilité morale et une complicité matérielle dans les crimes de Montceau. C'est un de ceux qui sont le plus gravement compromis. Les antécédents de Bonnot sont purs de toute condamnation, mais, après 1876, lorsqu'il eut fait de mauvaises affaires, il devint haineux contre ceux qui avaient réussi. Bonnot est un des chefs les plus dangereux de ce mouvement socialiste et il serait souverainement injuste qu'il ne fût pas puni. »

Le citoyen Bonnot devrait, dans sa proclamation aux électeurs, citer ce passage du réquisitoire. Cette citation lui vaudrait des suffrages et elle serait, pour lui, un prétexte tout naturel de réclamer la réforme de la magistrature.

Le citoyen Bonnot ne manquera pas non plus de citer ces paroles édifiantes que son ami Dumay prononça dans une conférence organisée à Montceau, par la chambre syndicale la *Pensée* : « *Nous ne sommes pas des partageux*. Nous voulons tout. Nous disons aux bourgeois : Vous avez une maison, donnez-nous-la, et nous nous chargerons de pourvoir aux besoins de votre famille. »

C'est la doctrine communiste dans toute sa beauté. Cette doctrine, Proudhon la jugeait ainsi : « Le communisme pour subsister, écrivait-il, supprime tant de mots, tant d'idées, tant de faits que les sujets formés par ses soins n'auront plus le besoin de parler, de penser, ni d'agir : *ce seront des huîtres attachées côte à côte, sans activité ni sentiment, sur le rocher... de la fraternité.* »

Que ceux donc qui aspirent à être des huîtres attachées côte à côte au rocher de la fraternité votent pour le citoyen Bonnot. Combien y a-t-il de douzaines de ces mollusques fraternels à Montceau-les-Mines ? Nous saurons cela dans un mois.

24 juillet 1883.

PÉTITION

A M. le Maire et à MM les Conseillers municipaux de Paray, pour des musiciens qu'on empêche de jouer.

Il y a cinquante ans, Paul-Louis, vigneron de la Chavonnière, adressait à la Chambre des députés la fameuse pétition pour les villageois qu'on empêche de danser.

Vous me permettrez bien, messieurs, de vous adresser une requête en faveur des musiciens de Paray qu'on empêche de jouer.

Comme Paul-Louis, je puis dire : « L'objet de ma demande est plus important qu'il ne semble; car bien qu'il ne s'agisse, au vrai, que de musique et d'amusements; comme, d'une part, ces amusements sont ceux du peuple et que rien de ce qui le touche ne peut vous être indifférent; que, d'autre part, la liberté s'y trouve intéressée ou compromise, pour mieux dire, par un zèle mal entendu, je pense, quelque peu d'accord qu'il puisse y avoir entre vous, que tous vous jugerez ma requête digne de votre attention. »

Je demande qu'il soit permis, comme par le passé, aux habitants de Paray d'entendre la Fanfare du pays jouer les dimanches et jours de fête, dans les rues et sur les places de leur commune, et que toutes défenses faites, à cet égard, soient annulées.

Permettez à ceux qui aiment la musique et ses joyeux accords d'en jouir à leur aise. Si vous ne l'aimez point, vous, messieurs, bouchez-vous les oreilles, vos électeurs vous offriront, au besoin par souscription, assez de coton musqué pour vous fournir, à tous, des tampons protecteurs.

Mais ne continuez pas cette lutte. Depuis trois mois que vous êtes élus, vous avez manifesté votre puissance, vous avez enlevé à la Fanfare de Paray son drapeau, les médailles qu'elle avait gagnées dans les concours, vous l'avez empêchée de se faire entendre pour les fêtes des courses et du concours agricole, vous l'avez humiliée dans cette dernière circonstance en appelant à Paray une Société étrangère. C'est assez. Étonnez le monde maintenant par votre générosité autant que vous l'avez surpris par votre intolérance et vos mesquines susceptibilités.

Rappelez-vous que, dans notre pays, la sympathie est toujours acquise aux victimes des persécutions et des vexations de l'autorité. Vous en avez eu la preuve récemment.

Le 15 août, jour de la fête patronale de Paray, la Fanfare l'Union musicale, bravant vos foudres et cédant aux instances de la plus grande partie de la population, a traversé les rues de la ville au milieu d'une foule joyeuse qui applaudissait avec frénésie et qui couvrait de fleurs (au réel, non au figuré) les excellents musiciens. Ces bravos et ces bouquets avaient pour but sans doute de récompenser le talent des exécutants, mais ils étaient surtout une protestation contre votre ridicule intolérance.

Il est bien certain que si, à ce moment, vous aviez traversé la ville, maire et adjoints en tête, avec toute la majesté dont vous êtes capables, vous auriez récolté autre chose que des applaudissements et des bouquets.

Vous ne l'avez pas osé, vous ne l'oseriez pas encore maintenant, preuve que vous sentez que, dans cette petite guerre, l'opinion publique est contre vous.

De plus habiles, en présence d'une pareille manifestation, se seraient tenus tranquilles. Vous point La Fanfare, suivie par la foule, s'était rendue sur la terrasse d'une maison mise à sa disposition par un propriétaire plus libéral et moins ennemi que vous de l'harmonie. La Fanfare jouait et les applaudissements de la foule arrivaient jusqu'à vous. C'est encore une musique que vous n'aimez point quand elle s'adresse à d'autres.

Vous avez alors délégué le garde champêtre, espérant par un procès-verbal intimider les musiciens et leurs auditeurs enthousiastes. Il n'en a rien été. Le directeur de la Fanfare de Paray sait parfaitement qu'il n'y a point de lois dans l'arsenal si compliqué de nos codes pour empêcher à des musiciens de se faire entendre. Les municipaux de Tramayes en ont fait l'expérience à leurs dépens.

Un procès récent que j'ai raconté ici vient de prouver que, devant un juge impartial, les Fanfares peuvent faire respecter leur droit et résister victorieusement à l'intolérance des petits tyrans de ville ou de village. La Fanfare de Paray le savait et c'est, m'a-t-on dit, cet exemple qui l'a encouragée.

Eh bien! maintenant, quel parti allez-vous prendre? Allez-vous faire citer les sociétaires de l'Union musicale devant M. le Juge de paix de Paray? M. le Maire, qui est suppléant de la justice de paix, va-t-il, à l'exemple de M. Chantin, à Tramayes, s'appuyer sur l'art. 4 de la loi de 1790 pour requérir contre ces musiciens le maximum de la peine? On lui répondra, comme on l'a fait à Tramayes, que la loi de 1790 ne peut viser les Fanfares qui n'existaient point à cette époque. On répondra encore que la loi de 1790 a pour but d'empêcher les spectacles immoraux et dangereux pour la tranquillité publique, auxquels on ne saurait assimiler une Société musicale des enfants de la ville. Les musiciens seront acquittés et ils pourront suspendre à leur bannière une médaille commémorative de cette victoire remportée sur l'intolérance municipale.

On prétend que vous reculerez devant ce procès. Ce serait un acte de sagesse. Mais vous attendrez, dit-on, une nouvelle occasion pour frapper plus sûrement la Fanfare qui vous déplait. Voilà qui est moins heureux!

Cette fois, vos mesures sont bien prises ; par vos soins,

défense expresse a été faite publiquement à la Fanfare de jouer dans les rues. Si les malheureux trombones de l'Union musicale osent se hasarder sur la voie publique, l'autorité municipale, représentée par le garde champêtre intervenant, dressera procès-verbal contre les musiciens, qui auront contrevenu à un arrêté de M. le Maire, et peut-être aussi contre les habitants qui ont le tort de les écouter avec plaisir et de les applaudir. Car, enfin, messieurs, les habitants de Paray sont complices de la contravention : s'ils fuyaient à l'approche de la Fanfare ou s'ils couvraient ses accords de leurs sifflets, les musiciens resteraient chez eux. Mais on les encourage, on les acclame, on les couvre de fleurs. Que voulez-vous qu'ils fassent? Mettez-vous à leur place, supposez que votre exhibition dans les rues de Paray provoque un enthousiasme général, vous n'auriez pas la cruauté, n'est-ce pas? de vous refuser à faire le bonheur des populations. Les musiciens de Paray ne sont pas plus coupables que vous ne le seriez. Soyez donc indulgents pour eux comme on le serait pour vous.

Peut-être la Fanfare de Paray se soumettra-t-elle à vos ordres ; mais si elle les enfreignait, je ne crois pas que, malgré votre arrêté et vos interdictions rendues publiques, elle puisse être condamnée. Car il n'existe ni lois ni règlements sur lesquels vous puissiez vous appuyer pour légitimer votre défense. Assimiler l'exécution de quelques polkas, valses ou marches militaires à un spectacle immoral et dangereux, le bon sens et la saine raison vous l'interdisent. Si vous vouliez faire condamner des musiciens comme coupables de tapage troublant la tranquillité publique, on vous répondrait que vous êtes les seuls auteurs et provocateurs des troubles.

Un exemple vous prouvera combien votre arrêté est ridicule et peu soutenable. Je suppose, un instant, que la municipalité de Paray au lieu d'être républicaine soit conservatrice. On apprend que la musique de la garde républicaine, la meilleure du monde, va venir à Paray et va donner un concert sur l'une des promenades. Les habitants s'en réjouissent, mais le maire conservateur, ignorant quels sont au juste les sentiments des artistes composant cette musique et ennuyé par le nom qu'elle porte, lui interdit de jouer sur la voie publique. Que feriez-vous? Vous crieriez de toute la force de vos poumons : C'est absurde! c'est ridicule! c'est odieux! Ce maire n'a pas le sens commun.

C'est précisément ce que l'on dit de vous.

23 août 1884.

L'ABBÉ TAMBOUR

I

A Monsieur l'Abbé SANVERT

Un général, qui avait été battu en Allemagne et en Italie, aperçoit un jour au dessus de sa porte un tambour qu'on y avait représenté avec cette devise : « On me bat des deux côtés. »

Cette devise, vous pourriez la prendre, monsieur l'Abbé ; un tambour peint au dessus de la porte de votre presbytère donnerait une assez fidèle image de votre personne et serait une enseigne véridique. Vous aussi, on vous bat des deux côtés ; les républicains, que vous flattez, ne vous pardonnent pas votre qualité de prêtre ; les conservateurs, dont vous avez déserté le camp, ne peuvent comprendre votre titre de curé-candidat républicain.

Un de vos confrères, à la veille du dernier scrutin, vous a adressé une lettre où le bon sens et la sagesse éloquente étaient assaisonnés de quelques traits de satire incisive et mordante. Je ne ramasserai point pour vous les renvoyer les pierres qu'il a jetées dans votre jardin. Je ne redirai pas après lui que vous portez sous votre soutane une culotte rouge et je ne vous ferai pas espérer un brevet de l'Ordre du Mérite agricole pour la culture de vos asperges. Ce n'est pas, entre nous soit dit, que je vous croie insensible à ce que vos amis les républicains appelaient autrefois les hochets de la vanité. Je me suis laissé dire, au contraire, que le ministre de l'instruction publique, en vous décernant les palmes d'officier d'Académie, vous avait quelque peu tourné la tête. C'est depuis que vous êtes palmé que vous avez conçu le projet de nager entre les eaux de la République et celles de la religion dont vous êtes le ministre. Vous avez étalé bruyamment dans les journaux la joie que vous avait causée cette décoration, ce demi-deuil de la Légion d'honneur, qui se donne aujourd'hui comme le prix de bonne santé dans les pensionnats. On comprit dès lors que votre amour du galon ne se tiendrait pas satisfait pour une aussi mince aubaine. L'officier d'Académie visa plus haut : ne pouvant être évêque ou simplement curé de canton, il voulut être député ou tout au moins faire du bruit. Plan, plan, plan, rataplan, voilà le tambour en avant, dans les réunions publiques, les salles de bal, les théâtres et les cabarets. Plan, plan, plan, rataplan, tout le monde dit dans notre département : Quel beau tambour! Plan, plan, plan, rataplan, le jour du vote arrive, 2,752 voix pour l'abbé Tambour. Quoi! tant de bruit et si peu de résultat! Pauvre tambour, il va recommencer à faire du bruit pendant quinze jours et, après, il battra mélancoliquement la retraite et l'extinction des feux, comme il battit la charge et la chamade. On ne l'entendra plus et l'on s'en consolera, car si l'on aime, en France, le bruit et les tambours, les oreilles s'en lassent facilement et l'on dit volontiers : Faut du tambour, pas trop n'en faut !

Mais je ne m'arrêterai pas plus longtemps à ces bagatelles. Je veux simplement examiner aujourd'hui si, en posant votre candidature et en allant la soutenir dans les réunions publiques, non sans verve et sans esprit, vous avez réellement servi la cause que vous vouliez défendre.

Que vous proposiez-vous? Je vous suppose absolument désintéressé, n'ayant aucune visée ambitieuse et ne songeant, comme c'est le devoir du prêtre, qu'au bien de la patrie et de la religion. Avez-vous rendu service à ces deux grandes causes? Leur auriez-vous été utile si vous aviez été élu? Voilà ce que je veux discuter avec vous ; je prends pour base de cette discussion le discours que vous avez prononcé au théâtre de Chalon. Ce discours, imprimé à vos frais, a été soigneusement émaillé — par un ami complaisant, sans doute — de parenthèses relatant les diverses marques d'approbation que vous auriez reçues. J'ai compté ces parenthèses, j'en ai trouvé 70 dans un discours de 24 pages, c'est presque une par phrase. En voici le détail : 12 « applaudissements simples » ; 11 « applaudissements répétés » ; 2 « applaudissements bruyants » ; 3 « applaudissements sur tous les bancs » ; 3 « bravos » simples; 3 « bravos et applaudissements » ; 3 « sensations », dont une profonde; 9 « rires » simples ; 5 « rires bruyants » ; 5 « rires sur tous les bancs » ; 5 « très bien! très bien! » 4 « c'est cela! » 3 « oui! oui! »

Et la brochure se termine par cette phrase :

« M. l'abbé Sanvert réfute deux ou trois objections qui lui sont faites, et la foule, qu'on peut estimer à 3,000 hommes, se retire avec calme. » Faire entrer une foule de 3,000 hommes dans un théâtre qui ne peut contenir que 800 à 1,000 personnes, voilà un tour de force dont votre éloquence seule est capable!

Mais acceptons ce chiffre de 3,000 hommes. Voici 3,000 électeurs qui vous applaudissent à chaque phrase, presque à chaque mot, qui vous couvrent de leurs bravos, qui rient bruyamment et de façon à se désarticuler la mâchoire à chacune de vos saillies, et vous n'avez eu que 2,752 voix! Ajoutons que vous avez obtenu le même succès à Chagny, à Verdun, à Saint-Marcel, à Etrigny et en vingt autres endroits. Partout la foule vous suivait, vous applaudissait, vous criait : bravo! c'est cela! riait bruyamment. Résultat : 2,752 voix!

Comment, après avoir recueilli tant d'applaudissements, avez-vous récolté si peu de suffrages? Voilà la question que vous avez dû vous poser, dimanche soir, et à laquelle je vais vous fournir la réponse.

Le public vous a regardé comme un acteur d'un genre tout nouveau, qui venait lui procurer une heure de distraction à bon marché. Coquelin, venant débiter ses monologues au même prix que vous, aurait soulevé beaucoup plus d'applaudissements et de rires, et aurait peut-être finalement obtenu beaucoup plus de suffrages que vous. La plupart de ceux qui vous ont applaudi se sont trouvés quittes envers vous après vous avoir accordé leurs bravos, comme en sortant du spectacle on se croit quitte avec l'acteur lorsqu'on lui a témoigné sa satisfaction en battant des mains.

Que cette comparaison ne vous offusque pas trop ; vous avez beaucoup fait pour la justifier. En lisant votre discours, il me semble voir un homme bien plus occupé à amuser la galerie qu'à convaincre son auditoire. Quelques exemples pour prouver ce que j'avance. Vous combattez le divorce : empruntez-vous vos arguments à de Bonald, à l'abbé Vidieu, au père Didon ? Non, vous avez glané, par ci, par là, quelques mots spirituels et vous servez cela au public pour le faire rire. Ainsi, vous répétez, après un homme d'esprit, que « l'Etat se chargeant des enfants ressemblerait à un gendarme qui voudrait défendre avec son sabre un sentiment du cœur. » On rit. Vous ajoutez cette autre phrase empruntée à un moraliste ingénieux : « Le divorce déplait même dans les oiseaux. Buffon a diffamé les tourterelles. » On se tord de rire en voyant un abbé se plaindre, après Joubert, de ce que Buffon ait diffamé les tourterelles. Le public est égayé, mais chacun se dit *in petto* qu'il ne vous enverra pas à la Chambre pour défendre la réputation des tourterelles.

Encore un exemple. Vous citez cette phrase de Montesquieu : « La religion chrétienne, objet de la félicité de l'autre vie, fait encore le bonheur de celle-ci. » Un cordonnier vous interrompt et vous dit : « On ne peut pas faire de la religion et de la politique. » Et vous répliquez : « Il faut moins longtemps pour dire la messe et les vêpres que pour faire une paire de bottes. Interdisez-vous la politique aux cordonniers? Moi, je m'y refuse dans l'intérêt national. » Le public rit bruyamment ; jamais il n'avait entendu comparer la célébration de la messe et des vêpres à la confection d'une paire de bottes. L'idée est si neuve, la phrase si singulièrement placée dans la bouche d'un prêtre, que tous les libres penseurs présents ont dû rire à gorge déployée.

Non moins originale est votre façon de défendre le clergé. Je cite textuellement : « Messieurs, gardez vos curés ; la France en veut, ne serait-ce que pour les taquiner? (Rires bruyants suivis d'applaudissements unanimes.) Pourtant, point d'injustice, même en plaisantant, car c'est ainsi qu'on s'accoutume à devenir méchant tout de bon et, qui pis est, à plaisanter encore. (Applaudissements.) Il vaudrait mieux être franc et dire, mais vous ne l'oseriez, avec le sentiment que vous montrez de la liberté de conscience : « Nous ne voulons plus de prêtres. »

Quelques voix : Il n'en faut plus!

« D'abord, messieurs (je parle aux interrupteurs), vous n'êtes pas tout le monde. Comptez combien il y a en France de familles qui se dispensent de faire participer les enfants à la première communion ; et puis, le dirai-je? le Gouvernement qui fait des sottises de temps à autre a besoin de nous pour vous crier : Ce sont les curés. (Rires bruyants.) Si nous n'existions plus, on ne saurait plus à qui s'en prendre, absolument comme ces braves gens qui ne comprendraient plus les gelées du printemps si la lune rousse cessait de hanter leur imagination. » (Rires, applaudissements répétés.)

Ainsi, vous, un prêtre, vous ne trouvez pas d'autre argument à invoquer en faveur du clergé que ces calembredaines ridicules. Vous venez dire au public : Gardez les curés, comme des totons qui servent à vous amuser et que vous pouvez taquiner à votre aise ; gardez les curés, ce sont des têtes de Turcs pour le Gouvernement. Les curés sont des boucs émissaires qu'on peut charger de tous les péchés de la République, les curés sont utiles comme la lune rousse. Vous êtes un rude émoucheur, monsieur l'Abbé, et vous avez une façon légère de défendre vos amis qui rappelle à s'y méprendre celle de l'ours de la fable.

Vous avez voulu faire de l'esprit quand même, et « l'esprit qu'on veut avoir gâte celui qu'on a ». Vous avez fait rire aux dépens de cet admirable clergé français dont vous faites partie. Au lieu de trouver pour le défendre quelques phrases éloquentes qui auraient rencontré un écho favorable dans les cœurs généreux, vous avez fait le plaisantin ; au lieu de rappeler à votre auditoire les vertus, le courage, le dévouement, les services du clergé, vous vous êtes contenté de dire que vous ne voteriez pas une loi qui arracherait cinquante sous par jour à l'ouvrier apostolique qu'on appelle le curé. Il s'agit bien de ces cinquante sous, monsieur ! A-t-on besoin d'une loi pour les retirer à « cet ouvrier apostolique qu'on appelle le curé » ? Demandez-le à ceux de vos confrères qui ne font pas, comme vous, la courbette devant la République et ses ministres antichrétiens.

Vous n'êtes pas plus heureux dans les autres parties de votre discours. On vous voit, vous cent millième, déclamer contre l'état social actuel, fulminer contre la déchéance de la noblesse française (douze ans après Patay et la guerre de 1870-71), critiquer la bourgeoisie, plaindre le sort de l'ouvrier, du paysan, de la paysanne et de l'ouvrière obligée de « descendre le soir dans la rue ». Ces sentiments de commisération pour le sort de l'ouvrier partent certainement d'un bon naturel, mais toutes ces lamentations éloquentes ne valent pas le verre d'eau donné à un pauvre altéré. Je vous crois bon, monsieur l'Abbé, je vous suppose doué d'une nature généreuse entre toutes, d'une de ces bontés particulières qui font dire aux Anglais : « Cet homme est si bienveillant que pendant la pluie il tiendrait son parapluie étendu au dessus d'un canard; » mais croyez-vous que toutes ces déclamations sur la misère de l'ouvrier aboutissent à autre chose qu'à soulever des haines et des sentiments envieux ? A déclamer comme vous l'avez fait, ne ressemblez-vous pas à ce médecin qui, ne sachant guérir la fièvre, fit, en beaux vers, une satire contre elle ? Où est votre plan de réorganisation sociale ? Vous ne l'avez pas indiqué ! Vous avez étalé une érudition de pacotille en parlant des Sociétés agraires d'Angleterre et des associations d'Autriche, et vous ignorez ce qui depuis cinquante ans a été fait pour l'amélioration du sort de l'ouvrier, en France, et plus près de vous, dans Saône-et-Loire. Ou, si vous le savez, vous avez omis de le dire, pour ne pas gâter votre thèse.

Et, d'ailleurs, ce qui a été fait en Angleterre et en Autriche, pour le bien de l'ouvrier, n'a pas été fait par vos amis les républicains. Les républicains n'ont jamais su que déclamer contre vous, promettre comme vous et mériter l'épithète de farceurs que leur appliquait un socialiste qui les connaissait bien.

S'il se fût trouvé dans les réunions publiques quelqu'un pour vous demander ce que vous feriez afin d'améliorer le sort de l'ouvrier, vous auriez été obligé de répondre que vous étudieriez la question, comme vous avez promis d'étudier la question du barrage de la Saône. C'est qu'il est plus facile, monsieur l'Abbé, de crier : Vive l'ouvrier, vivent sa femme et ses enfants ! que de trouver le moyen de les faire vivre et de chasser la misère.

Laissons ces questions que vous avez effleurées légèrement et que je ne veux pas approfondir aujourd'hui. Après vos hardiesses de réformateur, voyons vos hardiesses d'élocution. Je n'en citerai que deux exemples, deux flatteries que vous avez adressées à vos auditeurs.

Voici la première (page 11) :

« Non, messieurs, ce qui est vrai à la lampe n'étant plus

vrai au soleil, je vote avec la lumière et je crois toujours voter avec vous. »

Vous avez dû emprunter cette métaphore à M. de Lacretelle.

Voici la deuxième métaphore, qui n'est pas moins curieuse que la première (page 9) :

« Pour soutien, j'aurai ce FLOT INDÉPENDANT ET SOLIDE qui m'écoute et qui soulève mon âme. »

Un *flot solide*, c'est, apparemment, un flot glacé; mais un flot qui écoute, cela ne s'est jamais vu. Laissons là ces chicanes; si vous n'aviez eu d'autres hardiesses que ces hardiesses grammaticales, je vous les pardonnerais facilement. Si je les ai signalées, c'est pour vous prouver que ce n'est pas en politique seulement que vous auriez encore à apprendre. J'ai fini. Dans huit jours, après avoir bien péroré, discuté, déclamé, après avoir fait de la politique, de la polémique et de la rhétorique, vous allez rentrer dans votre presbytère de Savigny, simple desservant comme devant. Comme il vous paraitra ennuyeux et triste le modeste et silencieux presbytère, après toutes les clameurs des réunions publiques, et toutes les agitations de la lutte électorale. Quand don Quichotte, après ses expéditions, rentra dans son vieux manoir désolé, las d'avoir guerroyé contre des moulins à vent et égorgé d'innocents moutons, il avait, au moins, pour compagnon, son fidèle Sancho Pança. Vous, monsieur l'Abbé, vous rentrerez seul, avec vos illusions perdues et supputant mélancoliquement le chiffre des suffrages que vous aurez recueillis, chiffre qui ne grossira guère d'un scrutin à l'autre. Puissiez-vous alors renoncer au tambour pour reprendre votre bréviaire et n'employer désormais votre éloquence qu'à exhorter vos paroissiens à faire le bien. Si l'ennui vous gagne, taquinez la rime, composez encore quelques-unes de ces chansons que vous excellez à tourner;

toutefois, si vous aspirez à entrer à l'Académie française, comme votre éminent évêque, rappelez-vous qu'on y arrive par le pont des Arts et non par le *Pont-Neuf*.

15 septembre 1883.

II

LE LENDEMAIN DE L'ÉLECTION

A Monsieur l'Abbé SANVERT

Je reçois de vous la lettre suivante :

Monsieur le Rédacteur,

J'ai lu ce matin seulement la *Lettre du village* qui me concerne.

Vous estimez que conquérir près de 3,000 voix sans autre moyen d'action que celui qui ressort d'une parole franche, loyale, est un succès dérisoire. Cependant votre journal même espérait moins. Vous me prêtez des intentions étroites et indignes, par cela seul que j'ai brigué les suffrages de mes concitoyens. Ceux qui ont suivi les conférences que j'ai données, comme vos confrères de la presse, par exemple, ont vu jusqu'à l'évidence que j'ai toujours défendu ma foi, ma religion, mes frères dans le sacerdoce. Un grand nombre d'entre eux m'en ont remercié.

Si ma diction a été peu châtiée, mon éloquence faible et disproportionnée, ma droiture de cœur n'a échappé qu'à vous.

Ainsi, ne croyez pas que j'aie peine à reprendre la gentille solitude où je vis entouré d'estime et d'affection. Venez m'y visiter. L'auteur des lettres du village sera reçu cordialement par le curé du village. Vous m'infligerez quelque correction grammaticale ou littéraire, et moi, pour pénitence, je vous imposerai de travailler, même dans votre journal, à tout ce qui est utile à la paix, à l'honnêteté, à la justice.

Croyez, M. le Rédacteur, à mes sentiments très respectueux.

A. Sanvert.

Non, je n'irai pas vous voir, monsieur l'Abbé. Ce n'est pas que je vous croie un de ces amphytrions perfides pareils à celui dont parle le satiriste, à ce bavard intarissable :

Qui s'était dit profès dans l'ordre des coteaux.

Ce n'est pas non plus que je considère votre invitation comme une gasconnade ou comme une de ces politesses facétieuses qu'on fait à tout venant. Non, je crois votre invitation sérieuse et sérieusement faite. Et sérieusement je la refuse. Je n'irai point vous donner une leçon de grammaire ou de logique et vous n'aurez pas au dessert à m'imposer une pénitence, car je ne serai jamais du nombre de vos pénitents.

Si vous vous croyez, monsieur l'Abbé, le droit d'imposer une pénitence à vos concitoyens, sans qu'ils se confessent à vous, gardez celle que vous me promettez pour les amis nouveaux auxquels vous êtes lié par l'ambition et l'amour des honneurs dont la satisfaction ne vous paraît possible qu'en pareille compagnie.

Quant à moi, je n'ai besoin ni de votre absolution pour mon passé, ni de vos injonctions pour continuer à servir les causes sacrées de la religion, de la justice et pour rester du côté des persécutés dans un temps où l'on voit des prêtres passer du côté des persécuteurs et feindre de croire qu'ils ont sauvé leur troupeau parce qu'ils ont hurlé avec les loups.

Maintenant que j'ai décliné votre invitation, je réponds à votre lettre.

Vous prétendez que je vous ai prêté (on ne prête qu'aux riches) des intentions étroites et indignes d'un prêtre, puis vous vantez la loyauté de votre parole et la droiture de votre cœur. Je veux bien croire que vous avez le cœur droit, mais si vous avez l'esprit logique, vous conviendrez que j'ai raison lorsque je vous dis :

Ou vous n'êtes — passez-moi le mot — qu'une sorte de Gribouille politique qui avez cru de bonne foi sauver la religion en engageant le clergé à se précipiter à votre suite dans les marais des Paul Bert et des Quentin pour éviter leurs éclaboussures ;

Ou vous n'êtes qu'un ambitieux vulgaire qui vous êtes dit : J'entrerai à la Chambre quand même, dussé-je laisser à la porte mes scrupules de conscience et mes principes.

Ou l'un ou l'autre : choisissez.

Vous n'avez même pas pour vous défendre la ressource de me répondre que vous êtes un républicain de vieille date. Votre républicanisme ne date que d'hier. Il n'y a pas si longtemps que vous aviez l'honneur d'être dénoncé par les amis de vos partisans d'aujourd'hui comme un ennemi des institutions républicaines.

Qn'est-ce donc qui a pu vous décider tardivement à vous rallier à la République ? Sont-ce les expulsions des religieux ? Est-ce l'enlèvement des crucifix des écoles ? Est-ce la laïcisation de l'enseignement, l'irréligion rendue obligatoire par l'introduction des mauvais Manuels que vous connaissez ? Avez-vous pensé que vous deviez vous montrer reconnaissant à la République parce qu'elle a éloigné les aumôniers du chevet des mourants, parce qu'elle a enlevé aux religieuses le droit de se dévouer au soin des malades, parce qu'elle a démoli les croix sur plusieurs des places publiques et qu'elle veut enlever les croix des cimetières ?

Si ce n'est aucun de ces motifs qui a pu vous déterminer, je suis bien forcé de croire que c'est l'ambition qui vous a conduit.

Vous êtes entré dans les rangs républicains au moment même où tous les hommes de foi, chrétiens ou simplement déistes comme Jules Simon, en sortent ou songent à en sortir. Vous êtes entré dans les rangs républicains au moment même où l'on fait un crime à un fonctionnaire d'aller à la messe, où tout citoyen qui fait publiquement profession de croire en Dieu, ou qui veut donner à ses enfants une éducation chrétienne, est regardé comme un ennemi de la République. En faisant solennellement adhésion au Gouvernement de la République, à l'heure actuelle, ne m'autorisez-vous pas à dire que vous êtes ou dupe ou complice des ennemis de la religion ? Dupe, si la droiture de votre cœur vous fait penser que la République actuelle n'est pas une République athée et hostile au christianisme. Complice, si en reconnaissant, comme tout homme éclairé et de bonne foi peut le faire, que le Gouvernement actuel est l'ennemi juré de la religion et du Dieu dont vous êtes le ministre, vous n'avez pas hésité malgré cela à vous rallier à la République et à lui promettre votre concours.

Et que dites-vous pour votre justification ? « J'ai défendu, écrivez-vous, ma foi, ma religion, mes frères dans le sacerdoce. »

Vous avez défendu votre foi et votre religion ? Comment cela ? En comparant la célébration de la messe et des vêpres à la confection d'une paire de bottes, en plaisantant sur les sujets les plus sacrés. Vous avez une chaire dans votre église, monsieur l'Abbé, pour défendre votre religion, et vous n'aviez pas besoin de monter sur les planches d'un théâtre pour amuser un public de libres penseurs par des plaisanteries malséantes. Je ne vois pas ce que la religion a pu gagner à cette exhibition et chacun comprend trop, sans qu'il soit besoin d'insister, ce qu'elle a pu y perdre.

Vous avez défendu la religion ? Et lorsqu'on vous demandait ce que vous pensiez de la loi sur l'enseignement, vous avez répondu que la loi était votée, qu'il fallait s'y soumettre. Vous n'avez pas eu un mot pour réprouver ces Manuels pernicieux dont on impose la lecture aux enfants contre le vœu de leurs parents. Ces Manuels, vous les condamnez sans doute, vous n'avez pas voulu le dire de peur de perdre un ou deux suffrages. En disant qu'il fallait se soumettre à la loi, vous avez peut-être rendu à César ce qui appartient à César, mais vous n'avez pas rendu à Dieu ce qui appartient à Dieu.

Vous avez défendu vos frères dans le sacerdoce ? Comment ? En les présentant comme des jouets indispensables au peuple français, comme des boucs émissaires nécessaires pour porter les péchés du Gouvernement de la République, en les comparant à la lune rousse ; pour un peu, vous les auriez, comme votre ami Paul Bert, assimilés au phylloxera. Vous avez fait rire à leurs dépens, c'est ce que vous appelez les défendre. S'il en est quelques-uns qui vous aient remercié, — ce dont je doute, — c'est qu'ils ne sont pas difficiles.

Vous n'avez pas même eu le courage de protester par une phrase, par un mot, contre la suspension de traitement dont plusieurs de vos « frères dans le sacerdoce » ont été victimes. Lisez le *Parlement*, vous verrez qu'il y a des républicains plus courageux que vous.

C'était pourtant le cas, ou jamais, de montrer votre droiture de cœur. Et qui aurait pu vous en vouloir de défendre vos frères, de protester contre une injustice dont ils souffrent ! Il est vrai que cela vous eût fait perdre quelques voix, et cette considération primait, pour vous, toutes les autres.

C'est cette même crainte qui vous a empêché, malgré votre droiture de cœur, de reconnaitre toutes les améliorations qui ont été apportées au sort de l'ouvrier, soit au Creusot, soit à Montceau. C'est cette crainte encore qui vous a empêché de protester contre la désaffectation du petit séminaire d'Autun, etc.

J'abrège, monsieur l'Abbé, et je conclus.

Malgré toutes vos concessions et toutes vos réticences, malgré la division qui a éclaté dans le camp des républicains, malgré l'absence d'un candidat franchement conservateur, vous n'avez pu être élu. Grâce aux circonstances qui vous ont été particulièrement favorables, vous avez réuni plus de 4,000 voix. Que ce résultat ne vous illusionne pas et ne vous fasse pas concevoir pour l'avenir un espoir de revanche. Vous ne serez jamais député, car vous ne retrouverez plus une occasion pareille à celle que vous venez de manquer.

Lorsque viendront de nouvelles élections, le temps des compromissions politiques, des candidatures hybrides et équivoques sera passé, et ceux qui auront voulu chevaucher sur deux selles se trouveront... le nez par terre.

C'est pourquoi, si j'avais chance d'être écouté par vous, monsieur l'Abbé, je vous dirais : Renoncez à la politique et reprenez votre bréviaire. Restez dans votre gentille solitude. La machine politique fonctionnera bien sans vous et, si vous voulez défendre la religion, défendez-la à la fois et par vos préceptes et par vos exemples.

Vous voyez, monsieur l'Abbé, que de temps en temps, mais par extraordinaire, Grosjean peut en remontrer à son Curé et lui retourner sa pénitence, quand il lui en fournit l'occasion.

Vous savez assurément qu'il ne m'appartient pas d'y joindre une absolution que je vous souhaite de tout mon cœur le plus tôt possible.

C'est dans ces sentiments que je me fais gloire de rester l'admirateur des vertus sacerdotales qui grandissent en face des persécutions et de l'athéisme triomphant.

29 septembre 1883.

III

LE TIRE-BOUCHON

A Monsieur l'Abbé SANVERT

Vous m'avez écrit la lettre que voici :

Savigny-sur-Grosne, le 30 septembre 1883.

Monsieur le Rédacteur,

Je viens de lire entièrement votre seconde *Lettre du village*.
Je n'entreprends pas de polémique avec le *Saône-et-Loire*, me souvenant des bons rapports que j'ai toujours eus avec les gérants de ce journal. De plus, je demeure dans le droit chrétien, en me refusant à la tentation de vous retourner personnellement quelques paroles amères.

Je crains aussi l'emphase et je m'en garde jusque dans mes sermons. Je n'en voudrais pas mettre dans une lettre. J'ai donné d'autre part, pendant cette période électorale, à mes discours et à mes actes, une publicité suffisante pour déterminer chez les esprits impartiaux un jugement définitif. Les voix que j'ai recueillies, dans les conditions difficiles où me plaçaient ma pauvreté, mon inexpérience, mon inhabileté, mon habit même, sont déjà, pour plusieurs, une indication favorable.

Certes, votre appréciation n'est pas à dédaigner, quoiqu'elle puisse paraître moins acceptable qu'une autre. En effet, vous aviez déjà préjugé contre moi, et n'est-il pas d'ordinaire difficile à l'amour-propre de se prendre en flagrant délit ?

Je vais être plus courageux que vous et vous avouer en toute simplicité que, voudrais-je aujourd'hui vous combattre, je serais fort empêché, car, sans compter que vous êtes plus fort jouteur, l'indiscrétion a révélé qu'il y a derrière vous, à côté de votre oreille, rien moins qu'un personnage que je ne veux pas même effleurer.

Agréez donc, Monsieur le Rédacteur, à défaut de l'hospitalité matérielle que vous refusez presque sans répondre merci, et de la pénitence que vous trouvez trop dure, cette hospitalité de cœur et d'âme, c'est-à-dire cette indulgence que je vous offre avec d'autant plus d'empressement que, pareil aux pauvres honorables, vous avez le touchant orgueil de ne pas la demander et peut-être l'humilité de vous croire indigne de la recevoir.

A. Sanvert,
Curé de Savigny-sur-Grosne.

Je suis l'homme le plus embarrassé du monde pour répondre à votre épître. Les choses y sont si finement dites, le miel et le vinaigre si savamment mêlés, les phrases si habilement tournées, contournées, compassées et légèrement alambiquées, qu'on ne sait plus y démêler la louange de la critique. À voir l'entortillage compliqué de mots et d'idées qui règne dans votre courte lettre, il me semble que vous avez dû l'écrire avec un tire-bouchon dans la tête. Si vous bannissez l'emphase de vos sermons, la préciosité et le maniéré du langage n'en doivent pas être exclus. En vérité, je serais tenté de vous répondre, comme Martine, dans la comédie : « Il faut parler chrétien, si vous voulez que je vous entende. »

Je n'y mets point tant de malice, monsieur l'Abbé, je vais droit au but et je vous expose toute ma façon de penser sans employer cet ambigu de précieuse et ce jargon pommadé d'un homme qui vise au bel esprit et fait des grâces.

J'ai dit et je répète qu'en posant votre candidature à la députation et en vous ralliant à la République vous n'aviez été utile ni à votre religion, ni à votre patrie : m'avez-vous prouvé le contraire ? Non.

J'ai dit et je répète qu'en vous présentant à la députation et en vous ralliant à la République, vous vous étiez conduit ou comme un Gribouille politique, ou comme un ambitieux vulgaire et sans scrupules : m'avez-vous prouvé le contraire ? Non.

J'ai dit et je répète qu'en vous ralliant solennellement à la République dans les circonstances actuelles, vous étiez devenu ou dupe ou complice des persécutions que ce Gouvernement a dirigées et dirige encore contre la religion catholique et ses prêtres : m'avez-vous prouvé le contraire? Non.

Et que répondez-vous donc? Vous ne savez que rabâcher vos mots de pénitence et d'indulgence. C'est le cas de vous dire : « Médecin, commencez par vous guérir. »

Quoi encore? Vous faites valoir le chiffre des voix que vous avez recueillies. La belle affaire! Apparemment, pour vous, le succès est tout dans une lutte électorale. Me Laguerre s'excusait, l'autre jour, de s'être marié à l'église, contraint et forcé; il se vantait de n'avoir pas fait baptiser son enfant: la semaine dernière, vous désapprouviez, j'en suis sûr, cette conduite. Cette semaine, vous avez bouche close parce que Me Laguerre a obtenu 4,700 voix. Voilà votre théorie! Quant à moi, je crois que la vérité est toujours la vérité, nonobstant les décisions du suffrage universel. Et s'il plaisait à dix millions d'électeurs d'affirmer par leurs suffrages que deux et deux font cinq, je persisterais à croire que deux et deux font quatre. Vous pas. Vous vous inclineriez devant la décision des électeurs. Je ne pense pas de même. J'ai trouvé, avant le jour du scrutin, votre candidature déraisonnable; les 4,118 voix que vous avez obtenues n'ont pas modifié mon opinion. Vous auriez eu 8,236 voix, vous auriez été élu, que j'aurais encore pensé de même.

Vous m'opposez mon erreur d'appréciation; j'avais cru, en effet, — je ne fais aucune difficulté de le reconnaître, — que vous recueilleriez un nombre plus restreint de suffrages, mais j'ignorais alors que vous obtiendriez le patronage des opportunistes ministériels et que vous l'accepteriez. A ce propos, croyez-vous, monsieur l'Abbé, que les opportunistes et les républicains qui ont voté pour vous aient fait par là acte d'adhésion à vos croyances catholiques? Non! ils ont voté pour vous, non point parce que vous êtes un prêtre catholique, mais quoique vous soyez un prêtre catholique. Ils ont acclamé en vous l'homme qui rompait avec l'admirable discipline du clergé catholique français ; ils ont cru encourager en vous l'esprit d'insubordination. Je veux croire, monsieur l'Abbé, qu'ils se sont trompés ; je veux croire que, la lutte finie, vous allez rentrer dans les rangs d'où vous n'auriez pas dû sortir. C'est dans cet espoir que je termine cette controverse.

Vous ne voulez pas, dites-vous, entreprendre de polémique avec le *Saône-et-Loire :* 1º en souvenir des bons rapports que vous avez toujours eus avec les gérants de ce journal ; 2º parce que je suis plus fort jouteur ; 3º parce qu'il y a derrière moi un personnage que vous ne voulez pas même effleurer. La première raison fait honneur à votre cœur ; la deuxième prouve en faveur de votre modestie excessive ; quant à la troisième, elle trouve votre perspicacité en défaut. Le personnage éminent auquel vous faites allusion est resté complètement étranger à cette polémique, j'ignore même s'il a lu les lettres que je vous ai adressées. Tenez cela pour certain.

Quant à moi, j'incline à croire que vous ne donnez pas la véritable raison qui vous fait décliner cette polémique. J'ai lieu de penser, en effet, que si vous fuyez ce débat, c'est que vous sentez combien votre situation est fausse et combien, malgré votre talent, j'aurais beau jeu contre vous, même sans me livrer à votre égard à des personnalités amères, même en me renfermant rigoureusement dans le domaine de la discussion des principes.

Je voudrais croire aussi, monsieur l'Abbé, que vous fuyez le débat parce que vous trouvez qu'il a été fait assez de bruit autour de votre nom, parce que vous aspirez, après tant de tapage, au repos, au silence, à la méditation. Votre lettre serait alors le dernier roulement du tambour. Je le souhaite pour vous, car les tambours inexpérimentés comme vous se donnent souvent des coups de baguettes sur les doigts.

6 octobre 1883.

IV

LE NOUVEAU PÉTARD DE L'ABBÉ SANVERT

A Monsieur l'Abbé SANVERT

Candidat perpétuel.

Il y avait au siècle dernier un abbé italien plein de verve et d'esprit qui faisait sa société habituelle des philosophes, des encyclopédistes et de tout le clan qui avait pour mot d'ordre le refrain de Voltaire : « Ecrasons l'infâme! » Il vivait en excellents termes avec eux tous, il faisait leurs délices par ses contes et ses amusettes malignes à tel point que Diderot écrivait en parlant de lui : « Si l'on faisait des abbés Galiani chez les tabletiers, tout le monde voudrait en avoir à la campagne. »

Marmontel nous a laissé de l'abbé Galiani ce joli portrait :

« L'abbé était de sa personne le plus joli petit Arlequin qu'eût produit l'Italie; mais sur les épaules de cet Arlequin était la tête de Machiavel. Epicurien dans sa philosophie, et, avec une âme mélancolique, ayant tout vu du côté ridicule, il n'y avait rien, ni en politique ni en morale, à propos de quoi il n'eût quelque bon conte à faire. »

Peut-être trouverez-vous dans ce portrait quelques points de ressemblance avec un autre abbé que vous connaissez bien, mais ce n'est pas là que je veux en venir.

Forcé de rentrer en Italie, l'abbé Galiani entretint une correspondance avec les philosophes et aussi avec la célèbre Mme d'Épinay. Un jour cette dernière lui envoya un extrait du Dictionnaire philosophique de Voltaire. Et l'abbé de lui répondre spirituellement : « Vous m'avez fait transcrire un morceau de Voltaire pour me l'envoyer. Si je voulais me venger, je transcrirais un morceau de mon bréviaire et je vous l'enverrais. »

Le passage de Voltaire, envoyé par Mme d'Épinay, avait trait à son article sur la curiosité. Sa lecture suggéra à l'abbé Galiani les réflexions suivantes que je vous conseille de méditer :

« J'avoue que le morceau *Curiosités*, de Voltaire, est superbe, sublime, neuf et vrai. J'avoue qu'il a raison en tout, si ce n'est qu'il a oublié de sentir que la curiosité est une passion, ou, si vous voulez, une sensation qui ne s'excite en nous que lorsque nous nous sentons dans une parfaite sécurité de tout risque. Le moindre péril nous ôte toute curiosité et nous ne nous occupons plus que de nous-même et de notre individu. Voilà l'origine de tous les spectacles. Commencez par assurer des places sûres aux spectateurs, ensuite exposez à leurs yeux un grand risque à voir. Tout le monde court et s'occupe. Cela conduit à une autre idée vraie, c'est que plus le spectateur est sûr, plus le risque qu'il voit est grand, plus il s'intéresse au spectacle. *Il faut présenter des gens dans la position la plus embarrassante à des spectateurs qui ne le sont pas.* Il est si vrai qu'il faut commencer par mettre les spectateurs à leur aise, que s'il pleuvait dans les loges, si le soleil donnait sur l'amphithéâtre, le spectacle est abandonné... Tout mauvais vers, obscur, entortillé, est un vent coulis dans une loge. »

Comme tout cela est juste et bien dit, quoique un peu tortillé !

Vous avez appliqué, sans le savoir, monsieur l'Abbé, les conseils de Galiani ; vous avez spéculé sur la curiosité publique dans votre récente conférence de Chalon. Exhiber sur les planches d'un théâtre, en présence d'un auditoire sceptique et gouailleur, formé en majeure partie de radicaux ou de libres penseurs, un prêtre qui va discourir sur le Concordat, c'est bien, comme le voulait Galiani, « présenter des gens dans la position la plus embarrassante à des spectateurs qui ne le sont pas. »

Quel risque couraient vos auditeurs? Aucun, sinon celui de s'ennuyer.

Quel risque pouvait leur offrir le spectacle? Celui de voir un prêtre faisant des concessions pour arracher des applaudissements, et réunissant à la fin de son discours dans une même acclamation Jésus-Christ, la République et M. Charles Boysset. Voilà pourquoi la foule avait rempli le théâtre de Chalon, occupé toutes les places, pourquoi l'assistance était plus nombreuse qu'elle ne fut jamais, même à une représentation de la *Mascotte*, des *Cloches de Corneville* ou de la *Fille de Mme Angot*.

Vous avez donc réussi à surexciter vivement la curiosité chalonnaise. C'est un fait. Je le constate. Mais quel résultat utile en avez-vous obtenu? Je ne le vois pas.

Sans votre intervention tapageuse, M. Ch. Boysset aurait débité devant trois pelés et quatre tondus ses rengaines habituelles contre le Concordat et le budget des cultes. Le thème est si usé que le public en est las. Par votre présence, vous avez donné un regain d'intérêt à toutes ces déclamations. On est venu les écouter, pour avoir le plaisir de vous voir argumenter, et l'on était bien décidé d'avance à vous donner tort et à donner raison à votre adversaire.

C'est ce qui s'est produit. M. Ch. Boysset qui, sans vous, aurait endormi ses rares auditeurs, s'est vu, grâce à vous, applaudi chaleureusement; on lui a fait une ovation à laquelle vous avez cru devoir vous associer en poussant le cri de : Vive Boysset !

Où est, dites-le moi, si vous le pouvez, le bénéfice pour la cause que vous défendez? Quel avantage la religion a-t-elle retiré de cette comédie?

Avez-vous agi dans l'intérêt de la religion ou dans votre intérêt personnel, ou avez-vous obéi aux deux mobiles réunis? Si vous avez agi dans l'intérêt de la religion, je viens de vous prouver, et j'y reviendrai tout à l'heure, que vous n'avez pas atteint votre but. Si vous avez voulu servir la cause de votre ambition personnelle, je n'aurai pas de peine à démontrer que vous n'avez guère mieux réussi.

Qui prétendiez-vous gagner? Ce sont les républicains et leurs suffrages futurs.

Que pensent de vous les républicains après vos exhibitions des 3 et 5 janvier? Voici le portrait qu'une feuille radicale trace de vous :

« Faut-il vous présenter l'abbé Sanvert? Court, trapu, suant la santé à pleins pores, il a une bonne grosse figure réjouie où la finesse, la bonhomie et la bonté se peignent tout à la fois. *L'abbé passe volontiers chez le coiffeur, et ses cheveux, correctement séparés sur le milieu du front, frisottent aux extrémités avec un art qui n'exclut pas la grâce.* Le nez est correct, les yeux dénotent une âme bien trempée, une intelligence vive et alerte. La main est soignée comme une main de prélat. Sans doute M. l'abbé Sanvert rêve de porter la crosse. A la boutonnière, un ruban violet qui ne se cache pas. A quoi bon une fausse modestie ! »

Et plus loin : « Il faut que l'abbé Sanvert choisisse. S'il prend le chemin de Rome, il tourne le dos à la République ; s'il vient à nous, il renouvellera la lutte du pot de terre contre le pot de fer. Pauvre abbé ! Il parle de l'habit de Saint-François-de-Sales. C'est la tunique de Nessus qu'il porte attachée à ses épaules. »

Reniez votre foi, c'est à cette condition que les radicaux vous accepteront parmi eux.

Et les opportunistes qui, par haine de M. Ch. Boysset, auraient dû, pensiez-vous peut-être, vous acclamer, sont-ils plus flatteurs? Lisez ce que dit de vous leur organe, le *Progrès de Saône-et-Loire* :

« Le pauvre curé a été fort au dessous de ce que l'on attendait de lui. Il est resté écrasé sous le poids de sa tâche, et sans ses réparties spirituelles à quelques interruptions maladroites, l'orateur n'aurait excité que des rires et des murmures.

« Et puis chacun commence à lire dans le jeu de ce brave abbé. Au premier abord, il a eu un succès de curiosité. Aujourd'hui on commence à comprendre qu'il se moque un peu trop fort de la crédulité républicaine, et l'on est prêt à lui montrer qu'il a tort de prendre les républicains pour des niais faciles à duper. Nous avions prévu ce résultat, nous engageons vivement l'abbé à le méditer s'il ne veut pas s'attirer dans l'avenir des mésaventures. Nous devons reconnaître cependant que M. Sanvert est un habile homme et un COMÉDIEN CONSOMMÉ.

. . . .

« M. l'abbé Sanvert n'a pas l'esprit politique. Il ne poursuit qu'un but de réclame. Il tient surtout à *faire du tapage autour de son nom et se soucie peu du reste.* Il a fourni à M. Boysset, comme nous l'avions prédit, un triomphe facile. »

Voilà comment on vous juge dans ce parti républicain, auquel vous faites, en pure perte, toute sorte de mamours et de cajoleries.

Votre ambition ne trouvera pas dans ces épigrammes acérées la satisfaction qu'elle cherchait.

Quant à la cause que vous défendiez, eût-elle eu un meilleur avocat, qu'elle n'aurait pas triomphé devant un auditoire aussi imbu de préjugés et de préventions.

Pour un homme de bonne foi, la question du budget des cultes est bientôt jugée. Il suffit de relire attentivement les articles 13 et 14 du Concordat pour voir que l'État en payant au clergé français 50 millions par an ne fait qu'acquitter une dette. L'État, en 1789, a confisqué des biens appartenant au clergé et dont la valeur dépasserait aujourd'hui 4 milliards ; plus tard, lorsqu'il a fait avec l'Église ce traité de paix qui s'appelle le Concordat, les deux contractants se sont faits de réciproques concessions; l'Église (art. 13 du Concordat) a promis ne n'exercer aucune revendication sur les biens ecclésiastiques; l'État, de son côté (art. 14), a promis d'assurer un traitement convenable aux évêques et aux curés.

Voilà toute la question. Pour un homme de bonne foi, elle est aussi simple que deux et deux font quatre. Mais vous discuteriez pendant des heures que vous n'arriveriez pas à convaincre des hommes qui s'obstinent à penser que 2 et 2 font 22. Vous l'avez bien vu.

Vous avez donc perdu votre temps et votre peine, et vous seriez assez déconfit si vous n'aviez pour vous consoler quelque petite satisfaction d'amour-propre, celle qui consiste, par exemple, à voir les journaux constater que vous avez la langue bien pendue et la riposte facile, tout cela parce que vous aurez répliqué à un interrupteur qui vous criait : « Assez, vous nous endormez! — Eh bien! mon cher ami, si vous vous endormez, allez vous coucher! »

A d'autres interruptions, vous avez répondu aussi heureusement par des balivernes de ce genre. Je n'irai pas jusqu'à dire, comme l'a fait un journal, que « vous avez dû méditer longtemps sur les interruptions auxquelles vous pouviez être exposé, que vous les avez classées par catégorie et que vous avez pour chacune d'elles une réponse toute prête. » Non, je vous accorde volontiers le don de répartie, mais il y a dans Saône-et-Loire au moins vingt avocats qui ont la parole et la riposte aussi faciles que vous pouvez les avoir et qui ne se croient pas autorisés pour cela à monter sur les planches et à battre la grosse caisse autour de leur nom.

D'ailleurs cette préoccupation du mot, du trait, vous a déjà joué plus d'un tour. Lors de vos premières exhibitions, vous aviez accusé Buffon d'avoir diffamé les tourterelles et vous aviez parlé « du flot solide qui vous portait ».

Lundi, vous avez eu un mot malheureux pour un prêtre, vous avez dit : « La religion est l'hôpital du cœur de la femme. » Vous donnez à croire — ce qui n'est pas votre pensée, j'imagine — que les cœurs malades seuls recourent à la religion. Vous n'avez pas su résister au plaisir de placer un mot à effet.

Je termine. Vous jouez, monsieur l'Abbé, un rôle dangereux ; je vous ai déjà dit ce que je pensais de votre ralliement à la République à une époque où la République fait à la religion dont vous êtes le ministre une guerre implacable. D'autres avant vous ont essayé cette alliance entre l'Evangile et la *Marseillaise*, ils ont échoué et ils étaient autrement forts que vous. Je vous conseille de méditer ces paroles d'un des plus brillants écrivains de ce temps, A. de Pontmartin, qui disait à propos de Lamennais :

« Dans le domaine religieux, on arrive toujours à un point où le principe d'autorité reprend ses droits, où le catholique doit se soumettre ou se démettre, où la discipline n'admet pas de Labordère. »

Veillez à ce que les entraînements de la politique ne vous amènent pas à être le Labordère du clergé.

Puisque j'ai parlé en commençant de l'abbé Galiani, ce « colibri à œil d'aigle », c'est aussi par lui que je veux finir. Un de ses contemporains raconte ainsi les derniers moments du célèbre abbé :

« Galiani demande un confesseur et veut recevoir les derniers sacrements. Quoiqu'il soit d'une faiblesse extrême, il se lève, s'habille avec soin en grand costume de gala et se fait conduire dans sa galerie. Là, au milieu de toute sa famille et de tous ses amis accourus en foule, il prononce une courte allocution ; il déclare qu'il meurt dans les sentiments d'un catholique chrétien et qu'il espère du Seigneur le pardon de ses fautes publiquement avouées. Puis, au milieu de la vive émotion de tous les assistants, il reçoit le viatique, et se faisant porter dans les bras de ses serviteurs, il accompagne le Saint-Sacrement jusqu'à la porte de son palais, disant qu'on peut bien se déranger pour le bon Dieu, quand on s'est dérangé tant de fois pour les hommes. »

Je vous souhaite, monsieur l'Abbé, de finir — le plus tard possible bien entendu — comme a fini l'Arlequin — Machiavel Galiani.

10 janvier 1885.

V

OMBRE ET LUMIÈRE

A Monsieur l'Abbé SANVERT

Je me suis fait une loi d'accorder à mes adversaires la plus large hospitalité ; voilà pourquoi j'insère textuellement votre lettre, quoique certain passage, dans votre propre intérêt, eût mérité de passer sous les ciseaux de la censure.
Monsieur l'Abbé, vous avez la parole :

Savigny-sur-Grosne, 11 janvier 1885.

Monsieur le Rédacteur,

Je lis dans la *Lettre du village* que vous m'adressez : « On était décidé d'avance à vous donner tort et à donner raison à votre adversaire. »
Voilà, vous l'avouerez, une disposition qui atténue singulièrement les critiques de quelques-uns de vos confrères en journalisme, et en particulier celles de ce brave Josserand auquel vous empruntez, pour la bonne cause, quinze ou vingt lignes.
M. Josserand me traite effectivement de comédien. Le mot, chez lui, n'est pas en grosses lettres, mais vous aviez peur qu'il échappât à vos lecteurs : vous l'y avez mis. Un autre rédacteur m'appelle saltimbanque. Pour ne pas détoner dans ce concert, vous me surnommez Arlequin : tous ces vilains qualificatifs, parce que j'ai résolu de défendre avec toute l'énergie de mon âme, et j'ajoute, réussi à défendre ce morceau de pain que la séparation de l'Église et de l'État arracherait violemment à 30,000 desservants !
Voilà mon dernier crime ! et comme si son énormité ne méri-

lait aucune circonstance atténuante, votre impartialité habituelle vous fait défaut. Vous me comparez (l'esprit en moins) au sceptique Galiani. Toutefois, vous ne désespérez pas de mon salut. Vous souhaitez qu'à mon lit de mort je donne le bon exemple de la réception des sacrements. Pour un peu, vous feriez déjà commencer une neuvaine à mon intention. C'est fort! Et vous me pardonnerez cette prédisposition de Bourguignon, je n'ai pas pu m'empêcher de rire.

Au fond, c'est bien un peu pour faire rire que vous écrivez vos jolies « Lettres du village. »

Vous posez et résolvez en dix lignes la question du Concordat, et vous ajoutez sur un ton particulier à MM. du journal : « Il n'y a pas autre chose à dire, c'est simple comme deux et deux font quatre. »

Croyez-moi, j'ai beaucoup étudié cette question ; elle n'est pas toute dans la suppression ou dans le maintien du budget des cultes. Elle est surtout dans la paix religieuse, paix à laquelle on attenterait par cette séparation, ce divorce entre l'Église et l'État.

Il n'est pas exact non plus (j'ai lu ce même détail dans la *Petite Tribune*, mais je ne l'ai pas rectifié, ce journal étant de mauvaise foi), il n'est pas exact, dis-je, qu'on ait fait à M. Boysset une ovation à Chalon. Sur deux mille auditeurs, groupés au Colisée, c'est à peine si quarante l'ont applaudi, et sur ce même nombre réuni au théâtre, le jour de ma conférence, il n'y avait pas deux cents personnes disposées à manifester si haut en faveur de la croisade antireligieuse.

J'ai, pour mon compte, rendu justice à la modération, à l'esprit de discussion de mon contradicteur, et sans mêler, comme un résumé trop succinct le pourrait faire croire, le nom de J.-C. avec celui de M. Boysset, j'ai porté un vivat à ce vieillard représentant de la ville de Chalon.

Il faut toute votre souplesse d'esprit pour tirer parti contre moi d'un procédé courtois et d'une simple politesse.

Ceci n'est rien ; mais avec un membre de phrase extrait de mon discours, vous avez donné à vos lecteurs une interprétation beaucoup plus grave, que je suis obligé de rectifier et qui va m'entraîner, je vous en demande pardon, à une citation un peu longue.

« Lundi, vous avez eu, je vous copie, un mot malheureux pour un prêtre ; vous avez dit : « La religion est l'hôpital du cœur « de la femme. » Vous donnez à croire, ce qui n'est pas votre pensée, j'imagine, que les cœurs malades seuls recourent à la religion. Vous n'avez pas su résister au plaisir de placer un mot à effet. »

Voici maintenant ma justification :

« La femme !... Qui donc plus qu'elle a besoin de cette religion chrétienne qui n'est à proprement parler que le culte de la douleur.

« La femme !... « La loi la traite, a dit un moraliste, en « mineure pour ses biens, en majeure pour ses fautes. » La religion seule est son appui et, au besoin, par la bouche du Maître, son défenseur.

« La femme !... A 20 ans et pour les superficiels, elle semble légèrement lestée de morale. Attendez un peu. Les chagrins sont embusqués au tournant des courts chemins de ses plaisirs. Il vient vite pour tous, mais surtout pour la femme, ce jour où, repoussée, vieillie, la religion devient si j'ose ainsi dire, l'hôpital de son cœur. La vieille femme !... Ce mot a quelque chose d'injurieux, il échappe souvent avec un sourire, mais ne rions pas, Messieurs. A un moment donné, il qualifie ce que nous avons le plus aimé, même légitimement, il qualifie nos mères.

Heureux l'homme à qui Dieu donne une sainte mère !
En vain la vie est triste et la mort est amère !
Qui peut douter sur son tombeau ?...

(LAMARTINE.)

« Vous l'avez aussi rencontrée cette éplorée de dix-sept ans, pauvre ouvrière de la grande ville réduite à ouvrir son cœur et à le mettre en étalage sur le devant de la rue. S'il a des blessures, tant mieux ! S'il souffre, tant mieux ! Cela a un parfum pour les blasés même, et se paye moins cher.

« Lève-toi, créature de Dieu, et laisse-moi crier pour toi qu'il te fallait trop de vertus peut-être pour ne pas tomber, mais qu'il te faut de l'espoir, du pardon pour te réhabiliter, c'est-à-dire encore de la religion, car la religion n'est qu'espoir et que miséricorde ; lève-toi donc et allons ensemble demander aux puissants du jour d'épargner au moins ce crucifix de bois que t'a légué ta mère, gage sacré d'amour qu'on ne te reprochera pas. »

Vous avez cité Galiani ; il a écrit sur ce même sujet : « L'incré-
« dulité est le plus grand effort que l'homme puisse faire contre
« son propre instinct, son goût, sa raison ; il est par là démontré
« que la plus grande partie des hommes et presque toutes les
« femmes ne seront jamais incrédules. »

Elles ne peuvent pas, en effet, se retenir sur le penchant qui les incline vers Dieu. Et voilà justement ce que j'ai établi. M. de Bonald avait eu la même pensée : « L'irréligion sied mal « aux femmes. Il y a là trop d'orgueil pour leur faiblesse. »

Allez-vous dire que ce philosophe a prononcé un mot malheureux et a laissé entendre qu'il n'y a que les faibles, que ceux qui n'ont pas l'âme haut placée qui puissent être religieux.

Je termine.

On l'a dit avant moi : c'est à l'ombre qu'il projette qu'on s'aperçoit qu'un corps est dans la lumière ; c'est à l'opposition qui l'accompagne qu'on reconnait souvent qu'une opinion est dans la vérité.

J'aime mieux, entendez bien, être critiqué de droite et de gauche que de me jeter dans l'une ou l'autre coterie. Je veux appartenir à tous les partis par leurs bons côtés et n'être à aucun par leurs mauvais. Ainsi, par exemple, malgré toute votre vivacité contre moi, je ne suis pas aveugle sur votre mérite, sur votre talent, sur votre finesse d'esprit, sur votre goût littéraire. Je ne fais mes réserves que sur votre opinion, et encore, remarquez, parce que je la crois sincère, je la respecte. Eh bien! mon cher Rédacteur, je ne vous demande que pareille justice.

Agréez l'expression de mes sentiments respectueux.

A. Sanvert.

Les compliments à mon adresse qui terminent votre lettre me rappellent ces lignes d'Ernest Renan, le plus grand sceptique de notre temps :

« Je dis à chacun ce que je suppose devoir lui faire plaisir. Voué par une sorte de parti pris à une politesse exagérée, je cherche trop à savoir ce que mon interlocuteur a envie qu'on lui dise. Mon attention, quand je suis avec quelqu'un, est de deviner ses idées et, par excès de déférence, de les lui servir anticipées. Cela se rattache à la supposition que très peu d'hommes sont assez détachés de leurs propres idées pour qu'on ne les blesse pas en leur disant autre chose que ce qu'ils pensent. »

Vous suivez exactement la méthode de Renan. Dans vos exhibitions théâtrales, comme dans vos polémiques avec les journaux, « vous dites à chacun ce que vous supposez devoir lui faire plaisir et vous cherchez trop à savoir ce que votre interlocuteur a envie qu'on lui dise. »

A la fin de votre réplique au député de Chalon, vous criez : *Vive Boysset!* A la fin de votre réponse à ma lettre, vous n'allez pas jusqu'à crier : *Vive Jean Lavigne!* mais vous m'accablez de compliments.

Ce qui, chez M. Renan, est un parti pris de politesse exagérée, pourrait bien n'être chez vous qu'un calcul d'habile politique. Ces amabilités de la fin me rappellent le morceau de sucre qu'on promet aux enfants pour leur faire avaler une potion fade ou amère.

Les hommes se laissent facilement prendre aux compliments, comme les enfants se laissent gagner par les bonbons, comme les mouches s'engluent au miel.

Quelque envie qu'on ait de vous critiquer, on se sent désarmé par vos douceurs, et l'amour-propre se mettant de la partie, on se dit en savourant vos flatteries : « Après tout, ce diable d'abbé a de l'esprit et il ne faut peut-être pas se montrer pour lui aussi sévère. »

Je viens de vous faire confidence de l'impression première que j'ai ressentie à la lecture de votre lettre. Mais vos compliments une fois digérés, j'ai relu votre réponse et je vais vous dire sans acrimonie, mais aussi sans ménagement, les réflexions qu'elle m'inspire.

Vous vous plaignez d'abord de ce que j'ai repris, pour vous le renvoyer, le qualificatif de « comédien consommé » qui vous a été appliqué par un journal républicain.

Comédien! non, dites-vous, mais défenseur énergique du morceau de pain que la séparation de l'Église et de l'État arracherait violemment à 30,000 desservants.

Voyons, franchement, monsieur l'Abbé, croyez-vous que votre exhibition sur les planches du théâtre de Chalon, au milieu d'une foule de curieux et de gens prévenus, ait rendu un service à la cause que vous vouliez défendre? Non! les gens qui assistaient à votre représentation n'allaient pas là pour s'éclairer, pour se convaincre, ils allaient à un spectacle dont la nouveauté alléchait leur curiosité et qui avait pour eux le grand mérite d'être gratuit. Donnez encore une dizaine de conférences à Chalon, à la dixième, la salle sera à moitié vide.

A mon avis, si vous avez espéré que la religion retirerait quelque avantage de votre exhibition théâtrale, vous êtes un naïf; si, au contraire, vous n'avez cédé qu'au désir de faire du bruit autour de votre nom, l'épithète de comédien n'est peut-être pas trop forte.

Ou naïf ou comédien, il faut choisir. Si le qualificatif de comédien vous déplaît, mettons, si vous le voulez, que vous êtes un Alcibiade en soutane, toujours prêt à couper la queue de son chien pour faire parler de lui.

Poursuivons.

La question du Concordat, ajoutez-vous, n'est pas tout entière dans la suppression ou dans le maintien du budget des cultes.

Je le sais bien, mais pour le gros public auquel vous vous adressiez, tout est là. Les cinquante millions que l'on donne au clergé et qui lui sont dus en vertu du Concordat sont l'amorce avec laquelle on attrape les badauds. Ces 50 millions, on les promet à tout le monde, aux instituteurs, aux ouvriers, aux cultivateurs. Et si on les prenait, il en serait d'eux comme des 35 millions que l'on a enlevés aux rentiers par la conversion du 5 0/0 en 4 1/2, ils disparaîtraient dans le gouffre insondable où s'enfouissent nos milliards.

C'est par cet unique côté que le public auquel vous vous adressiez envisage la question de la séparation de l'Église et de l'État. Voilà pourquoi je m'en suis tenu là. Il n'entrait pas d'ailleurs dans ma pensée d'entreprendre avec vous une nouvelle controverse sur cette question. Mon unique but était de démontrer l'inutilité et le désavantage de votre intervention. Et, malgré tout, je crois ma démonstration complète.

Que dites-vous encore ? Vous essayez d'expliquer votre cri de *Vive Boysset!* Il s'agit, à vous entendre, d'une simple politesse, d'un procédé courtois qui ne tire pas à conséquence.

Eh bien! croyez-moi, monsieur l'Abbé, ce vivat a produit la plus détestable impression. C'est lui qui, en grande partie, vous a valu l'épithète de comédien. Quoi! vous venez « défendre avec toute l'énergie de votre âme » le morceau de pain que le Concordat donne au clergé, et vous terminez votre plaidoyer par une acclamation en faveur du député qui le premier a proposé la suppression du budget des cultes, qui a été l'adversaire le plus opiniâtre, l'ennemi le plus acharné du clergé. Comment voulez-vous que le mot de comédie ne vienne pas sur les lèvres surtout lorsque la scène se passe dans un théâtre? Vous dites: « C'était une simple politesse! » et la galerie pense : « C'était, pardonnez-moi l'expression, un *truc* final pour enlever les applaudissements.

Faut-il parler de votre mot sur la femme qui fait le sujet de votre dernière réclamation? J'aimerais mieux m'en taire et j'aurais préféré que vous n'eussiez pas, sur ce point, usé de votre droit de réponse, car votre défense est malheureuse.

Vous vous défendez en reproduisant votre tirade sentimentale sur la femme. La phrase que j'avais relevée s'y trouve; vous ne rectifiez donc rien. Mais vous condamnez les lecteurs à parcourir ce verbiage d'une sensiblerie affectée, cet ithos et ce pathos imités de Michelet. Je ne vous en fais pas mon compliment. Je vous plains de n'avoir pas senti ce que votre phrase sur la jeune ouvrière des grandes villes a de déplacé dans la bouche d'un prêtre.

Qu'il avait donc raison le moraliste qui disait : « Ah! quand les gens d'esprit se trompent, c'est dans la perfection. »

Je n'insiste pas. J'arrive à votre conclusion.

Je passe sur le petit compliment que vous vous adressez c'est à l'ombre qu'il projette, dites-vous, qu'on s'aperçoit qu'un corps est dans la lumière. Il me semble que vous vous préoccupez beaucoup trop de l'ombre que vous pouvez projeter et pas assez de la lumière que vous devriez répandre.

Vous vous applaudissez d'être discuté et critiqué par tout le monde à droite comme à gauche, et vous n'êtes pas loin de dire : Cela prouve combien j'ai raison ! A cela je réponds : La maréchale Booth qui commande ces troupes passablement grotesques qui sont connues sous le nom d'*Armée du Salut* est bien autrement discutée que vous ; son nom a été répété par toutes les gazettes du monde : cela prouve-t-il qu'elle ait raison, et l'ombre considérable qu'elle projette indique-t-elle qu'elle soit en pleine lumière. Et M. Loyson donc ? L'a-t-on assez discuté à droite comme à gauche ? L'opposition presque unanime qui l'accompagne démontre-t-elle qu'il est dans la vérité ? Je vous laisse le soin de répondre.

Vous terminez en disant : « Je veux appartenir à tous les partis par leur bon côté et n'être d'aucun par leur mauvais. »

Et vous protestez contre le qualificatif d'Arlequin ! Vous le savez cependant, Arlequin n'avait pas d'habit, son maître n'avait pas de drap, il lui fit un manteau avec les meilleurs morceaux de trente-six draps usés et d'espèce différente. L'opinion que vous voulez vous faire ne ressemble-t-elle pas au manteau d'Arlequin ?

Croyez-moi, monsieur l'Abbé, il ne vaut rien de se dire l'ami de tout le monde parce qu'on risque de n'être l'ami de personne. Il ne vaut rien d'être un de ces hommes à deux fins, semblables à la charrue-canon inventée par M. Cardinal, le héros d'une spirituelle fantaisie que vous avez peut-être lue. « Oui, Madame Canivet, dit M. Cardinal, vantant l'instrument de son invention, on est en paix, c'est une charrue ; la guerre éclate, c'est un canon. » Votre opinion amphibie me semble avoir quelque parenté avec la charrue-canon de M. Cardinal.

La charrue ne valait rien, le canon pas davantage.

La *Marseillaise* et l'Évangile ne peuvent pas plus s'allier ensemble que le canon et la charrue. Renoncez donc à cette union bizarre ; ne criez plus : Vive Boysset ! criez seulement : Vive Jésus-Christ ! Restez dans votre sphère et employez les réels talents que Dieu vous a donnés à faire aimer et respecter autour de vous la religion dont vous êtes le ministre. Chacun son métier et vos ouailles seront bien gardées.

17 janvier 1885.

VI

BOUSINGOT

A Monsieur l'Abbé SANVERT

Tambour, roulez !
Voici la nouvelle lettre que vous m'adressez :

Savigny-sur-Grosne, 21 janvier 1885.

Monsieur le Rédacteur,

Je n'ai qu'un mot à vous écrire aujourd'hui.

Vous avez reproduit intégralement la lettre que m'adresse Mgr l'Évêque d'Autun, et vous épiloguez déjà sur la mienne.

Vous paraissez sourire du droit d'appel au Saint-Siège, droit qui fait de nos jours le seul contrepoids à la puissance illimitée de l'épiscopat français. Je vous plains de faire fi d'une telle garantie. C'est l'asile des faibles, et toute la législation catholique le regarde comme sacré.

C'est aussi un principe élémentaire d'impartialité et une convenance de citer dans son entier un document dont on entreprend la critique. J'ai l'honneur de vous demander cette première satisfaction, et quand vous aurez exercé votre verve de journaliste, si je me crois lésé, je vous en demanderai une autre.

Je ne me lasserai pas de rectifier ce qui, dans votre journal, me paraîtra contraire à mon honneur, à mon caractère et à mon honnêteté.

Agréez mes sentiments très respectueux.

A. SANVERT.

Vous voulez des satisfactions, monsieur l'Abbé : je suis homme à ne pas vous les ménager.

J'ai dû déjà vous satisfaire par ma réponse à votre première lettre, car vous ne soufflez pas mot de cette réplique. Je vous satisfais encore en publiant votre deuxième épitre marquée de la date historique et révolutionnaire du 21 janvier.

Cependant, malgré mon désir de ne rien négliger pour que vous soyez l'homme le plus satisfait qui existe depuis Pangloss, je résiste à votre exigence d'aujourd'hui; je ne publierai pas intégralement votre lettre à Mgr Perraud. Pourquoi? direz-vous. Je laisse au bon Bernardin de Saint-Pierre le soin de répondre : « Le melon a été divisé en tranches par la nature, écrit-il, afin d'être mangé en famille; la citrouille plus grosse peut être mangée avec les voisins. »

C'est une vraie citrouille que votre lettre en deux colonnes. Nos voisins de l'*Union républicaine*, qui ont bon appétit, ont absorbé le tout avec avidité. Chez nous, on trouverait le mets indigeste. Je me bornerai à le servir par tranches que j'assaisonnerai de mon mieux.

Votre lettre à Mgr Perraud commence par la reproduction de la note suivante, insérée dans la *Semaine religieuse* d'Autun du 1er septembre 1883 :

> De divers côtés, on s'adresse à l'Évêché pour savoir si la candidature et la campagne électorale de M. Sanvert, curé de Savigny-sur-Grosne, ont reçu l'agrément préalable de l'autorité diocésaine.
>
> Celle-ci n'a pas été mise en demeure de donner une approbation ni même un avis, puisqu'elle n'a pas été consultée. Si elle n'a pas cru pouvoir s'opposer aux démarches de M. l'abbé Sanvert, par respect pour l'exercice de ses droits de citoyen, elle entend lui en laisser l'entière responsabilité.

Cette note avait été rendue nécessaire par l'attitude que vous aviez prise et qu'il faut rappeler.

Aussitôt la succession électorale de M. Daron ouverte,

vous entrez en campagne, vous annoncez votre candidature dans les journaux sans avoir demandé l'autorisation de votre évêque. Vous donnez une série de conférences, on vous voit tour à tour dans des salles d'auberge, dans des salles de danse, dans des théâtres, vous allez de café en café. Un journal républicain raconte qu'on vous a vu, à Chagny, avec M. Josserand, votre « concurrent et compère, répandre gaiement les flots d'un apostolique champagne ».

Pour arracher les applaudissements, vous traitez avec une légèreté incroyable les questions les plus graves. On vous entend répondre à un cordonnier qui vous dit que les prêtres ne doivent pas faire de politique : « Il faut moins longtemps pour dire la messe et les vêpres que pour faire une paire de bottes. »

Pour défendre le clergé vous ne trouvez rien de mieux à dire que ceci : « Messieurs, gardez vos curés, la France en veut, ne serait-ce que pour les taquiner? Le Gouvernement qui fait des sottises de temps en temps a besoin de nous pour vous crier : « Ce sont les curés! » Si nous n'existions plus, on ne saurait plus à qui s'en prendre, absolument comme ces braves gens qui ne comprendraient plus les gelées du printemps si la lune rousse cessait de hanter leur imagination. »

Toutes ces légèretés, toutes ces inconséquences de parole et de conduite produisaient le plus déplorable effet. Ceux-là mêmes — s'il s'en trouvait dans le monde religieux — qui auraient approuvé votre candidature étaient unanimes à condamner les moyens dont vous usiez pour la défendre. Voilà pourquoi Mgr Perraud jugea avec raison qu'il devait « séparer sa cause de la vôtre, dégager sa responsabilité et ne plus laisser interpréter son silence comme une approbation ».

Après votre échec aux élections de septembre 1883, vous reprenez votre campagne, vous courez les chemins, non pas en apôtre ou en missionnaire, préoccupé du salut des âmes, mais en politicien affamé de bruit et de popularité, quêteur de suffrages, caméléon même, si j'en crois les dires d'une feuille radicale du département qui vous représente opportuniste à Chalon, clérical-libéral à Salornay, radical à Tournus, socialiste à Lugny, etc.

Au mois de juillet 1884, vous annoncez une conférence à Mâcon, sur le Concordat (celle que vous avez placée à Chalon, ce mois-ci); Mgr Perraud croit devoir mettre un terme à ce vagabondage électoral. Il lui semble, sans doute, que toutes ces agitations, tout ce tapage nomade, toutes ces courses dans les réunions publiques et les cafés, ne peuvent s'accorder avec la dignité de la vie pastorale, et il vous écrit : « Vous voudrez bien opter entre l'exercice illimité de vos droits civiques et l'exercice de vos fonctions pastorales. »

C'était vous dire nettement : « Ou renoncez à ces conférences tapageuses, ou cessez vos fonctions curiales. » Vous vous inclinez et la conférence de Mâcon n'a pas lieu.

Par une lettre adressée au *Journal de Saône-et-Loire* (nº du 9 août 1884), vous expliquiez ainsi le projet que vous aviez eu et auquel vous renonciez de vous faire entendre à Mâcon : « J'ai donné six conférences depuis huit mois et je n'ai jamais reçu, ni de près ni de loin, un seul mot de blâme de la part de mes supérieurs hiérarchiques; j'étais donc tout à fait autorisé à croire que je pouvais faire, de temps à autre, quelques discours politiques ».

Le blâme était venu. Vous reconnaissiez implicitement n'être plus « autorisé par vos supérieurs hiérarchiques à faire, de temps à autre, quelques discours politiques ». Vous compreniez parfaitement que passer outre c'eût été dire à votre évêque : « Mon choix est fait, je veux avoir ma liberté complète et je renonce à être curé. »

Et le jour où vous avez fait à Chalon une conférence qui était dans les mêmes conditions que celle de Mâcon, vous avez notifié votre choix à Mgr Perraud. Si donc vous n'êtes plus curé de Savigny, c'est que vous l'avez voulu. Vous étiez assez dûment averti pour prévoir cette conséquence de votre exhibition sur les planches du théâtre de Chalon.

Je me demande même si vous n'avez pas provoqué à dessein la mesure qui vous frappe. Ce qui me le ferait croire, c'est l'empressement que vous avez mis à faire publier la lettre de Mgr Perraud et l'étrange réponse que vous y avez faite dans l'un des journaux du département qui sont le plus ouvertement hostiles à la religion dont vous êtes le ministre.

Vous avez pensé, sans doute, que cette mise en scène, que cette bruyante révolte contre les décisions de votre évêque servirait vos intérêts électoraux. Vous vous êtes souvenu qu'en 1848, le sergent Boichot avait été élu représentant du peuple sans autre titre que son indiscipline. Vous avez rêvé d'être le Boichot de Saône-et-Loire. Vous savez qu'en ces temps troublés, un soldat en rébellion, un magistrat qui insulte ses anciens protecteurs, un préfet de police qui vide tous ses tiroirs, sont les Benjamins du suffrage universel, et vous pensez qu'un prêtre indiscipliné pourra, malgré sa soutane et grâce à son insubordination, capter une popularité malsaine. Le calcul pourrait n'être pas juste, si j'en crois les journaux républicains qui traitent de comédie votre protestation; mais, ce calcul, vous l'avez fait. Et l'on comprend, en lisant votre lettre à Mgr Perraud, que vous comptez beaucoup plus sur les suffrages des électeurs que sur votre appel au Souverain Pontife.

Pour résumer, je dis :

Si vous n'êtes plus curé, ce n'est pas parce que vous vous êtes dit républicain, ni parce que vous avez posé votre candidature à la députation, c'est :

1º Parce que vous avez posé cette candidature et que vous l'avez soutenue par des moyens qui ne conviennent pas au caractère du prêtre et du curé;

2º Parce que, averti par votre évêque de l'incompatibilité qu'il y avait entre vos fonctions curiales et une campagne électorale ainsi comprise, vous avez méprisé cet avertissement et fait connaître publiquement votre intention de passer outre, prétendant que le seul fait de votre candidature, même non acceptée par votre chef hiérarchique, devait vous mettre au dessus de certaines règles diocésaines « d'ailleurs très sages » ;

3º Parce qu'en fait dans vos conférences vous avez dit des choses absolument inacceptables dans la bouche d'un prêtre.

Maintenant, voyons ce que vous dites pour votre défense :

Je ne crois pas, lit-on dans votre lettre à Mgr Perraud, que les clercs doivent se désintéresser des questions qui vont s'agiter au Parlement, questions dont la plus importante pour eux est assurément celle de la séparation des Églises d'avec l'État, mais j'estime qu'il est bon, qu'il est très à propos que quelques-uns, parmi ceux qui se sentent du cœur, se lèvent pour défendre, toujours avec courtoisie et charité, leurs convictions et leurs droits.

Se compromettre! dira-t-on. Eh bien! oui, se compromettre, soit!... Mais défendre sa foi, sa religion, son Gouvernement, ah! on se compromettrait bien à moins.

Je compare les petites choses aux grandes. Quand ce vaillant archevêque de Paris montait hardiment sur cette tribune de pierre improvisée par les émeutiers de la rue et, pour implorer la paix, tendait ses deux bras en croix sur ce nouveau calvaire, fallait-il lui crier : Un évêque ne va pas aux barricades!

On va partout, Monseigneur, quand on est un homme de cœur, partout où il y a un acte honnête à accomplir, et j'ajoute, dans ces cas là, on n'est déplacé nulle part.

Ouvrez l'histoire. J'ai vu des prêtres parler sur la place publique, depuis saint Pierre jusqu'à Lacordaire. J'ai vu dans toute l'Italie, dans l'Allemagne, en France, des thèses politiques, théologiques, affichées et discutées, même contradictoirement, par des prêtres et des évêques au milieu des foules. Ne nous faites pas reculer au dessous des libertés du moyen âge.

J'en suis bien fâché pour vous, Monsieur, mais il est impossible d'admettre la plus lointaine comparaison entre Mgr Affre et vous, entre le père Lacordaire et vous.

Mgr Affre allait sur les barricades pour prêcher la paix,

bravait les balles ennemies et risquait héroïquement sa vie dans l'intérêt de l'humanité.

Vous, Monsieur l'Abbé, lorsque vous vous présentiez sur les planches du théâtre de Chalon, « les cheveux correctement séparés sur le milieu du front, frisottant aux extrémités avec un art qui n'exclut pas la grâce », vous ne risquiez que votre dignité et celle de votre habit dans un intérêt électoral.

Mgr Affre ne criait pas : Vive Blanqui! pour sauver sa vie; vous, Monsieur l'Abbé, vous avez crié : Vive Boysset! pour mendier des applaudissements.

Le Père Lacordaire luttait avec une éloquence merveilleuse en faveur de la liberté contre les puissants du jour; vous, Monsieur l'Abbé, vous acclamez nos maîtres de vos vivats et vous luttez avec une éloquence faite d'anas, de concetti empruntés, de déclamations mélodramatiques et boursouflées pour conquérir un siège de député.

Vous êtes bien imprudent d'évoquer de pareils noms et de pareils souvenirs. Et il faut toute votre infatuation pour l'avoir osé.

Dans une prochaine lettre je dirai ce que je pense de votre résistance à votre évêque et des « motifs canoniques » sur lesquels vous l'appuyez. Je citerai les autres passages importants de votre lettre et j'exercerai ma « verve de journaliste » à les réfuter, comme ils le méritent. Cela m'entraînerait trop loin aujourd'hui; je termine par cette réflexion.

Si vous étiez un républicain convaincu et de longue date, je pourrais trouver une excuse à votre attitude. Rien n'est respectable comme le spectacle d'un homme qui défend à ses risques et périls des idées de liberté. Cet homme peut se tromper, il peut nuire, par ses intempérances de langage, à la cause qu'il prétend défendre; sa sincérité, sans le mettre à l'abri de toute critique, doit le protéger contre tout blâme d'un homme consciencieux.

Est-ce votre cas, Monsieur l'abbé? Etes-vous le républicain convaincu et de longue date dont je veux parler? La main sur la conscience, répondez et je m'arrête.

Pour vous faciliter votre réponse, je vous pose cette simple question : Est-il vrai que vous ayez été accusé par M. Hendlé, préfet de Saône-et-Loire, de tenir des propos hostiles à la République et au Président de la République?

Si ce que je dis est vrai, et je crois que vous ne pourrez le nier, j'ai le droit de répéter que vous êtes bien le « comédien consommé » dont on a parlé, une sorte de bousingot dont les poches sont pleines de manuscrits, les discours de réticences et le cœur plein d'ambition.

24 janvier 1885.

VII

LE DERNIER RANTANPLAN

A Monsieur l'Abbé SANVERT

Depuis dimanche, vous n'êtes plus desservant de Savigny et de Malay. L'installation de votre successeur s'est faite sans bruit, d'une façon calme et digne. Ceux qui espéraient un scandale ont été déçus dans leur attente.

L'*Union républicaine*, qui vous comparait à M. Geoffroy, « le magistrat républicain que l'opportunisme a frappé, » avait prédit ce qui devait se passer :

« L'évêque, il n'y a pas à en douter, disait le journal de M. Dubief, va essayer la violence. Lui, qui a tant protesté contre les décrets, il fera peut-être appel aux gendarmes pour chasser de son presbytère M. Sanvert qui a osé, en plein théâtre, crier : « *Vive la République! Vive M. Boysset!* »

Vous même, Monsieur, vous aviez dit sur un ton quelque peu menaçant : « Il est évident que, ce jour-là, je dois être chez moi. » Tout ce tapage, que vous désiriez peut-être, a été évité. Les gendarmes sont restés chez eux et vous n'avez même pas eu, quoi qu'on en ait dit, « les larmes et les sanglots » sur lesquels vous comptiez. Il ne vous reste que votre appel au Souverain-Pontife ; vous le savez, votre cause est trop mauvaise pour que vous puissiez conserver le moindre espoir dans ce moyen. Vous n'avez plus qu'à relire la fable célèbre qui se termine ainsi :

> *Je me figure un auteur*
> *Qui dit : Je chanterai la guerre*
> *Que firent les Titans au maître du tonnerre.*
> *C'est promettre beaucoup ; mais qu'en sort-il souvent ?*
> *Du vent.*

N'étant plus entravé par les devoirs de votre ministère sacerdotal, vous pourrez, tout à votre aise, vous livrer aux ébats de la papillone discutante, ambitieuse et politiquante qui vous agite ; il vous serait peut-être agréable de prolonger indéfiniment la polémique qui s'est élevée entre nous. J'ai du moins lieu de le penser en vous voyant vous ingénier, chaque fois, à répondre à côté. Négligeant les points importants, vous vous attachez aux vétilles. Si l'on vous pose une question précise qui ne demande qu'un oui ou un non, pour réponse, vous répliquez en trois ou quatre phrases alambiquées, contournées, à sens ambigu comme les anciens oracles.

Ces petits exercices de gymnastique intellectuelle pourraient sans doute vous distraire pendant les loisirs dont vous allez jouir ; ils continueraient le bruit autour de votre nom, ce qui n'est pas fait pour vous déplaire ; vous auriez occasion certainement d'y faire valoir une grande souplesse et une subtilité raffinée, mais le débat ainsi engagé avec un contradicteur qui se dérobe sans cesse et déplace à tout instant la question n'aurait pas d'issue ni de conclusion possible. Et comme j'ai ouï dire qu'on se lasse des meilleures choses, comme mes lecteurs pourraient à la fin se fatiguer d'entendre toujours les mêmes ra, les mêmes fla et les mêmes ran, tan, plan de votre tambour, je vais mettre fin à cet entretien. Je vous donne aujourd'hui la parole pour la dernière fois.

Voici la nouvelle lettre que vous m'adressez :

Savigny-sur-Grosne, dimanche 25 janvier 1885.

Monsieur le Rédacteur,

Je commencerai ma réponse par où vous terminez votre lettre : « Est-ce vrai, me dit-on, que vous ayez été accusé par M. Hendlé de tenir des propos hostiles à la République et au Président? »
Si je vous disais : « Votre article semble venir en ligne directe de l'évêché ; on vous accuse de l'avoir purement et simplement reproduit ; de plus, se défiant outre mesure de vos capacités en fait de droit canonique, on ajoute que vous ne serez pas l'auteur de la prochaine lettre que vous annoncez. » Que me répondriez-vous? Sans doute, qu'avec des soupçons on va loin, et que c'est même par cette mauvaise voie qu'on arrive à la calomnie.
Vous revenez, pour la cinquième ou sixième fois, sur la question du local où je suis souvent contraint de parler politique, et sur les inconvénients du rôle de conférencier! Appliquez ces maximes à vos amis politiques, lors des élections générales, vous les embarrasserez certainement.
Je nie absolument, quoique ce ne soit pas nécessaire, l'histoire du « champagne apostolique ». C'est un mot pour rire.
A propos de rire, vous me reprochez trop quelques expressions, quelques saillies qui, détachées du contexte, paraissent entre vos colonnes et à la lecture bien plus graves, je crois, qu'en vérité elles ne le sont dans ma bouche. Il y a quelquefois dans la parole parlée un accent qui corrige ou modifie la parole écrite. Vous êtes orateur et vous savez ça.
Je vous trouve plus sévère encore ou plutôt moins conséquent avec l'esprit général de votre journal quand vous me soupçonnez de n'être pas un vieux républicain. Ah! mais, d'abord, attendez que je devienne vieux. Et puis on peut très bien se ranger à une forme de gouvernement, même après l'avoir combattue, ce que je n'ai pas fait. Et même aujourd'hui que j'accepte la République, n'allez pas croire que je dise *amen* à tout ce qui se fait en son nom.
Combien d'hommes même très distingués ont voté jadis pour le régime impérial et votent aujourd'hui pour le républicain!
Relisez le *Saône-et-Loire* lui-même. Voyez sa tradition politique.

Ce journal a été bonapartiste avec l'honorable M. Protat père. L'est-il aujourd'hui? Je n'en sais rien, ni vous non plus.

Lors du procès de Riom, un journal de Paris, la *France*, vous appelait : « Clérical et monarchiste ; » vous répondites : ni clérical, ni monarchiste.

Vous avez été de Chesnelong à Jules Simon. Votre religion même a varié. Sans remonter bien haut, il y a quelques années, à propos d'une lettre encyclique sur le mariage entre chrétiens, vous avez eu un entrefilet peu orthodoxe?

Non! ce qu'on a droit de demander à un homme, c'est qu'il retienne, sous les gouvernements qui se succèdent et qui ne sont pas eux-mêmes immobiles, une attitude correcte. Eh bien, si vous me permettez (cette digression faite) de revenir à moi, ce fond de libéralisme, de tolérance, dans la vie publique et privée, je crois l'avoir toujours eu, et sans décrier les régimes passés, — je m'en garderai comme d'une faiblesse, — je tâche pour celui-ci d'être, comme vous, un bon citoyen.

Agréez, Monsieur le Rédacteur, l'expression de mes sentiments très respectueux.

A. SANVERT.

Vous excellez, Monsieur, à tourner autour du pot. Si cette locution triviale blesse votre préciosité, je dirai que vous êtes passé maître dans l'art de « chercher le bon Dieu derrière l'église ».

A cette question catégorique et précise : Est-il vrai que vous ayez été accusé par M. Hendlé de tenir des propos hostiles à la République et au Président? vous évitez de faire une réponse catégorique et précise. Un *oui* ou un *non* suffisait. Vous répondez par une circonlocution si savamment embrouillée qu'il est impossible de deviner ce que vous avez voulu dire.

Puisque vous ne voulez pas répondre catégoriquement, je le fais pour vous et je dis : Oui.

Je serai plus franc que vous et n'aurai pas de peine à l'être. Je vais répondre aussi nettement que possible aux insinuations que vous lancez comme aux objections que vous faites :

1º Ma lettre ne vient pas de l'évêché ; il m'est permis de

supposer que, si elle avait eu cette origine, elle aurait été plus sévère pour vous. Cette insinuation n'est pour vous qu'un moyen de rhétorique dont vous avez déjà usé sans succès lors de notre polémique de 1883. Votre vanité trouverait quelque satisfaction à laisser croire que vous avez pour adversaire dans ce débat de presse l'éminent écrivain qui est la gloire du diocèse d'Autun. Hélas! je le constate, à mon grand regret, personne autre que vous n'a pu s'y tromper, et j'ai lieu de penser que vous ne croyez pas vous-même à ce que vous dites.

2º Mes amis politiques ne peuvent être embarrassés par les critiques que je vous ai adressées au sujet de votre campagne électorale. Ils peuvent se produire sans inconvénient dans les salles de danse et les cabarets parce qu'ils n'ont point le caractère sacré dont vous êtes revêtu, parce qu'ils ne portent pas l'habit que vous devriez faire respecter.

3º L'histoire du champagne « apostolique » ou non a été racontée par tous les journaux de la région à l'époque de votre campagne électorale de 1883. Vous ne l'avez pas démentie alors. J'ajoute qu'elle m'a été dite par un des témoins de la scène et que d'ailleurs je n'y tiens pas autrement, parce qu'il reste assez d'autres faits du même genre à votre actif.

4º L'intonation plus ou moins savante dont vous avez pu vous servir pour comparer la célébration de la messe à la confection d'une paire de bottes, pour dire que la religion est l'hôpital du cœur de la femme, pour comparer vos confrères du clergé à la lune rousse, n'enlève rien à l'inconvenance de ce langage et n'empêche pas que ces « saillies » aient été souverainement déplacées dans la bouche d'un prêtre. De même votre cri de : Vive Boysset! venant immédiatement après celui de : Vive Jésus-Christ! n'a pu être nuancé si habilement qu'il n'ait produit sur les auditeurs la plus déplorable impression. Je constate d'ailleurs qu'à présent vous plaidez les circonstances atténuantes, je ne désespère pas de vous voir me donner tout à fait raison.

5° Vous ne pouvez pas être, dites-vous, un vieux républicain parce que vous êtes jeune encore. Je laisse au public le soin d'apprécier la valeur de cette réponse qui est naïve à force de vouloir être habile.

Je ne vous reproche pas d'ailleurs d'être un républicain jeune ou un jeune républicain, la jeunesse n'étant pas une faute même pour les opinions, mais je vous reproche d'avoir choisi pour vous rallier à la République le moment précis où ce Gouvernement a commencé à faire une guerre implacable à la religion dont vous êtes le ministre. En vous voyant défendre ce régime qui se fait une gloire d'être athée et de proscrire le nom de Dieu, je suis forcé de douter ou de vos convictions religieuses ou de vos convictions politiques.

Comme il faut choisir, je crois être plus indulgent pour vous en doutant seulement de vos convictions politiques.

J'entends bien votre restriction : « Je ne dis pas *amen*, écrivez-vous, à tout ce que fait la République. » Mais c'est une restriction bien tardive, car dans votre campagne électorale et dans vos conférences, vous n'avez pas un seul mot de blâme contre l'enlèvement des crucifix des écoles, contre les Manuels Paul Bert et Compayré, contre la laïcisation des hôpitaux, contre la guerre systématiquement faite à l'enseignement religieux. Vous vous êtes renfermé dans un silence approbateur pour ne pas perdre des suffrages républicains. A l'heure actuelle même, vous n'oseriez pas dire ce que vous pensez de la loi du 28 Mars. Vous n'auriez même pas le courage de reproduire les critiques de ce vieux républicain qu'on appelle Jules Simon. Vous êtes trop *jeune* républicain pour avoir cette indépendance. Cela vous juge.

6° Vous invoquez l'exemple de personnages qui, après avoir voté pour l'Empire, votent aujourd'hui pour le Gouvernement républicain. Sans doute la palinodie a existé de tout temps ; à toute époque, il y a eu des girouettes, des hommes qui ont obéi à leurs intérêts plus qu'à leurs principes. Mais appartient-il à un prêtre de se recommander de pareils modèles ?

7° Vous parlez du *Journal de Saône-et-Loire* et de sa tradition politique. Vos rancunes vous servent mal en la circonstance. Le *Journal de Saône-et-Loire*, Monsieur, a combattu la République dès qu'il l'a vue faire la guerre aux croyances, à la liberté de conscience, persécuter les religieux, s'attaquer au clergé. C'est, au contraire, le moment que vous avez choisi pour vous rallier à ce régime. Le journal a combattu la République au détriment de ses intérêts, sachez-le ; son opposition énergique lui a valu l'hostilité de l'administration qui, par tous les moyens, s'est efforcée de lui nuire. Cette hostilité n'a pas entravé sa prospérité qui n'a fait que s'accroître, mais cette prospérité il la doit à l'appui énergique qu'il a trouvé auprès de tous les conservateurs.

« Ce journal, écrivez-vous, a été bonapartiste, l'est-il aujourd'hui ? Je n'en sais rien, ni vous non plus. »

Cette épigramme ne porte pas. Tout le monde, excepté vous, sait que ce journal n'est pas plus bonapartiste aujourd'hui que vous n'étiez jadis républicain.

8° Je ne sais pas si le *Journal de Saône-et-Loire* a publié un entrefilet peu orthodoxe sur le mariage. Ce que je puis dire, c'est que je vous défie de trouver dans mes écrits une seule ligne contraire à mes convictions religieuses et politiques actuelles.

Vous n'en pouvez pas dire autant.

9° Vous voulez être, dites-vous, un bon citoyen.

Très bien ! Mais pour qu'un prêtre reste bon citoyen, est-il nécessaire qu'il aille pérambuler dans les théâtres, les cabarets et les salles de danse, qu'il fasse chorus avec tous les franc-maçons et les ennemis de la religion et du clergé ; qu'il crie à la fois : Vive Jésus-Christ ! et Vive Boysset ?

Evidemment non. Si telles étaient les conditions du civisme, il n'y aurait dans Saône-et-Loire qu'un seul prêtre qui fût bon citoyen : ce serait vous. Or, j'aime à croire que vous avez de vos confrères du clergé une meilleure opinion.

Pour moi, un bon citoyen est un homme qui remplit bien tous les devoirs de son état.

Voyez si vous pouvez rentrer dans la définition.

J'ai fini. J'ai répondu, suivant ma promesse, à toutes vos objections. Le débat est clos; il n'y aurait plus aucune utilité à le poursuivre. Restons-en donc là jusqu'à une autre occasion. Je vous souhaite de ne pas la faire naître, et, par conséquent, de renoncer à entrer dans « le séminaire démocratique des avocats sans causes, des médecins sans malades, des professeurs sans cervelle et des athées qui mitonnent à bas feu chacun la petite religion dont il est le Christ ».

Je lisais l'autre jour une étude d'un des critiques contemporains les plus éminents sur Lamennais, « ce Titan déchu qui ne laissait pas après lui une vague odeur de boudoir. » J'y trouvai ces lignes que je vous recommande :

« Si Lamennais revenait au monde, s'il lisait ce qu'écrit M. Rochefort, s'il apprenait ce que propose M. Jules Roche, s'il connaissait ce qu'ont décrété MM. Jules Ferry, Cazot, Constans et Paul Bert, s'il assistait à une séance du conseil municipal de Paris, il refuserait peut-être de se convertir; mais, à coup sûr, il saurait le dernier mot de cette alliance entre la *Marseillaise* et l'Evangile. Il avait donné pour devise à son journal : DIEU ET LA LIBERTÉ. On lui ferait voir ce que ses exécuteurs testamentaires font de la liberté et de quelle encre délayée dans la bave ils raturent le nom de Dieu. »

Renoncez donc à cette alliance impossible ; sinon, repoussé par les républicains qui vous traitent de comédien, aussi bien que par les conservateurs qui vous considèrent comme un ambitieux, ballotté entre les deux partis, vous serez secoué de façon à nous rappeler Sancho-Pança dans la couverture.

31 janvier 1885.

Pour finir.

Se voyant fermer la porte ici, l'abbé Sanvert est allé frapper à côté, à l'*Union républicaine*, où on l'a reçu avec empressement. Il s'est mis tout de suite au diapason de la maison, et de courtois qu'il était ici, il est devenu grossier en passant là. Il y a quinze jours, l'abbé Tambour m'appelait son « cher rédacteur », vantait mon mérite, ma finesse d'esprit, mon goût littéraire, m'accablait de compliments et m'offrait par dessus le marché l'assurance de ses sentiments respectueux. Aujourd'hui, il me retire tout ce qu'il m'avait donné avec trop de complaisance, je n'ai plus d'esprit ni de talent depuis que je lui ai dit son fait, mes « jolies lettres du village » sont devenues « d'odieuses diatribes », je ne suis plus qu'un badaud qui amuse d'autres badauds en frappant sur les tambours que je rencontre sur mon chemin. Joignez à cela une kyrielle d'injures plates, et vous aurez le poulet musqué que l'abbé Sanvert m'envoie par l'intermédiaire de l'*Union républicaine*.

Je n'y répondrai pas, et Dieu sait pourtant si la riposte me serait aisée et s'il me serait facile de rendre à M. Sanvert fève pour pois, mais à quoi bon? J'ai suffisamment éclairé le public sur cet ambitieux sans consistance, je n'ai pas à y revenir. J'ai dit que ce débat était clos, je n'ai aucune raison pour le rouvrir, car mon versatile adversaire ne répond à aucune des réfutations de ma dernière lettre; il ne discute plus, il injurie.

Les injures de M. Sanvert ne m'atteignent pas, elles ne sont pas plus sincères que les flatteries dont il m'accablait. Ce sont là propos d'acteur fardé et frisotté qui modifie son langage suivant les temps et les circonstances, qui débite avec une égale aisance des sermons à l'église, des petits vers dans les festins et des plaisanteries vulgaires dans les cabarets. Je ne veux pas suivre M. l'abbé Sanvert sur ce terrain nouveau ; son habit, qui le gène si souvent, le protège dans cette circonstance.

7 février 1885.

RÊVES ET RÉALITÉ

AUX DÉPUTÉS DE SAONE-ET-LOIRE

Cent cinquante mille ouvriers parisiens en détresse attendent de la sagesse de l'Assemblée dont vous faites partie un remède à leurs maux. Lorsque vous aurez émis votre avis sur la crise ouvrière de Paris, j'aime à croire que vous penserez aussi aux ouvriers, aux commerçants, aux cultivateurs, aux vignerons de Saône-et-Loire, dont le sort n'est guère plus heureux que celui des Parisiens. Vous avez de la besogne sur la planche. Toutes vos lumières réunies suffiront-elles à résoudre ce terrible problème? Ce n'est pas faire une injure à vos capacités que d'émettre un doute à ce sujet.

Il en est des révolutionnaires comme des arroseurs des voies publiques, disait un spirituel écrivain : tant qu'il y a du soleil, ils peuvent faire de la boue, mais une fois qu'ils ont fait de la boue, ils ne peuvent pas faire de soleil.

Vous aussi, Messieurs, comme les arroseurs, vous avez pu faire de la boue, vous ne pouvez pas faire du soleil. Vous avez pu créer le désordre dans les esprits, exciter les convoitises par vos promesses menteuses et vos programmes affriolants, vous avez pu créer le désordre financier par votre gaspillage des deniers de l'État, par vos votes complaisants pour toutes les fantaisies luxueuses et aventureuses des ministres, vous avez pu, par votre politique téméraire et incohérente, exciter la défiance et paralyser les affaires et les entreprises, mais il vous est impossible aujourd'hui de réparer par un vote le mal que vous avez causé. Il vous est impossible de dire à la misère : Tu n'iras pas plus loin !

Il ne suffit pas d'un discours, d'un vote, d'un ordre du jour de confiance pour changer une situation aussi triste que celle où nous sommes à l'heure présente. S'il suffisait d'un discours, M. Bouthier de Rochefort lui-même, comme la monture de Balaam, serait capable de parler. S'il suffisait d'un vote, tous vos bulletins, une fois par hasard, fraterniseraient dans l'urne.

Mais l'exemple de vos prédécesseurs autoritaires ou libéraux, jacobins ou girondins, est là pour vous prouver que les paroles et les votes ne suffisent point. En 1793, Saint-Just disait : « Il ne faut ni riches ni pauvres, » et il y a toujours des pauvres et des riches. Robespierre, dans sa Déclaration des droits de l'homme (article II), était plus affirmatif encore : « La société, disait-il, est obligée de pourvoir à la subsistance de tous ses membres, soit en leur procurant du travail, soit en assurant des moyens d'exister à ceux qui sont hors d'état de travailler. » Facile à dire, mais difficile à réaliser. Louis Blanc l'essaya en 1848, vous savez à quoi aboutirent ses fameux ateliers nationaux. Je suppose que vous n'êtes pas tentés de renouveler l'expérience.

Cabet, un autre héros de 1848, avait trouvé mieux encore. Sa République icarienne nourrissait en bonne mère tous ses enfants. Un comité de savants de premier ordre était préposé au choix des aliments. Il fournissait aux diverses familles de plantureux repas, qu'eût enviés Pantagruel, tout en prenant bien garde qu'aucune n'eût plus ni mieux que les autres. « Tu vois donc, mon pauvre ami, écrivait un Icarien, que le Gouvernement fait ici bien autre chose que notre Monarchie : tandis que la royauté fait tant de bruit pour un bon roi qui voulait que chaque paysan pût mettre la poule au pot le dimanche, la République donne ici, sans rien dire, à tous, et tous les jours, tout ce qui ne se voit ailleurs que sur la table des aristocrates et des rois. »

L'Icarie serait l'idéal pour les affamés d'aujourd'hui, malheureusement, l'Icarie n'a existé que dans l'imagination de Cabet. Et les malheureux qu'il entraîna avec lui dans les solitudes du Texas pour y réaliser ses rêves, en revinrent bientôt misérables et désenchantés, et ils se dirent sans doute que la poule au pot de Henri IV valait beaucoup mieux que les festins princiers dont les avait nourris l'imagination de Cabet.

Vous, Messieurs les Députés, vous ne songez ni aux ateliers nationaux de Louis Blanc, ni à la félicité icarienne de Cabet, vous approuvez peut-être la Déclaration des droits de l'homme de Robespierre, mais vous n'iriez pas jusqu'à sa conséquence logique, la Déclaration des droits des sans-culottes de Marat qui proposait de réduire MM. les riches à la condition des sans-culottes « en ne leur laissant pas de quoi se couvrir le derrière (*sic*). » Vous trouvez, sans doute, et non sans raison que les lourds impôts dont nous sommes écrasés nous appauvrissent assez, et vous reculeriez devant une taxe sur les riches dont vous payeriez votre part.

Mais qu'allez-vous faire? Vous avez promis au peuple un Gouvernement à bon marché, où il vivrait heureux en travaillant. Vous lui donnez un Gouvernement plus cher que la Monarchie et, où manquant de travail, il vit de misère.

Vous avez promis de vous occuper surtout des intérêts des classes populaires. Qu'avez-vous fait pour elles? Vous avez construit des écoles, vous auriez pu les construire à meilleur marché, toutefois, je mets cela à votre actif; mais l'ouvrier ne vit pas seulement de beau langage, il vit de pain, et l'aspect de vos palais scolaires ne fait que lui rendre sa misère plus sensible.

Vous avez fait espérer au peuple que, sous la République, la France serait pour lui un vrai pays de Cocagne, et il se trouve que le peuple est beaucoup moins heureux que sous la Monarchie. Aussi le peuple se refuse à reconnaître, dans ce Gouvernement que vous lui avez fait, le régime enchanteur que vous lui aviez promis. Il dit : Ce n'est pas çà la République, et il attend l'autre, la *vraie*. Il attendra longtemps.

Il est inutile d'insister plus longtemps sur la contradiction qui existe entre vos promesses et vos actes, entre les rêves que vous avez fait entrevoir et la réalité. Aujourd'hui la situation est si tendue qu'il faut que vous preniez un parti. Que ferez-vous? Voterez-vous 4 ou 5 millions pour permettre aux ouvriers de retirer du Mont-de-Piété leurs objets de ménage? Dans quinze jours ce sera à recommencer, et ayant fait ce cadeau aux ouvriers de Paris vous ne sauriez, sans injustice, refuser les secours que ne manqueront pas de réclamer à leur tour les ouvriers de province.

Voterez-vous une somme de 80 ou de 100 millions destinée à des constructions ou à des travaux publics qui seront exécutés à Paris? Mais les caisses de l'État sont vides et il faudrait emprunter encore cette somme. En outre, comment donner à chacun de ceux qu'atteint le chômage une occupation en rapport avec ses connaissances?

L'État va-t-il fabriquer des meubles pour donner de l'ouvrage aux ébénistes, des charpentes pour donner de l'ouvrage aux charpentiers, bâtir des maisons pour donner de l'ouvrage aux maçons, peintres, plâtriers, parqueteurs, etc.? Alors, comment utiliser les produits fournis par l'État? Comment éviter que ces produits ne créent sur d'autres points un nouveau manque de travail et que le chômage, toujours renaissant, ne s'aggrave par les moyens mêmes employés pour y remédier?

Je ne vois pas de solution au problème qui vous est posé par la nécessité. Aussi, vous répondrez, sans doute, aux doléances des ouvriers par le mot un peu brutal de M. Clémenceau : « L'État n'est pas une Providence. » Il y a longtemps, diront les ouvriers, que nous nous en sommes aperçus. Il peut se faire aussi qu'un logicien, il y en a parmi eux, vous tienne ce raisonnement : « Vous nous avez dit : « Il est dans l'intérêt de l'État que les citoyens soient « instruits et, puisque c'est un intérêt national, il est natu- « rel que l'État en fasse la dépense et que l'instruction soit « gratuite. » N'est-ce pas un avantage national aussi que les citoyens soient bien nourris, bien habillés, bien logés? Pourquoi l'État alors ne nourrit-il pas, ne loge-t-il pas, n'habille-t-il pas tous les citoyens? Vous avez fait de l'État une Providence en matière d'instruction, vous avez décrété que l'État devait donner gratuitement aux citoyens la nourriture des esprits, pourquoi ne donnerait-il pas gratuitement aussi la nourriture des corps? Vous avez fait du socialisme d'État en matière d'instruction, pourquoi vous en tenir là? »

Je ne vois pas trop ce que vous pourriez répondre à un pareil raisonnement, à moins de reconnaître franchement que vous êtes brouillés avec la logique.

Mais admettons que vous disiez avec M. Clémenceau et avec la *République française*, qui répétait le mot, hier : « L'État n'est pas une Providence. »

Croyez-vous que le peuple travailleur se tiendra pour satisfait par cette fin de non recevoir opposée à ses doléances, par cette manière déguisée de lui répondre :

> *Tâche de t'en tirer et fais tous tes efforts,*
> *Car pour moi j'ai certaine affaire*
> *Qui ne me permet pas d'arrêter en chemin.*

Non, le peuple ne sera point satisfait par votre aveu d'impuissance, à la première occasion, il vous le prouvera et nous en pâtirons tous.

Et que faire alors? direz-vous. Il faudrait rendre la confiance au public par une politique plus sage, vous occuper moins de vos intérêts personnels et plus des intérêts généraux, ne pas faire des lois uniquement pour satisfaire vos amis et leur procurer des places, restreindre les dépenses de l'État, supprimer les millions qu'on donne annuellement aux prétendues victimes du 2 Décembre, biffer les cent millions de supplément que vous avez alloués aux fonctionnaires depuis trois ans, supprimer tout le gaspillage qui se fait dans les ministères où l'on dépense des sommes fabuleuses pour le chauffage, l'éclairage et les timbres-poste — quoique la franchise postale soit accordée aux ministres.

Enfin, au lieu de vous faire allouer des permis gratuits de circulation sur toutes nos lignes de chemins de fer, vous devriez obtenir, en échange, des réductions de prix pour les ouvriers que le chômage force à aller ailleurs chercher du travail. Combien parmi les 150,000 ouvriers qui chôment à Paris ne restent dans la capitale que parce qu'ils n'ont pas l'argent nécessaire pour revenir en province ! Combien se hâteraient de revenir au pays si vous leur en fournissiez les moyens !

Voilà, à mon humble avis, le seul remède possible à la crise ouvrière. Aurez-vous le courage de l'appliquer ? Non, vos intérêts souffriraient, vos amis se plaindraient, tous les favoris que vous avez pourvus de pensions ou de gros traitements vous tourneraient le dos. Vous ne pouvez pas changer de politique, il faudra que l'on vous change, et on n'y manquera pas.

Liberté et pain cuit, disait-on jadis ; un Gouvernement qui n'assure ni l'un ni l'autre est condamné à périr.

19 janvier 1884.

LES CLEFS DE L'ÉGLISE

AUX LECTEURS

Les sénateurs et les députés fabriquent des lois, comme d'autres fabriquent des chaises ou des buffets. Ils ne sont pas payés à la pièce, mais au mois, à l'année. Qu'ils aient fabriqué dix ou vingt lois toutes neuves, retapé, réparé et rafistolé une dizaine de lois existantes, ou qu'ils n'aient rien produit du tout, ils sont payés tout de même.

Dès lors, il me semble que ces ouvriers en législation ne devraient pas s'acharner, comme ils le font, à légiférer et à codifier. On leur payerait les lois au mètre ou à la toise qu'ils n'en feraient pas davantage. Nous autres, vignerons, nous préférons la qualité à la quantité. Les législateurs devraient bien penser de même.

Jamais on n'avait fait autant de lois, jamais on n'avait accumulé autant de projets, de contre-projets, de propositions, de rapports et jamais nous n'avons été aussi mal gouvernés. Les fabricants de lois feraient mieux, ce me semble, d'employer leurs veilles et leurs lumières à éplucher, à contrôler le budget, à chercher pourquoi on dépense 40,000 fr. de chauffage et 12,000 fr. de timbres-poste dans tel ministère, pourquoi les frais de traitement des fonctionnaires se sont accrus de 100 millions en trois ans, pourquoi tel ministre et tel sous-secrétaire d'État se paye, à nos frais, le luxe de toute une légion de secrétaires, de sous-secrétaires, de chefs de cabinet, d'attachés et de sous-attachés, de garçons de bureau, d'huissiers et de sous-huissiers.

Tous ces parasites oisifs dévorent le meilleur de notre substance et notre feuille d'impôts s'augmente tous les ans, sans que l'État en soit plus riche. Au contraire. C'est là que les législateurs trouveraient d'utiles réformes à réaliser. Et lorsqu'on les verrait s'employer activement à cette besogne, compter sou par sou les dépenses des ministres, leur imposer l'économie, lors même qu'on trouverait encore sa feuille d'imposition un peu lourde, on irait de bon cœur payer ses contributions au percepteur, parce qu'on serait persuadé que cet argent-là est dépensé utilement, n'est pas gaspillé.

Mais les députés et les sénateurs votent, en courant, sans réfléchir et sans compter tous les millions de millions qu'on leur demande, et ils perdent des heures, des journées, des mois à discuter et à voter des lois que personne ne réclamait, qui ne nous apportent aucune amélioration, qui rognent nos libertés et qui ne font qu'embrouiller les affaires.

Ainsi, par exemple, la loi municipale de 1871 n'était peut-être pas parfaite, mais on ne s'en plaignait pas, et, si dans beaucoup de communes on est mécontent des municipalités qui ont grevé les budgets communaux pour dix, vingt, trente années, ce n'est point à la loi de 1871 qu'on s'en prenait et ce n'est pas la nouvelle loi qu'on est en train de fabriquer qui remédiera au mal.

Cent dix articles de cette nouvelle loi sont déjà votés par le Sénat, et l'on n'est pas au bout. Ce ne sera pas une mince besogne que de se reconnaître dans ce nouveau Code municipal. Je vais vous indiquer aujourd'hui dans quel esprit le nouveau Code municipal est élaboré, je me bornerai à vous parler de deux réformes qui ont été votées cette semaine.

L'article 100 donne au maire le droit de faire sonner les cloches quand bon lui semblera. Ainsi, lorsque M. Bouthier de Rochefort ou M. Margue arriveront dans une commune, si le maire est leur ami, il fera carillonner en leur honneur. Les cloches sonneront à toutes volées pour annoncer les conférences pour le Sou laïque ou les banquets électoraux.

L'article 100 dit bien que le maire ne pourra faire sonner les cloches que dans les cas prévus par les lois et règlements, mais on saura bien découvrir quelque loi existante qui ordonne d'annoncer au son des cloches l'entrée solennelle de M. Bouthier de Rochefort et de M. Margue.

Malgré toute la vénération que j'éprouve pour ces deux citoyens, je trouve que c'est profaner les cloches de nos églises que de les employer à pareil usage. Si les républicains ont un tel amour pour les carillons, pourquoi n'établissent-ils pas dans chaque commune un clocher laïque? Il y aurait là prétexte à 36,000 bâtisses. Et quand le bâtiment va, tout va. On pourrait constituer une caisse des cloches laïques que le Parlement n'hésiterait pas à doter richement.

Sur ces clochers laïques, au lieu du coq traditionnel, emblème séditieux proscrit par M. Waldeck-Rousseau, on placerait une girouette, emblème fidèle des variations de nos gouvernants.

Je ne réclame pas la croix du Mérite agricole pour avoir soufflé cette idée ingénieuse au Gouvernement.

L'article 101 édicte une disposition tout aussi ridicule et tout aussi tyrannique que la précédente. Il dit : « Une clef de l'église et du clocher sera déposée entre les mains du titulaire ecclésiastique, une autre entre les mains du maire qui pourra en faire usage dans toutes les circonstances prévues par les lois ou règlements. » Autrefois on disait : « Chacun chez soi, le maire dans sa mairie, le curé dans son église. » Cela ne suffit plus. Dorénavant, le curé ne sera plus maître chez lui; le maire pourra entrer dans l'église à toute heure de jour et de nuit. Tel maire radical qui n'allait jamais à l'église pour y prier, ou pour assister aux offices, se fera un malin plaisir d'y aller souvent pour taquiner le curé.

C'est là le seul but qu'on poursuit; car quelle utilité y a-t-il à donner une clef de l'église au maire? Quel argument de nécessité a-t-on fait valoir en faveur de cet article 101?

Voici la seule raison qu'ait pu trouver le rapporteur de la loi municipale, M. Demôle : « L'église étant la propriété de la commune, a-t-il dit, celle-ci a un intérêt considérable à ce que l'édifice consacré au culte soit maintenu en bon état de conservation; de cet intérêt découle, pour les autorités municipales, le droit de pénétrer dans l'église, de voir ce qui s'y passe, de constater s'il y a lieu d'y faire des réparations plus ou moins importantes. »

Voilà la seule raison qui ait été donnée.

Or, les églises restent ouvertes toute la journée, tout le monde peut y entrer, le maire comme les autres. Les églises sont fermées la nuit, mais j'imagine que ce n'est pas pendant la nuit qu'on ira constater s'il y a des réparations urgentes. Et je connais tel maire républicain que le curé a prié vingt fois de venir constater l'état de délabrement de l'église et qui ne s'est pas dérangé.

Un sénateur républicain a prononcé un éloquent discours pour faire repousser cet article 101 :

« Vous savez que pour les croyants, a-t-il dit, l'église qui renferme le Saint-Sacrement possède le symbole le plus auguste de la foi, la présence même de Dieu. Dès lors, vous devez admettre qu'il ne saurait être indifférent pour les croyants, pour les catholiques, que la clef de l'église soit entre les mains d'un croyant ou d'un non croyant.

« Il faut que le Saint-Sacrement soit toujours placé sous une garde qui rassure la foi des croyants, qui leur inspire une confiance entière. S'il n'en était pas ainsi, il y aurait des inquiétudes, des défiances que vous ne voulez pas faire naître et qui se produiraient certainement si la disposition des deux clefs était acceptée. »

Écoutez maintenant comment M. Demôle a répondu à cet argument d'un ordre si élevé et d'un sentiment si profondément libéral. Lisez bien cette phrase enchevêtrée, pénible, interminable et vide, vous aurez une idée de l'éloquence (!) de M. Demôle :

« Sans doute, dans nos communes rurales, les maires sont pour la plupart peu lettrés. Mais, si vous les aviez vu de près, si vous saviez quel dévouement, quelle abnégation, ils apportent dans l'exercice de leur lourde et modeste tâche, et combien le sentiment de la responsabilité est développé en eux par cet honneur, — qu'ils ont quelquefois sollicité, j'en conviens, — d'être placés à la tête des intérêts communaux, je crois, Monsieur de Saint-Vallier, que vous n'auriez plus de crainte et que vous ne redouteriez plus que celui qui a eu l'honneur de revêtir l'écharpe municipale pût jamais abuser de ce qu'il a entre les mains les clefs de l'église *pour venir dans l'église même* faire quelque chose qui, de près ou de loin, porterait atteinte d'une façon quelconque au respect qui est dû à la religion ou aux droits de ceux qui l'administrent. N'allons pas jusque-là ; je ne crois pas que nous puissions être en désaccord sur ce point. »

Jamais plus médiocre avocat n'a plus pitoyablement défendu une plus pitoyable cause. C'est parce qu'un radical quelconque aura eu l'honneur de revêtir (!) l'écharpe municipale qu'il ne viendra pas dans l'église faire quelque chose qui d'une façon quelconque, etc.

C'est ce charabia incompréhensible qui a décidé le Sénat à voter l'article 101 et à donner une clef de l'église au maire. Et on dit que le Sénat est « l'ornement de la République. »

Ces deux exemples suffisent, je crois, à indiquer dans quel esprit vexatoire et tyrannique sera conçue la nouvelle loi municipale. Ce doit être pour nous, conservateurs, un stimulant de plus à préparer les élections du mois de mai. Si nous voulons vivre tranquilles dans nos villages, si nous voulons échapper à la tyrannie des radicaux libres penseurs qui veulent dominer partout, à l'école comme dans l'église, qui ont endetté les communes et qui nous ont imposé de nombreux centimes additionnels, préparons nos listes et choisissons pour gérer les affaires de la commune des hommes d'ordre, économes et libéraux, ennemis des tracasseries et des chicanes.

J'ai lu, je ne sais où, l'histoire d'un homme qui passait son temps à mesurer la porte d'un cabaret, en haut et en bas. Il recommençait toujours comme s'il n'avait pas bien fait et disait : Trois sur six, six sur trois. Un passant lui demanda ce qu'il faisait depuis si longtemps. Il répondit : « Je regarde comment mon butin a pu passer par cette porte. J'avais un beau domaine, de gros bœufs, un grenier plein de blé, c'est tout entré par cette porte. »

Les habitants des communes que leurs conseils municipaux ont endettées pour longtemps ont mieux à faire que de mesurer les portes des mairies, qu'ils les ouvrent toutes grandes pour faire sortir les municipalités gaspilleuses.

17 février 1884.

L'INTOLÉRANCE DE NOS MAITRES

AUX LECTEURS

Il y avait autrefois, en France, une seule journée pendant laquelle tout le monde avait le droit de mettre un faux nez, de se promener dans les rues, habillé en mousquetaire ou en pompier, et de s'exhiber à la curiosité admirative des badauds.

La mascarade a fait des progrès, elle est passée, chez nous, à l'état chronique, et depuis qu'on peut voir, tous les jours, des sous-vétérinaires déguisés en hommes d'État, des ignorants fieffés déguisés en législateurs, d'anciens révolutionnaires déguisés en homme d'ordre, les masques, les faux nez du carnaval, les pierrots enfarinés n'excitent plus aucune curiosité, n'offrent plus aucun intérêt. La mascarade politique a fait une terrible concurrence à la folie des jours gras. La vieille gaieté traditionnelle a disparu. On ne s'amuse plus, on politique. Faut-il s'en plaindre ? Oui, si l'on pense comme le poète épicurien que :

Les moments que l'on passe à rire
Sont les mieux employés de tous.

Non, si l'on pense à ce qu'est devenue cette gaieté de la rue, si inoffensive autrefois dans ses bruyantes et naïves manifestations. Aujourd'hui, la politique s'est glissée partout : les maîtres de la rue ne peuvent plus s'amuser sans molester et sans torturer quelqu'un.

A Paris, pour carnaval, un lycéen en goguette s'amuse à assommer un sergent de ville.

A Bourg-lès-Valence, on brûle le curé en effigie. Un mannequin revêtu des habits sacerdotaux a été placé sur un bûcher de deux cents fagots et a été dévoré par les flammes, et une bande de manifestants que le *Petit Lyonnais* évalue à 4,000 s'est mise à danser autour de ce foyer, se livrant à des propos obscènes et orduriers, remuant les tisons enflammés et proférant des vociférations sauvages. Le maire de l'endroit, en habit noir et cravate blanche, présidait à cette réjouissance (!) dont il avait été l'ordonnateur, et le commissaire central lui-même assistait impassible à la fête. On se demande si l'on rêve lorsqu'on lit le récit de pareilles scènes, imitées des beaux jours de 1793.

Dans notre département, nous n'avons pas eu, heureusement, des scandales aussi honteux; cependant on m'adresse du Charollais le récit d'un véritable acte de sauvagerie dont la petite commune de Saint-Yan a été le théâtre mercredi dernier.

Ce jour-là, un vieillard de 74 ans, ancien instituteur, aujourd'hui en retraite, sortait, vers 9 heures 1/2 du matin, de l'église où il avait assisté à l'office. Une troupe d'individus se rua lâchement sur ce vieillard qui ne demandait qu'à suivre tranquillement son chemin. Le but de ces garnements était de faire monter cet homme à cheveux blancs sur un âne et d'en faire leur jouet et leur risée.

Le vieillard se défendit vaillamment, décidé à se faire tuer plutôt que de se livrer à la merci de ces sauvages. Enfin, il parvint à se délivrer de leurs mains et il rentra à son domicile, épuisé et malade.

Le maire de Saint-Yan assistait impassible à cette scène. Non seulement il ne chercha pas à empêcher cette odieuse agression, mais il la contempla d'un air satisfait.

Une plainte a été déposée contre les auteurs de cet attentat; il y a lieu d'espérer qu'ils n'échapperont pas à un juste châtiment. Il y a des lois qui assurent la liberté de la rue, on les appliquera, j'aime à le croire, aux énergumènes de Saint-Yan. Je voudrais être assuré aussi que le maire, qui est resté spectateur impassible de ces désordres, sera rappelé au respect de ses devoirs de magistrat. Mais il n'y faut pas trop compter. La victime de cette agression sortait de la messe.

Il y a longtemps déjà que, sous la République, on ne pratique plus la maxime tolérante de Béranger :

Qu'on puisse aller même à la messe,
Ainsi le veut la liberté.

Voici un nouvel exemple de l'intolérance républicaine quand il s'agit de la messe. Il me vient encore du Charollais.

Mardi dernier, l'instituteur d'Ouroux-sous-le-Bois-Sainte-Marie, prévoyant que les parents enverraient les enfants à la messe, le lendemain, pour recevoir les cendres, tint ce langage à ses élèves : « Demain, je vous défends d'aller à la messe, vous viendrez à l'école, et faites-y bien attention, si vous me désobéissez, ça se passera mal. »

Le lendemain, la moitié des pères de famille, sans se soucier des menaces du maître d'école, envoient leurs enfants à la messe. Ceux-ci, aussitôt l'office terminé, se rendent en classe. Il y avait à peine un quart d'heure que l'heure réglementaire était passée. Les enfants se présentent, l'instituteur les laisse arriver à leurs bancs, et lorsqu'ils y sont, il leur dit de son ton le plus rogue : « D'où venez-vous ? » — Les plus hardis répondent sans se déconcerter : « Nous venons de la messe. — Eh bien, retournez-y, leur crie l'instituteur, et, pour votre pénitence, vous ne rentrerez pas à l'école avant vendredi. »

Cependant, à la classe du soir, des enfants, expulsés le matin, essayent de rentrer à l'école. Vainement. L'instituteur les congédie de nouveau en leur disant : « Vous m'avez désobéi, allez-vous-en. »

Pauvres enfants! En allant à la messe, ils désobéissaient à leur instituteur, en n'y allant pas, ils auraient désobéi à leurs parents! Or, tous les Manuels de morale civique, le Manuel Paul Bert et le Manuel Massy Bert, le Manuel Gréville et le Manuel Compayré recommandent aux enfants l'obéissance envers leurs parents.

Le Manuel Compayré dit (page 21), — l'instituteur d'Ouroux pourra s'en assurer : « L'obéissance filiale doit être absolue, c'est-à-dire que l'enfant doit obéir, sans discuter, sans raisonner, aux ordres de son père et de sa mère. Il y a des enfants qui veulent savoir la raison de tout ce qu'on leur ordonne. Mais ils ne la comprendraient pas toujours si on la leur disait; qu'ils obéissent donc quoi qu'on ne la leur dise pas. D'ailleurs, obéir, c'est se *soumettre aveuglément* à l'autorité de ses parents. »

L'instituteur d'Ouroux aurait donc voulu faire enfreindre à ses élèves les préceptes de morale que MM. Compayré, Paul Bert, etc., leur enjoignent de suivre. Car ces moralistes républicains n'ont pas encore dit aux enfants : « Vous obéirez à l'instituteur d'abord, à votre père ensuite. » C'est une morale nouvelle dont l'instituteur d'Ouroux devrait rédiger le Manuel.

En attendant, l'instituteur d'Ouroux, en Charollais, s'est mis dans une situation au moins bizarre, comme me le fait remarquer un membre de la commission scolaire de la commune qui m'écrit à ce sujet.

Il y a, dit mon correspondant, dans la loi du 28 mars un article 5 ainsi conçu : « Une commission municipale scolaire est instituée dans chaque commune pour surveiller et encourager la fréquentation des écoles. » Or, à Ouroux, où les enfants fréquentent assidûment l'école et où l'instituteur leur défend d'y aller avant tel ou tel jour, la commission scolaire se verra obligée de sévir non pas contre les pères de famille, mais contre l'instituteur lui-même.

Malheureusement la loi du 28 mars n'a pas prévu le cas. C'est une lacune.

J'éprouve une grande sympathie pour les instituteurs et pour la mission de dévouement qu'ils accomplissent. Mais je suis bien forcé de reconnaitre que, s'il y en a beaucoup de bons, d'excellents parmi eux, il en est aussi qui abusent de leur situation. Le fait n'est pas nouveau. Il s'était déjà produit pendant la République de 1848. Et il était devenu un danger.

On m'a communiqué précisément un numéro du *Conseiller du peuple* de septembre 1849, dans lequel Lamartine, s'adressant aux instituteurs, leur donnait de sages conseils, et leur répétait avec franchise et sans craindre de leur déplaire les reproches qu'on faisait contre eux.

« Voici ce qu'on dit de vous, écrivait-il : Les instituteurs communaux sont devenus, dans plusieurs départements, des fomentateurs de haines, de division, d'envie, de discorde. Ils se sont faits les missionnaires de cette nouvelle religion qui consiste à nier Dieu, à diviniser la nature, à convier le genre humain à une *gamelle* universelle, à mettre la société à la ration comme une compagnie de discipline dans une caserne. »

Plus loin, il disait : « Ma foi ! si la démocratie devait dégrader si bas l'intelligence de mon pays, je dirais plutôt : Périsse la démocratie ! car, à tout prendre, la grandeur des peuples se mesure à l'échelle de leur intelligence, et quelques têtes supérieures pour représenter un peuple dans l'histoire valent mieux que toute une nation d'idiots. » Lamartine terminait cette éloquente lettre aux instituteurs en leur disant qu'il pourrait bien arriver un jour où un représentant courageux et indigné demanderait à ses collègues d'épurer les écoles.

« Il demandera, disait-il, que les instituteurs ruraux, convaincus de cette félonie contre la morale et le bon sens, soient supprimés, et que, s'il n'y en a pas d'un autre esprit à l'école primaire, chaque année le conseil municipal et les chefs de maison ou de foyers se réunissent et nomment au scrutin un des pères de famille pris parmi les plus considérés et les plus instruits de la commune, pour faire pendant un an et à tour de rôle l'office humble et sublime d'instituteur gratuit des enfants du peuple !

« Et ce représentant républicain qui aura le courage de frapper sur la partie gangrenée des instituteurs primaires, à défaut d'un autre, savez-vous qui c'est? Ce sera moi. »

Voilà comment Lamartine parlait, en 1849, aux instituteurs athées. Quel est aujourd'hui le représentant républicain qui aurait le courage de leur tenir un pareil langage?

1er mars 1884.

QUERELLE DE MOTS

AUX LECTEURS

La langue française, si admirable de clarté, présente cependant bien des lacunes. On s'est plaint bien souvent de sa stérilité : Voltaire tout le premier. « C'est une stérilité ridicule, disait-il, de n'avoir pas su exprimer autrement un bras de mer, un bras de balance et un bras de fauteuil. » J'y ajouterais volontiers le bras long de M. Wilson, un vrai bras de mer.

On a fait remarquer aussi que nous avions des *architraves* et pas de *traves*, des *soubassements* et point de *bassements*, des *architectes* et pas de *tectes*. En français, on est *intrépide* et on n'est pas *trépide*; on est *impotent* et on n'est pas *potent*. *Nonchalant* signifie paresseux et *chaland* celui qui achète.

Aussi, grâce à ses lacunes, grâce à ses mots à double et triple sens, notre langue se prête merveilleusement aux équivoques et aux jeux de mots.

Si vous dites, par exemple : « Les favoris de M. Jules Ferry sont comme des côtelettes panées, » on pourra voir là une épigramme contre les amis du premier ministre, parce qu'on peut donner deux et trois sens au mot *favori*.

Si vous dites encore : « Le ruban qui est à la boutonnière de M. F. Martin, ancien maire de Mâcon, est une faveur. » M. F. Martin pourra s'irriter en pensant au double sens du mot *faveur*.

De même, M. Bouthier de Rochefort est presque excusable lorsqu'il lui arrive de dire : « La Chambre est dissolue, » au lieu de : « La Chambre est dissoute. » Il serait excusable encore s'il confondait journaliste avec écrivain public et facteur avec homme de lettres. Il pourrait se justifier en disant avec Joseph de Maistre : « Les mots engendrent presque toutes les erreurs, » et en rappelant que la fortune politique de M. Jules Ferry a pour point de départ un mauvais calembour.

Ces réflexions me sont suggérées par différentes lettres que j'ai reçues et dans lesquelles on me demande pourquoi je continue à employer ce mot si vieux, si usé de « conservateurs » pour désigner tous les opposants à la République actuelle. Et à ce propos revient la vieille question et le jeu de mots inévitable : « Conservateurs de quoi ? » Mais les républicains aussi, ajoute-t-on, se disent conservateurs, conservateurs de la République, conservateurs de leurs places, tandis que nous, les opposants, nous ne voulons conserver ni cette République, ni ses fonctionnaires, ni ses lois oppressives. Alors, pourquoi nous appeler conservateurs ? »

Voilà l'objection dans toute sa force. Je conviens, en effet, que le mot conservateur prête à l'équivoque, et que les républicains, jouant sur le mot, s'en sont servis plusieurs fois. Je me souviens notamment que, pour défendre les candidatures sénatoriales de MM. Demôle et Mathey, un journal républicain disait que ces deux futurs sénateurs étaient conservateurs, qu'ils voulaient « conserver en améliorant. » C'était leur formule qui ressemblait beaucoup à celle des fabricants de sardines.

Et pourtant, si le mot est défectueux, on l'emploie parce qu'il a l'avantage de réunir sous une étiquette commune tous les opposants au régime actuel, tous les hommes qui, sans être d'accord peut-être sur le mode de gouvernement qu'ils voudraient, sont tout à fait d'accord pour ne pas vouloir du Gouvernement oppresseur et gaspilleur que nous possédons.

L'accord, parfait lorsqu'il s'agit de négations, n'est pas encore complètement fait sur une affirmation. Mais cet accord est en train de s'accomplir; les évènements le favorisent. La République, acceptée d'abord par un certain nombre de conservateurs lorsqu'on la leur présentait comme une République conservatrice, aimable, athénienne, ne peut plus leur convenir depuis qu'elle est devenue jacobine, antireligieuse et révolutionnaire selon le mode opportuniste, lent, mais sûr Un journal républicain, la *Vérité*, faisait récemment cet aveu, en parlant de la République : « Il faut qu'un tel régime succombe pour que la nation vive. »

L'impérialisme, depuis qu'il est en proie aux divisions et aux déchirements, décourage beaucoup de ses anciens partisans. Il ne paraît donc plus y avoir de possible qu'une troisième solution, la Monarchie, et c'est sur celle-là sans doute que l'accord se fera.

Mais jusqu'à ce que cet accord soit fait, tout homme qui veut l'union, tout écrivain qui veut s'adresser à toutes les nuances de l'opinion opposante doit se servir jusqu'à nouvel ordre du mot « conservateurs. » Voilà pourquoi je l'emploie. Et je crois qu'il est sage de le garder encore pour les élections municipales et de réunir sous une même dénomination de *conservateurs*, absolument justifiée cette fois, tous les hommes qui ne veulent point de ce gaspillage financier qui a endetté toutes les communes. Il est d'autant plus sage de garder ce mot de *conservateurs* dans les élections municipales qu'elles ont, moins que les autres, un caractère politique.

De même, le mot de conservateurs et de conservation sociale n'est-il pas celui qui convient le mieux pour désigner tous les hommes d'ordre qui veulent résister aux démolisseurs de la société.

Au surplus, je pense que c'est un tort, dans le langage politique, que de s'attacher trop exactement au sens des mots et de voir, par exemple, dans un conservateur, un homme qui veut conserver, protéger, défendre tout ce qui existe actuellement. Conservateurs désigne en France un parti, comme les mots *tory* et *whig* en Angleterre servent depuis plus de deux cents ans à appeler les deux grands partis qui, tour à tour, se succèdent au Pouvoir.

Prend-on au pied de la lettre les mots *tory* et *whig* en Angleterre? Non, et l'on fait bien, car *tory* est un mot emprunté au dialecte irlandais, et qui signifie voleur de grand chemin ; *whig* est un mot emprunté au dialecte écossais, et qui signifie la même chose que *tory* en irlandais. Voilà, n'est-ce pas? des appellations peu flatteuses. Elles sont cependant acceptées par les deux partis, consacrées par l'usage, et jamais il ne vient à l'esprit d'un journaliste *whig* de jouer sur les mots et de dire que les *tories* sont des voleurs de grand chemin. Et réciproquement les *tories* ne jouent pas sur le mot *whig*.

Ce sont là des termes de convention adoptés par la langue politique et qu'on ne cherche pas à prendre dans leur sens littéral. Autrement on donnerait raison au Calino qui, arrivé à Paris, demandait à voir le « char de l'État, » le « sein de la commission », « l'arsenal des lois », etc.

Que de mots il faudrait supprimer de la conversation ou du style courant, si on les prenait dans leur sens littéral!

> *Si je dis à quelqu'un par pure politesse*
> Votre humble serviteur, *pensez-vous, s'il vous plaît,*
> *Que je me donne à lui pour être son valet?*

Tous les jours nous nous servons du mot de Monsieur. Que veut dire ce mot? Sire, sieur et monsieur, selon les inventeurs d'étymologies, viennent du mot *Kurios* qui veut dire *seigneur, maître*.

Dire à quelqu'un : Monsieur, c'est donc lui dire mon maître, mon seigneur. Et un patron se sert fort bien de ce terme en parlant à son employé. Il n'y attache pas évidemment le sens absolu.

Ces mots-là, comme on sait, se disent pour la forme.
Et c'est l'usage enfin auquel on se conforme.

En 1848, on bataillait beaucoup à l'Assemblée pour savoir si on s'appellerait *monsieur* ou *citoyen* ; le président Dupin, reprenant une idée du poète Andrieux, mit tout le monde d'accord en disant : « Soyons citoyens et appelons-nous messieurs. »

Faisons de même, ne chicanons pas sur un mot ; nous sommes à une époque où il y a trop de sujets de divisions. Cherchons ce qui nous unit et gardons jusqu'à nouvel ordre le nom de conservateurs.

19 janvier 1884.

LES CITATIONS

AUX LECTEURS

Un certain Jérôme Dutrèfle me prend à partie à propos d'un article sur l'augmentation du traitement des instituteurs. Cet article, je ne l'ai ni écrit ni signé, et si Dutrèfle me met en cause, c'est probalement parce qu'il désire que je fasse un peu de bruit autour de son enseigne. Je ne veux pas lui refuser cette satisfaction.

Je pourrais faire remarquer à Dutrèfle qu'il a choisi un singulier nom, mais tous les goûts sont dans la nature, et des goûts et des couleurs il ne faut pas disputer.

Dutrèfle, qui s'est appelé Laluzerne, pourrait se changer par une série de métamorphoses en Sainfoin, Lupuline, Raygrass, voire même en cette plante chicoracée qu'on appelle vulgairement pissenlit; il pourrait parcourir toute l'échelle des graminées que je ne songerais pas à m'en étonner, si par son talent il justifiait le vers du poète :

Je veux quand on m'a lu qu'on puisse me relire.

Ce même poète aurait sans doute dit de Jérôme Dutrèfle :

C'était un esprit fort,
Il eût fait volontiers d'une tête de mort
Un falot, et mangé sa soupe dans le crâne
De sa grand'mère. — Au fond, il estimait qu'un âne
Pour Dieu qui nous voit tous est autant qu'un ânier.

Mais Jérôme Dutrèfle, qui fait de la prose sans le savoir, va dire sans doute comme monsieur Jourdain : « Non, non, point de vers. » Et, de fait, c'est trop de préambule, venons au sujet du débat.

Le *Journal de Saône-et-Loire* avait publié un article dans lequel il désapprouvait le projet Paul Bert, relatif à l'augmentation du traitement des instituteurs. Dans cet article, on faisait remarquer, non sans raison, que l'état de nos finances ne permettait pas, pour le moment, cette dépense nouvelle.

La cigale ayant chanté
Tout l'été
Se trouvait fort dépourvue.

Jérôme Dutrèfle prétendit que combattre ce projet de loi, c'était montrer plus que du cynisme. Le ministre des finances a beau crier misère et répondre comme Harpagon à tous ceux qui demandent des crédits nouveaux : « Que diable ! toujours de l'argent ! Il semble qu'ils n'aient autre chose à dire : de l'argent, de l'argent, de l'argent ! Ah ! ils n'ont que ce mot à la bouche, de l'argent ! toujours parler d'argent. Voilà leur épée de chevet, de l'argent. » Cela touche peu Jérôme Dutrèfle qui pense que la France sera toujours assez riche pour payer les sottises de ses législateurs.

Il fut répondu à Jérôme Dutrèfle que, puisqu'il parlait de cynisme, on pourrait l'accuser d'ânisme sans que la question eût fait un pas. On démontra que le projet Paul Bert, pour lequel l'urgence avait été votée et qui avait dormi pendant deux ans dans les cartons, n'avait été ressuscité que pour des besoins électoraux. On offrit de prouver, si besoin était, que certains instituteurs s'étaient activement mêlés aux dernières élections. On établit que l'état de nos finances était tel que, si l'on augmentait le traitement des instituteurs, il faudrait créer de nouveaux impôts. Jérôme Dutrèfle répondit à la façon de Petit-Jean.

Il dit fort posément ce dont on n'a que faire
Et court le grand galop quand il est à son fait.

Jérôme Dutrèfle ne répondit rien sur la question principale, sur les raisons financières qui militent contre le projet Paul Bert, il ne songea même plus à contester que cette proposition de loi fût une manœuvre électorale. Et que dit-il, alors ?

Voici la manière dont procède Jérôme Dutrèfle.

Il coupe un morceau dans le dictionnaire Larousse, un autre morceau dans l'article du *Journal de Saône-et-Loire*, un troisième dans Paul-Louis Courier, il rajuste le tout tant bien que mal et voilà son article fait. C'est à croire que ce singulier confrère a fait son apprentissage sur l'établi d'un tailleur.

Du sujet du débat, il n'est plus question, Jérôme Dutrèfle l'a oublié, et à propos du traitement des instituteurs, nous voici engagés dans une querelle sur les citations. Je vais donc suivre Jérôme sur ce nouveau terrain : il est probable que la prochaine fois, Jérôme, se dérobant toujours, nous fera discuter sur Aristote, chapitre des chapeaux. Mais je me rallierai à son panache, qui n'est pas blanc, et je suis bien sûr de ne pas le trouver sur le chemin de la logique.

Quelle est donc cette nouvelle querelle que cherche Jérôme ? On avait cité de mémoire un passage de Paul-Louis Courier, passage qui a été reproduit plusieurs fois dans les polémiques des journaux, car, plusieurs fois, à des gens qui parlaient de cynisme, on a eu l'occasion de riposter en leur donnant de l'ânisme. Là-dessus Jérôme Dutrèfle qui ne cite jamais de mémoire et pour cause, Jérôme Dutrèfle qui n'est savant qu'avec le livre sous les yeux, cherche dans les pamphlets de Paul-Louis le passage auquel il était fait allusion ; il le reproduit dans toute son étendue et il reproche à l'auteur de l'article de n'en avoir pas fait autant. Puis il feuillette le grand dictionnaire Larousse à l'article *citations*.

Larousse et Jérôme Dutrèfle, qui le copie, nous apprennent qu'il y a deux sortes de citations, les bonnes et les mauvaises.

Appuyé sur Larousse, Jérôme Dutrèfle n'hésite pas à dire qu'en ne citant pas *in extenso* le passage de Paul-Louis, l'auteur de l'article a commis un délit de mauvaise foi... littéraire. O ! Jérôme, le croyez-vous ? Votre naïve candeur va-t-elle jusque-là ?

Si vous aviez répondu à la citation où il était question d'ânisme par cet autre :

Je suis âne, il est vrai, j'en conviens, je l'avoue,
Mais que dorénavant on me blâme, on me loue,
J'en veux faire à ma tête...

on n'aurait point songé à vous demander de réciter tout entière la fable du *Meunier, son fils et l'âne*. Et si vous aviez emprunté à cette même fable cet autre vers, accommodé pour la circonstance :

Le plus âne des deux n'est pas celui qu'on pense,

on aurait, une fois par hasard, trouvé que vous aviez de l'esprit et je n'aurais jamais pensé à vous accuser de mauvaise foi littéraire parce que vous auriez mis *deux* à la place de *trois*.

Lorsque votre ami M. Margue a cité Cambronne, on ne l'a pas accusé de mauvaise foi littéraire parce qu'il n'avait pas reproduit tout le chapitre des *Misérables* où le mot fameux est enchâssé.

Je conclus. Malgré les récriminations de Jérôme Dutrèfle contre les citations, je continuerai à citer au hasard de la mémoire, car j'adopte cette devise que Jérôme trouvera peut-être trop modeste :

Au peu d'esprit que le bonhomme avait
L'esprit d'autrui pour complément servait.

Je cite, il en est qui copient et s'attribuent impudemment ce que d'autres ont pensé. Quant à moi,

Mon verre n'est pas grand, mais je bois dans mon verre.

Je crois avoir fait assez de citations, cette fois, pour donner de la besogne à Jérôme Dutrèfle.

Le pauvre homme va-t-il avoir assez de livres à feuilleter pour vérifier l'exactitude de mes citations? Il en rendra les armes, il y perdra son latin, si tant est qu'il en ait.

Jérôme Dutrèfle a publié une centaine de lignes en réponse à cette dernière lettre. On ne saurait rien imaginer de plus plat que cette réponse. Pas un argument, pas une idée. Rien que des mots sans suite. Ainsi, Dutrèfle affirme que si la gloriole était son faible, il se vanterait « de ce que j'ai fait feu de toutes pièces, c'est-à-dire employé tout mon esprit, tous mes effets de style, tous mes souvenirs littéraires, contre lui pauvre paysan ». Où la vanité va-t-elle se nicher? Plus loin, Dutrèfle, dans ce style élégant qui lui est particulier, dit de moi : « Il est glorieux comme un pet (*sic*) qui chante dès qu'il est né, et tout ce que je pourrais dire ne me donnerait pas raison à ses yeux. » Flairez et savourez, lecteurs de Dutrèfle? Est-ce trouvé, cela, hein? Est-ce neuf, est-ce joli, est-ce ingénieux?

J'avais dit que je suivrais Jérôme Dutrèfle dans toutes ses divagations, même s'il abordait le chapitre des chapeaux. Me voilà bien empêché pour le suivre dans les régions où il me conduit, dans ce dédale dont M. Margue doit posséder le fil d'Ariane.

Cependant j'ai promis, il faut tenir, sous peine de ressembler à certains députés. Je dirai donc à Dutrèfle que sa gracieuse et odorante comparaison m'a rappelé certain passage de Rabelais. Je cite de mémoire, Jérôme rectifiera si je me trompe. Pantagruel, dit Rabelais, laissa échapper une flatuosité sonore qui, vu la taille gigantesque de son auteur, fit trembler la terre neuf lieues à la ronde, « duquel avec l'air corrompu engendra plus de cinquante et trois mille petits hommes nains et contrefaits. »

Jérôme Dutrèfle descend peut-être de l'un des cinquante et trois mille.

A DEUX DE JEU

I

AUX LECTEURS

Je reçois la lettre suivante d'un de mes amis et correspondants des environs de Cluny :

« J'étais curieux, mon cher Jean Lavigne, de voir comment les journaux opportunistes et républicains parleraient de la réunion conservatrice tenue dimanche dernier, à Cluny. Ah! mon ami, quelle belle et réjouissante colère! quel ensemble touchant pour mentir! quelles inventions saugrenues! quel art pour dénaturer les choses! Faut-il que le succès de notre réunion de dimanche les ait irrités et effrayés pour que ces journaux et ces journalistes qui se déchiraient, hier, à belles dents en soient venus à se mettre d'accord pour invectiver et injurier. La *Petite Tribune* et l'*Union républicaine* ne se seraient pas mises plus en frais pour débiner un orateur opportuniste. Le *Progrès* et la *Dépêche* n'auraient pas fait davantage pour un radical.

» Ce qui m'a tout particulièrement amusé, ce sont leurs contradictions. L'un de ces journaux dit que nous étions une centaine tout au plus ; l'autre, au contraire, prétend qu'on avait amené « par charretées des fermiers, des vignerons et des domestiques ». Enfin, un troisième plus perspicace que les autres prétend que toute l'assistance se réduisait à « une vieille dévote de Jalogny ».

(Il faut croire que cette vieille dévote s'était déguisée pour la circonstance, car nous n'avons vu à la réunion que beaucoup de blouses et quelques rares paletots.)

« Que ces gens-là ont donc d'esprit! Et de la franchise donc! Ils en revendraient aux arracheurs de dents!

» Ne prenez pas la peine de leur répondre, ne leur dites pas que l'on avait envoyé à peine six cents invitations et que nous avions plus de cinq cents assistants. Ils le savent bien, mais voulez-vous qu'ils l'avouent? Ce leur serait trop pénible.

» Leurs comptes rendus, d'ailleurs, si j'en juge par celui où il est question d'une vieille dévote, sont faits d'imagination. Et leur imagination les sert mal. Il y a, en effet, un de ces journalistes qui prétend qu'à côté de lui ses voisins dormaient sur son épaule (le pauvre homme!); il a même entendu d'irrespectueux ronflements.

» Evidemment, ce sont les souvenirs de ce reporter qui lui ont joué un mauvais tour. Obligé de rendre compte d'une réunion à laquelle il n'avait pu assister, il a dû inventer et il a appelé sa mémoire à son secours. Il s'est alors souvenu d'avoir assisté à une conférence où M. Ch. Boysset avait endormi tout le monde avec ses théories sur le Sénat, il s'est rappelé qu'il avait entendu tous ses voisins ronfler pendant que M. Loranchet barbouillait sur les impôts, et, raisonnant par induction (car c'est un savant homme!), il s'est dit que les choses avaient dû se passer de même à la réunion de Cluny.

» Je suis au désespoir de le contredire, mais je suis obligé de lui apprendre que j'ai rarement vu un auditoire plus sympathique, plus éveillé, plus prodigue de marques d'approbation et d'applaudissements.

» Vous comprenez, mon cher ami, que je ne veux pas m'attarder à réfuter les nombreuses erreurs de comptes rendus faits avec une pareille fantaisie, pour ne pas dire avec une aussi insigne mauvaise foi. Tous ceux qui ont assisté à la conférence de dimanche et qui ont lu ces racontars saugrenus ont haussé les épaules. C'est la seule réponse à faire.

» En terminant, l'un de ces reporters dit : « Si la fantaisie vous reprend de revenir à Cluny, donnez-nous le spectacle d'une conférence publique à Cluny. Nos amis s'y rendront et discuteront vos raisons. Le peuple jugera. Gageons que vous n'accepterez pas. »

» C'est ce qui vous trompe, ô docteur Isambart. La prochaine fois que nous organiserons une réunion à Cluny, ce sera une réunion publique, où nos amis pourront contempler à l'aise les suaves visages des vôtres, où ils pourront savourer votre éloquence qui, si j'en juge par votre style, doit être aussi élégante que distinguée. Ce sera Bibi-la-Grillade avec des gants et du cosmétique.

» Recevez, mon cher Jean Lavigne, l'assurance de mes sentiments de cordiale amitié. »

» RAISINET. »

J'ai peu de choses à ajouter à cette lettre. Je m'étonne de voir les journaux radicaux critiquer la conférence de Cluny. En effet, ce qui a été dit à cette réunion n'était que la répétition en termes beaucoup plus courtois et plus modérés de toutes les critiques que les feuilles radicales éditent contre la République actuelle et ses « masques », pour me servir d'une de leurs expressions.

Ce qui a pu les irriter, c'est qu'à la réunion de Cluny je me suis moqué, aux rires de toute l'assistance, de quelques-uns de leurs amis. Mais aussi pourquoi M. de Lacretelle écrit-il des romans où il nous présente un marin bouchant le trou de son canot en s'asseyant dessus et résistant héroïquement aux poussées de l'eau qui... ?

Pourquoi M. Pochon écrit-il et pourquoi les feuilles radicales reproduisent-elles des lettres où il est recommandé aux laboureurs bressans de se priver. C'est à des cultivateurs bressans qui mangent comme vous savez, qui s'habillent comme vous savez, que M. Pochon conseille de réduire le luxe de leur nourriture et de leur habillement, tandis que

M. Grévy touche 300,000 fr. par an pour voyager et ne voyage jamais ! Cela fait rire, mais à qui la faute ?

Car nous n'avons pas besoin, nous conservateurs, de nous mettre l'esprit à la torture, de nous battre les flancs, de singer Gavroche et de copier Coupeau pour faire rire de nos adversaires. Nous n'avons qu'à peindre fidèlement leurs personnes, et tout le monde éclate de rire, comme on l'a bien vu dimanche. Si l'on veut la lutte sur ce terrain, nous aurons la partie belle. Qu'on le sache bien !

Discutons sérieusement et courtoisement, si on le veut, nous sommes prêts. Si, au contraire, on préfère les lazzi et la satire, soit ! La matière ne nous manque pas, Dieu merci ! Quand on a pour adversaires des écrivains comme M. de Lacretelle, l'auteur de la phrase fameuse : « Il prit son courage et une lanterne à deux mains, » des orateurs-réformateurs comme M. Loranchet qui propose un impôt sur les capacités de chacun, dans l'espoir, sans doute, de diminuer sa feuille d'impôts et celle de ses amis, quand on a de tels adversaires et bien d'autres que je pourrais nommer, on a toute une provision de rire sur la planche. A votre aise donc ! messieurs les radicaux, tirez les premiers.

P. S. Une feuille radicale publie, ce matin, un nouveau compte rendu de la conférence de Cluny. Le narrateur dit : « La salle croule sous la violence des applaudissements. Des regards férocement inquisiteurs se tournent vers moi. » Et plus loin : « Un tonnerre d'applaudissements accueille ces paroles ! » Accordez vos flûtes, messieurs les radicaux. Il semble difficile qu'on ait pu dormir avec un pareil tonnerre, à moins que l'on ait eu dans sa poche un numéro d'une feuille radicale du département dont la « *vis dormitiva* » est irrésistible, à dire d'experts.

22 février 1885.

II

LISTE CIVILE ET LISTE CIVIQUE

AUX LECTEURS

Dans ma dernière lettre, j'avais répondu incidemment à un journaliste (?) qui avait publié dans le style de Bibi-la-Grillade et de Coupeau un compte rendu aussi ridicule que mensonger sur la conférence de Cluny. Aujourd'hui, le Bibi-la-Grillade qui fait partie de ce groupe de chroniqueurs en langue verte connus sous les noms pittoresques de Coqhardy, Gavroche, Crête-Rouge, etc., répond de façon presque polie. Cela me décide à lui donner la réplique qu'il désire peut-être.

Bibi-la-Grillade est-il à la fois, comme on le prétend, homme politique et municipal, médecin et journaliste à Cluny? Rédige-t-il en même temps des articles pour endormir ses clients, comme feu son confrère Théophraste Renaudot, et des ordonnances pour la République? Est-il vrai que ce radical à tous crins soit aussi soigné dans sa tenue que débraillé dans son style? Peu m'importe! Je veux laisser de côté la personne de mon contradicteur pour ne m'occuper que de ses objections.

Voyons-les donc.

« Quand on se permet, écrit Bibi-la-Grillade, de trouver énorme le traitement de 1 million 200,000 francs accordé au Président de la République et qu'on trouve tout naturel de donner à un roi la modique somme de 40 millions, sans compter les dotations aux fils, frères, sœurs et parents du roi, — et l'on sait si cette espèce pullule, — on ne peut vraiment pas s'étonner de s'entendre traiter de farceur! Quand un parti politique a, à son actif, — disons mieux à son passif, — le milliard des émigrés, il est, en vérité, mal venu à reprocher aux républicains les indemnités de Décembre! »

Oui, Bibi, ne vous en déplaise, je me permets, de trouver énorme le traitement de 1,200,000 francs donné au Président de la République, je trouve énorme qu'on donne par an 300,000 fr. de frais de voyage à un homme qui ne voyage pas.

Pourquoi donner des frais de déplacement à M. Grévy? Comme si les Compagnies de chemin de fer faisaient payer sa place à notre président, comme s'il n'envoyait pas ses malles à la gare dans une voiture affectée aux transports de l'État!

Je me permets de trouver énorme qu'on prélève tous les ans sur le budget de l'agriculture une somme de 63,000 fr. pour l'entretien des chasses de M. le Président de la République, pour permettre à M. Jules Grévy de vendre des lapins à 4 fr. la pièce.

Je me permets de trouver énorme surtout qu'un député républicain, M. Pochon, qui touche son indemnité annuelle de 9,000 fr., qui voyage gratuitement sur tous les chemins de fer, qui accorde sans marchander des centaines de mille francs à M. Grévy et des millions à une foule de gratte-papier inutiles, je me permets de trouver énorme, dis-je, que ce député vienne prêcher la résignation aux paysans de la Bresse et leur recommander de se priver, à ces paysans qui vivent de bouillie de maïs et de pain noir et qui boivent de l'eau.

Mais, écrivez-vous, et les 40 millions de la liste civile, qu'en dites-vous? Connue et prévue votre objection.

D'abord cette liste civile n'était pas de 40 millions; elle était de 25 seulement; ensuite, elle n'était pas, comme vous le laissez supposer, par erreur ou par ignorance, donnée uniquement au souverain. Outre qu'elle subvenait à l'entretien de la maison civile et militaire du chef de l'Etat, elle servait aussi à l'entretien des résidences et des palais royaux, du mobilier de la Couronne, des musées nationaux, des manufactures nationales, des parcs et jardins, des forêts, elle donnait à l'Opéra une subvention qui, pendant la durée de l'Empire, a absorbé à elle seule plus de 28 millions.

Plus des trois quarts de ces dépenses subsistent aujourd'hui ; seulement au lieu d'être payées par M. Grévy, elles sont prélevées sur le budget de l'Etat, mais, pour nous, contribuables, le résultat est absolument le même.

Si vous vouliez prendre un point de comparaison, Bibi, ce n'était pas la liste civile qu'il fallait choisir. Il y avait un autre exemple plus frappant et plus concluant :

Napoléon Ier étant consul à vie recevait 500,000 fr. par an. Si les hommes étaient payés en raison de leur génie, comptez ce qu'aurait dû recevoir Napoléon Ier, consul à vie, et ce que mériterait M. Grévy.

Il est bon de rappeler aussi que M. Thiers n'avait que 600,000 fr.

Puisque vous avez mis le débat sur ce terrain, je veux que la discussion soit complète ; vous avez parlé de la liste civile de la Monarchie, parlons un peu de la liste civique de la République, et voyons ce qu'elle nous coûte.

D'abord, nous avons les deux Chambres qui nous coûtent annuellement 12 millions. En 1875, pour un nombre presque égal de représentants, l'Assemblée nationale dépensait 8,654,000 francs seulement. L'indemnité législative absorbe environ 9 millions et les Chambres en dépensent 12. Pourquoi ? Parce qu'il y a dans les annexes du Sénat et de la Chambre tout un peuple d'employés, de garçons, d'huissiers, de gens de service, logé, chauffé, éclairé aux dépens du contribuable.

En 1875, avant l'avènement des républicains, la dette

viagère, en comprenant les dotations, n'exigeait qu'une dépense de 140 millions. Aujourd'hui la dépense excède 240 millions et le total doit s'accroître, en vertu de lois votées, de 80 millions pour les pensions civiles et militaires. « 320 millions de dette viagère ! s'écriait un éminent financier. Quand il s'agit de dette, la République fait grand. »

Est-ce tout ? Pas encore. Jadis on entendait les républicains déclamer contre les gros traitements accordés aux diplomates et aux ambassadeurs. Les ont-ils supprimés ? Allons donc, ils ont voté des augmentations et le budget des affaires étrangères est de 6 millions plus élevé qu'en 1875, grâce aux suppléments de traitement alloués aux ambassadeurs, ministres plénipotentiaires, chargés d'affaires, consuls, etc.

« Maintenant que nos agents sont républicains, disait M. Gambetta à la commission du budget, il faut qu'ils fassent à l'étranger bonne figure. » Comme si l'argent suffisait pour faire bonne figure et donner la considération. On peut juger si les diplomates, depuis qu'ils sont républicains et mieux payés, nous font de meilleure politique.

Le traitement des préfets a été augmenté ; le chapitre du budget qui les concerne est de 600,000 fr. plus élevé qu'en 1875.

Les dépenses de l'instruction publique se sont élevées de 37 millions par an à plus de 140. Elles sont utiles, celles-là, j'en conviens. Mais de quelle manière sont-elles faites ?

En 1875, 3,700,000 enfants fréquentaient les écoles publiques et coûtaient à l'Etat 17,967,000 francs, c'est-à-dire 4 fr. 85 par tête et par an. Aujourd'hui les 4 millions d'enfants qui fréquentent les écoles publiques coûtent à l'Etat 103 millions, c'est-à-dire 25 fr. 75 par tête et par an. La dépense a quintuplé et ce n'est pas parce qu'on donne l'instruction à 5 fois plus d'enfants, c'est parce que cette instruction coûte 5 fois plus cher.

Nonobstant, les instituteurs se plaignent avec raison de

ce qu'au lieu d'améliorer leur situation, suivant la promesse faite, on l'a diminuée. Concluez.

En 1875, nous avions pour le commerce et l'agriculture un seul ministère dont les dépenses s'élevaient à 21 millions. Aujourd'hui, nous avons deux ministres et deux ministères. Le ministère du commerce à lui seul dépense 21 millions, et le ministère de l'agriculture 26, en tout 47 millions. La dépense a plus que doublé.

Et qui profite de ces millions ? Les agriculteurs ? Les commerçants ? Allons donc ! Ces millions sont dépensés en frais de chauffage, d'éclairage, en traitements donnés à une foule de commis et de gens de service qui ne servent à rien. « Pauvres cultivateurs ! dit avec raison le financier que j'ai déjà cité, le phylloxera, le ver blanc, la grêle, les chenilles ne vous pillent pas tous les ans, au lieu que cette engeance s'abat sur vous à chaque budget pour dévorer la fleur du produit de vos champs ! »

Bref, je pourrais passer ainsi en revue tous les ministères et je trouverais l'augmentation de 600 millions de dépenses que les républicains nous ont imposées depuis dix ans, 600 millions de dépenses annuelles, voilà quelle est la liste civique de la République. Avouez que la liste civile n'est rien en comparaison.

Vous prétendez aussi, excellent Bibi, justifier les pensions accordées aux victimes du 2 Décembre en invoquant le souvenir du milliard d'indemnité accordé aux émigrés. Je ne prétends pas, moi, justifier ce milliard, ce fut, à mon humble avis, une faute de le voter ; cependant je vous ferai observer que ce milliard fut donné aux émigrés pour les indemniser de la perte de leurs biens vendus en leur absence pendant la Révolution. Pouvez-vous invoquer pareille raison pour vos soi-disant victimes? Pourriez-vous me dire ce que tel ou tel victimard de Cluny ou des environs avait perdu au coup d'Etat? Si les victimards du 2 Décembre avaient eu des biens confisqués dans la même proportion que les émigrés, ce n'est pas un milliard que la République leur aurait donné, c'est dix milliards au risque de nous ruiner tous.

Enfin, éminent Bibi, les rentiers dont les pièces de cent sous ont été réduites à 4 fr. 50 par la conversion ne payent-ils pas depuis 3 trois ans, à eux seuls, une liste civique de 35 millions à la République ?

Croyez-moi, ne parlez jamais de finances, car en ce point les républicains, en gaspillant plus de 17 milliards, nous ont fait la partie trop belle. Ou, si vous tenez à en parler,

Avant donc que d'écrire, apprenez à compter.

Si vous voulez discuter, étudiez auparavant, sachez ce que vous voulez dire, ne lâchez plus de ces bourdes et de ces erreurs comme celles que je viens de signaler. Sinon, on sera forcé de vous dire que vous ne pouvez réussir que dans la gaudriole et que tout votre bagage politique se résume à quelques rengaines que vous avez mal retenues et que vous n'avez pas même comprises.

Ne prenez pas surtout de ces airs de hauteur qui cadrent mal avec votre science et votre style. Soyez moins suffisant, jeune homme. « Si un homme a une grande idée de lui-même, a dit je ne sais quel écrivain, vous pouvez être à peu près sûr que c'est la seule grande idée qu'il ait jamais eue de sa vie. »

On pourrait bien en dire autant de vous et de vos camarades, pareils à des mouches du coche bourdonnantes, faisant du bruit comme des hannetons renfermés dans un tambour, et ayant l'air de s'imaginer que sans leur petit tapage et le moulinet de leur bras, la terre s'arrêterait de tourner.

Et pourtant elle tourne...rait.

7 mars 1885.

III

DIAFOIRUS ET BIBI

AUX LECTEURS

Dans la comédie, le médecin Thomas Diafoirus dit à la fille d'Argan :

Ne plus, ne moins que la statue de Memnon rendait un son harmonieux lorsqu'elle venait à être éclairée des rayons du soleil, tout de même me sens-je animé d'un doux transport à l'apparition du soleil de vos beautés ; et, comme les naturalistes remarquent que la fleur héliotrope tourne sans cesse vers cet astre du jour, aussi mon cœur, dores en avant, tournera-t-il toujours vers les astres resplendissants de vos yeux adorables, ainsi que vers son pôle unique. Souffrez donc, mademoiselle, que j'appende aujourd'hui, à l'autel de vos charmes, l'offrande de ce cœur, qui ne respire et n'ambitionne autre gloire que d'être toute sa vie, mademoiselle, votre très humble, très obéissant et très fidèle serviteur.

Mardi, sur le théâtre de Mâcon, le médecin Fernand Dubief a dit, en s'adressant aux quelques dames qui assistaient à la conférence Vergoin :

Voltaire a écrit quelque part que Boileau, au lieu de critiquer dans sa satire *des femmes* une grande dame de son temps qui s'était adonnée à l'astronomie, eût mieux fait d'apprendre l'astronomie lui-même ; Voltaire répondait ainsi par avance aux personnes graves et bien pensantes de nos jours qui prétendent que les dames ne devraient pas avoir place dans les réunions où l'on s'occupe de politique. Combien cette opinion de Voltaire n'est-elle pas plus vraie encore lorsque, au lieu de la lune et des étoiles, il s'agit des graves questions dont la solution doit régler nos destinées, dans un pays où le bulletin de vote donne à chaque citoyen sa part de souveraineté et où l'influence de la femme, si légitime et si puissante, s'exerce partout et à chaque moment.

Relisez attentivement le compliment Diafoirus et le compliment Dubief, et vous conviendrez avec moi que le galimatias de Thomas est bien supérieur à celui de Fernand.

Tous les deux sont allés chercher leurs comparaisons dans la lune, mais Thomas Diafoirus a trouvé un pathos supérieur. Cependant, avec de l'étude, des soins, du temps et de la persévérance, M. Fernand Dubief ne tardera pas à égaler, peut-être même à distancer son modèle.

Ne faut-il pas déjà une grande ingéniosité et une vraie souplesse d'écureuil pour trouver que « Voltaire a écrit quelque part que Boileau aurait dû apprendre l'astronomie » et que cela prouve que la femme doit faire de la politique. Voilà bien des *que!* la raison en est *que*, pour suivre des raisonnements aussi subtils, il faut beaucoup de conjonctions !

En outre, M. Fernand Dubief a déjà de jolies périphrases à son actif. S'il n'a pas imaginé la suave métaphore de « la fleur nommée héliotrope qui tourne sans cesse vers l'astre du jour », il a trouvé quelques images qui méritent d'être encadrées.

En certain passage même de sa harangue aux dames, M. Fernand Dubief me paraît, je le reconnais volontiers, atteindre à la hauteur de Thomas Diafoirus.

Ainsi, par exemple, à un moment donné, le Thomas de la comédie dit à sa fiancée :

Nous lisons des anciens, mademoiselle, que leur coutume était d'enlever par force, de la maison des pères, les filles qu'on menait marier, afin qu'il ne semblât pas que ce fût de leur consentement qu'elles convolaient dans les bras d'un homme.

Je le demande à tout homme impartial, M. Fernand

Dubief n'égale-t-il pas le *gallithomas* de Diafoirus dans les phrases suivantes :

Les vieux Gaulois, nos ancêtres, étaient moins dédaigneux de l'avis des femmes, eux qui leur faisaient une part dans la direction des affaires publiques et leur donnaient une place dans leurs conseils. Si nous devions, remontant les âges, aller chercher des enseignements, je crois — et ce serait sans doute aujourd'hui l'opinion de Voltaire — que nous ferions bien de ne pas nous adresser aux théologiens irrévérencieux du concile de Mâcon qui disputaient de la question de savoir si la femme a une âme ou n'en a pas, et que notre civilisation tant proclamée et tant vantée d'aujourd'hui pourrait avoir quelque chose à reprendre de bon à la vieille barbarie de nos ancêtres des Gaules.

Si les dames qui assistaient à la conférence ne se sont pas pâmées d'aise à ce compliment, c'est qu'elles sont difficiles; si, comme la fleur nommée héliotrope, elles ne se sont pas tournées vers « l'astre nouveau », elles feront bien d'étudier l'astronomie ainsi que le leur conseille M. Fernand Dubief, afin d'apprendre à distinguer les petites étoiles, les petites lunes appelées aussi des lunettes, qui font leur apparition à notre horizon politique.

Un savant astronome italien, Palissa, offre à toute personne, moyennant la faible somme de 1,200 fr. de donner le nom qui lui plaira à une étoile qu'il vient de découvrir. Les dames qui assistaient à la conférence de mardi pourraient fort bien se cotiser pour trouver 1,200 fr. (qu'est-ce que cela? une misère!) qu'elles enverraient au savant Palissa en le priant de donner à son étoile le nom de la petite lune ou lunette qui a brillé, mardi soir, sur la scène de Mâcon.

Seulement, avec toute la déférence qu'on doit à une petite lune, je me permettrai de faire remarquer à M. F. Dubief « qu'en remontant les âges » il a commis une grosse erreur historique Il est établi aujourd'hui qu'aucun concile de Mâcon n'a, comme le répète après mille autres, le Diafoirus politiquant, disputé de la question de savoir si la femme a une âme ou n'en a pas. C'est une bourde que M. Fernand Dubief fera bien de rayer de son répertoire.

M. Dubief devrait, d'ailleurs, s'en tenir au madrigal qu'il réussit bien, comme on l'a vu, car lorsqu'il en sort, il commet de graves erreurs.

Je sais bien qu'il répète ce qu'il a lu ou entendu dire, mais lorsqu'on aspire à devenir un homme d'Etat, on doit, si l'on veut être pris au sérieux, ne rien affirmer qu'on ne puisse prouver. Or, je défie bien M. Dubief de prouver ce qu'il avance au sujet du concile de Mâcon, comme je le défie d'apporter une preuve sérieuse à la grave accusation qu'il a lancée contre les grandes Compagnies de chemins de fer, car ce docteur parle de tout, de Voltaire et de Boileau, de la lune et des étoiles, des conciles et des chemins de fer.

Mardi soir, M. Dubief a affirmé légèrement et sans preuves que « les grandes Compagnies de chemins de fer s'étaient fait payer sur des mandats quintuples ou faux, avec l'incurie ou complicité des bureaux de la guerre, près de 49 millions qui ne leur étaient pas dus ».

Cette accusation est absolument fausse. M. Dubief pourra, pour la soutenir, puiser ses arguments dans le rapport Lombard. Je lui prouverai ce qu'il faut penser de ce rapport. En tout cas, il est singulier que, sur la foi de ce document, sans qu'il ait été discuté contradictoirement à la Chambre, sans que les Compagnies et l'administration de la guerre aient été admises à se disculper, comme elles le feront facilement, il est singulier, dis-je, qu'un futur homme d'Etat, de l'importance et de la taille de M. F. Dubief, se soit permis de lancer une pareille accusation.

M. F. Dubief n'est pas plus heureux lorsqu'il prétend indiquer la véritable cause de la crise agricole. « Elle est, dit-il, dans l'exagération des tarifs de transports. » Ainsi raisonnent les habiles qui savent tout sans avoir rien appris.

Mais, ô Diafoirus, si, comme vous le demandez, en vous appuyant sur les arguments du citoyen Brialou, les Compagnies abaissent leurs tarifs, leurs recettes diminueront et, en vertu des conventions, l'Etat, qui a dû leur payer l'année dernière 23 millions pour garantie d'intérêts, sera forcé de leur payer 100, 200 millions peut-être. Et vous qui savez tout, vous n'ignorez pas sans doute que, lorsque l'Etat paye, ce sont les contribuables qui fournissent l'argent. Nous payerons donc à l'Etat au lieu de payer aux Compagnies. En serons-nous plus riches ?

Tout n'est pas à critiquer dans la harangue de M. F. Dubief, il a émis quelques idées justes sur le poids des impôts, par exemple, sur les douzièmes provisoires, sur la guerre du Tonkin « où s'engloutissent nos hommes et nos millions ». Mais pourquoi attaque-t-il dans son journal, car il est aussi journaliste, ceux qui émettent, avec une éloquence moins brillante, sans doute, que la sienne, des critiques semblables ? Serait-ce jalousie de métier ? Le soleil luit pour tout le monde, quoique M. Dubief ait droit évidemment à plus de rayons.

Et puisque je suis en train de louer M. Dubief, je dois avouer qu'il a de jolies images, et qu'il sait émailler ses discours de fleurs de rhétorique neuves et hardies. Ainsi, il excelle à « jeter les réformes dans le creuset de l'opinion publique », à se moquer des gens qui sont éblouis par les lumières qu'il répand, « habitués qu'ils sont à la pénombre des prétendues vérités officielles. »

On est tout remué lorsqu'on l'entend gémir sur « la France garrottée et inerte dans les langes d'une Constitution royaliste » et proposer de transformer ces langes en « un asile, un temple inviolable de la souveraineté nationale et de la liberté ».

Pourquoi pas ? On fait bien des chemises en papier !

Le journal de M. Dubief, qui publie le compte rendu de la conférence de mardi, le termine par cette phrase modeste :

« M. F. Dubief se rassied au milieu des applaudissements et la Fanfare entonne la *Marseillaise*. »

Je comprends cette apothéose à M. F. Dubief rassis! Je le laisse dans sa gloire et je passe à un autre docteur, son émule et son ami, avec lequel j'ai une petite querelle.

Je suis bien téméraire de m'attaquer ainsi le même jour à deux médecins qui pourraient fort bien lancer contre moi les anathèmes de monsieur Purgon : « Je veux que vous tombiez dans la bradypepsie, de la bradypepsie dans la dyspepsie, de la dyspepsie dans l'apepsie, de l'apepsie dans la lientérie, de la lientérie dans la dysenterie, de la dysenterie dans l'hydropisie et de l'hydropisie dans la privation de la vie où vous aura conduit votre folie. »

Mais le devoir avant tout!

Cet autre médecin politique se plaint de ce que je l'ai surnommé Bibi-la-Grillade. Il eût préféré sans doute être appelé Tomès, Desfonandrès, Filerin ou Purgon ; j'ai dû choisir le nom qui me paraissait convenir à cet homme au style d'Assommoir. Et pourquoi se plaindre d'être appelé Bibi-la-Grillade lorsqu'on écrit dans un journal qui compte parmi ses rédacteurs les Gavroche, les Crête-Rouge et les Coqhardy ? Bibi-la-Grillade n'est-il pas aussi pittoresque et aussi suave ?

Vous vous rappelez que cet excellent Bibi, pour répondre à mes critiques sur les finances républicaines, avait ramassé la vieille rengaine de la liste civile qui coûtait, disait-il, 40 millions par an. Je lui ai tout doucement fait observer que la liste civile était de 25 millions seulement et que la plus grande partie de ces 25 millions était employée à des dépenses d'entretien qui existent encore aujourd'hui.

Bibi là-dessus ne répond rien, sinon qu'à ces 25 millions, il faut ajouter 3 millions, produit des forêts de la couronne, et 1,500,000 fr. de dotation aux princes. Cela ne fait encore que 29,500,000 fr. Bibi fait donc des erreurs de 10 millions aussi facilement que M. Tirard se trompe de 100 millions dans ses additions. Bibi a l'étoffe d'un futur ministre des finances sous la République radicale.

J'avais opposé à cette liste civile les 600 millions d'augmentations de dépenses que la République nous a imposés depuis six ans, par ses dotations, ses pensions aux victimards, ses augmentations de traitements, etc. J'avais opposé également les 35 millions de liste civique que les rentiers payent depuis trois ans à la République. A tout cela Bibi ne répond pas ; pour dissimuler son ignorance et son impuissance, il ne trouve que cette excuse : « Nos lecteurs pensent bien que je ne vais pas leur infliger une colonne de chiffres pour réfuter les assertions de Jean Lavigne. » Pauvre Bibi, va ! il est impossible de mettre plus d'ingénuité à s'avouer battu.

Il me provoque à une discussion en réunion publique où il pense m'écraser sous les foudres de son éloquence. Je ne refuse pas, mais il ne faudra pas que Bibi vienne dire : « Mes auditeurs pensent bien que je ne vais pas leur infliger des colonnes de chiffres pour réfuter les assertions de mon contradicteur. » Cette ficelle rouge est trop usée. Que Bibi prenne donc le temps nécessaire pour étudier ces questions, qu'il ignore à présent, et alors nous verrons.

Pour se venger de son impuissance, Bibi me dit que je suis laid, et moi, Bibi, je vous trouve beau, oui, beau dès le matin et encore beau le soir. Vous êtes un Adonis à moustaches jaunes, et si Molière vous voyait, il écrirait de nouveau l'*Amour médecin*.

Et pour vous prouver : 1° que je ne connais pas seulement « le latin d'église » ; 2° que je n'ai pas de rancune contre vous, je termine par ce souhait :

> *Vivat, vivat, vivat, cent fois vivat*
> *Bibi doctor qui tam bene parlat ;*
> *Mille, mille annis et manget et bibat,*
> *Et seignet et tuat.*

14 mars 1885.

IV

LA DERNIÈRE A BIBI

J'ai eu l'imprudence de dire l'autre jour à Bibi-la-Grillade que je le trouvais beau dès le matin et encore beau le soir. Depuis ce temps Bibi fait la roue devant son miroir. Il en a perdu le peu d'esprit qu'il avait. Pauvre Bibi ! Dans sa réponse précédente, il avait trouvé la moitié d'un argument que je n'avais pas eu grand'peine à réfuter. Dans sa nouvelle riposte, il n'y a plus rien et la polémique perd ses droits.

Bibi ne parle plus de la liste civile, il n'essaye plus de justifier la liste civique de la troisième République. Il met sans doute à profit le conseil que je lui ai ai donné, il étudie les questions financières ; lorsque son instruction sera terminée, je reprendrai avec lui cette discussion — maintenant close — soit dans le journal, soit dans une réunion publique ; je laisse à Bibi le choix des armes ; il essayera de me terrasser par son éloquence, ou de m'écraser sous le poids de sa plume — je devrais peut-être dire de ses plumes.

Aujourd'hui, Bibi se recueille ou se ramasse ; convaincu d'ignorance en matière financière et économique, il essaye de prouver qu'il est plus fort en littérature. J'avais fait allusion aux Diafoirus du *Malade imaginaire*, le docteur Bibi me répond que j'ai dû étudier aussi *Tartuffe*. Parbleu ! C'est une étude qu'on ne doit point négliger à cette époque où les Tartuffes ont revêtu l'habit rouge et jouent les premiers rôles sur la scène politique.

Rien n'est plus commun aujourd'hui que ces francs charlatans, que ces dévots de places qui, « sous les dehors plâtrés d'un zèle spécieux », cultivent l'art de rédiger des programmes politiques et de s'en faire neuf mille francs de rentes. Les rues sont pleines, à Cluny comme ailleurs, de ces radicaux d'aujourd'hui qui seraient les opportunistes de demain, car le radical est un opportuniste qui veut arriver, comme l'opportuniste est un radical qui est arrivé.

Que dit encore Bibi ? L'autre jour, il me trouvait laid, j'ai répondu que je le trouvais beau. Alléché par ce succès, il déclare aujourd'hui que je ne suis pas spirituel, espérant sans doute qu'avec ma bienveillance accoutumée je vais lui découvrir de l'esprit. Mais à l'impossible nul n'est tenu. Bibi peut penser que, lorsqu'il écrit, Cluny n'est plus Cluny, que c'est Bibipolis ; je suis désolé de lui apprendre qu'à Cluny même, la ville qu'il administre, qu'il soigne et qu'il endort, on n'a plus guère d'illusion sur ses mérites.

21 mars 1885.

DANS LE ROYAUME DES AVEUGLES...

I

A Monsieur SARRIEN
Député de Saône-et-Loire.

On dit que vous serez ministre. Toutes les listes que l'on fait circuler contiennent votre nom, les uns vous donnent les finances, les autres l'agriculture, ceux-ci les travaux publics, ceux-là le commerce. Il semble que vous soyez devenu l'homme indispensable et que vos aptitudes soient universelles.

Il y a dix ans, vous n'étiez ni financier, ni agriculteur, ni ingénieur, ni commerçant, vous n'étiez qu'un tout petit avocat sans causes.

Et, en moins de dix ans, vous êtes devenu pour le parti républicain l'homme nécessaire, l'homme qu'on met partout, qui sait tout, qui figure dans toutes les combinaisons.

On ne pourrait certes que s'applaudir de voir un homme s'élever par son travail et son intelligence aux plus hautes situations, et il faudrait être bien sot pour ne pas reconnaître qu'un Laffitte, qui de petit gratte-papier devint le premier financier de son temps, n'eut que plus de mérite d'être le fils de ses œuvres.

Mais pour vous ce n'est pas le cas ; la fortune, les circonstances vous ont servi autant que votre travail ; l'ignorance et la nullité des hommes de votre parti ont aidé à votre succès autant et plus que vos efforts personnels. Je ne dis assurément rien d'excessif en constatant que si, au milieu des Bouthier de Rochefort, des Loranchet, des Lacretelle et autres Truelle, vous passez pour un aigle, dans une assemblée, dans un parti qui compterait des Bocher, des Buffet, des Chesnelong, des Pouyer-Quertier, vous ne pourriez jamais songer à jouer les premiers rôles.

Je ne veux rien vous enlever de vos mérites, je ne suis pas un dénigreur systématique pour mes adversaires et j'aime à leur rendre la justice à laquelle ils ont droit. Je reconnais donc que vous êtes un travailleur, un éplucheur de chiffres. Vous savez, à coup sûr, faire une addition mieux que M. Tirard, et dans les commissions parlementaires vous avez dû rendre plus d'un service. Je vous ai vu, ici, au conseil général, bataillant pour le budget départemental, rognant et taillant dans les crédits et les subventions pour arriver à équilibrer les recettes et les dépenses, écouté comme un oracle par vos collègues de la gauche qui finissent toujours par se rendre à vos observations présentées sans chaleur, mais du petit ton sec et cassant d'un homme qui n'aime pas la réplique. En vous écoutant, je me disais que vous aviez l'étoffe d'un bon teneur de livres, d'un excellent chef de bureau, mais d'un ministre, jamais !

Mais, après tout, autant vous qu'un autre. Les Hérisson, les Duvaux, les Farre, les Thibaudin n'étaient pas non plus des phénix, et la République en a fait des Excellences. On a été forcé d'abaisser la taille règlementaire pour les ministres, comme pour les soldats. Petit, tout est petit, sous ce vilain petit régime.

C'est un écrivain républicain qui apprécie dans les termes que voici le personnel politique de la troisième République :

« Le personnel politique dont nous subissons la direction, dit M. Hector Pessard, *est certainement le moins estimable et le moins intelligent de tous ceux qui ont été infligés à la France. Il est ignorant, bavard, grossier comme les foules dont il* est l'image, tout en appétit, sans idée, sans mesure. Il a la tête farcie de quelques phrases soi-disant démocratiques qu'il crache de temps en temps au public sans souci de ce qu'il en adviendra. Il tient férocement à la part de butin qu'il a su se faire dans la curée électorale et n'en veut point démordre. Il n'a ni traditions, ni esprit de suite dans les entreprises engagées. Il n'admet que le succès, n'admire que la force et est prêt pour toutes les servitudes d'en bas, s'il a l'espoir de continuer à toucher sa paye, comme un bon domestique. A cette heure, il croit que l'avenir est au radicalisme. Il glisse vers les radicaux, demain il se précipitera dans leurs bras. »

Vous ne serez pas des derniers, monsieur, à donner le baiser Lamourette aux radicaux, vous qui, par de savantes évolutions, parti des limites extrêmes du centre gauche êtes arrivé à être l'allié et le protégé des intransigeants de notre département.

Ce personnel politique, que M. Hector Pessard connaît et juge si bien, est-il capable de nous sortir du gâchis profond où il nous a plongés ? Les politiques les moins clairvoyants sont forcés de reconnaître qu'il est impossible de gouverner un grand pays avec de pareils éléments, on ne peut que le laisser glisser dans l'imbécillité, dans la boue ou dans le sang.

La République a-t-elle mieux à nous offrir ? A-t-elle un personnel de rechange ? Non, si j'en juge par notre département. Où sont donc, dans Saône-et-Loire, les douze personnalités marquantes, les hommes intelligents, influents, ayant rendu des services au pays, s'étant signalés autrement que par des phrases et des réclames à l'attention du pays ? Où sont les douze hommes capables de remplacer avantageusement les neuf députés et les trois sénateurs de Saône-et-Loire ? Sont-ils dans le parti républicain ? Je dis énergiquement : Non. Il y a bien toute une cohorte de jeunes éphèbes qui ont plus de prétentions que de barbe au menton, mais malgré tout le mal qu'ils se donnent, on ne peut pas les prendre au sérieux.

Il m'est difficile, quant à moi, de m'imaginer que M. Fernand Dubief, même aidé de M. Simyan, sauvera la France et la République.

Ainsi, à dire d'experts, le personnel actuel de la République ne vaut pas grand'chose et son personnel de rechange vaut encore moins.

La conclusion à tirer, c'est que leur patriotisme, autant que leur intérêt, obligera les électeurs à choisir leurs représentants en dehors du parti républicain.

Le laboureur qui vit de misère, le fabricant qui manque de commandes, le commerçant qui se plaint de la marche des affaires, l'ouvrier qui chôme, le contribuable qui est écrasé d'impôts, le patriote qui gémit de voir son pays humilié et affaibli par des aventures lointaines, en un mot l'immense majorité des électeurs répudieront solennellement le personnel républicain qui nous a si mal gouvernés pendant ces six dernières années.

Ne trouvant pas mieux dans le personnel radical qui va s'offrir à eux, ils chercheront, je l'espère et je le désire ardemment, leurs représentants dans ce parti conservateur qui, après cinq ans d'administration, avait relevé les affaires de la France, restauré notre armée, rempli les caisses de l'Etat, et assuré la prospérité de notre agriculture, de notre commerce et de notre industrie.

C'est pourquoi, je vous dis, monsieur le Député : Si un portefeuille vous est offert dans n'importe quelle combinaison ministérielle, acceptez-le avec empressement, vous ne retrouverez jamais une pareille occasion.

Au moment de finir cette lettre, j'apprends que M. de Freycinet a échoué dans sa mission de constituer un ministère et que M. Grévy vient de faire appeler MM. Constans et Devès pour former un cabinet d'affaires.

Je ne désespère pas d'apprendre que M. Constans ayant

échoué à son tour, M. le Président de la République a fait appeler M. Truelle qui a offert le portefeuille de l'instruction publique à M. de Lacretelle et celui de l'agriculture à M. Bouthier de Rochefort.

Oh ! que si l'âne alors, à bon droit misanthrope,
Pouvait trouver la voix qu'il eut au temps d'Esope,
De tous côtés, monsieur, voyant les hommes fous,
Qu'il dirait de bon cœur sans en être jaloux,
Content de ses chardons et secouant la tête :
Ma foi ! non plus que nous, l'homme n'est qu'une bête !

En attendant que vous soyez ministre, je vous offre, monsieur le Député, l'expression de mes sentiments très distingués.

P. S. — Après avoir été désigné pour les finances, l'agriculture, l'intérieur, les travaux publics et le commerce, M. Sarrien a fini par se contenter du ministère des postes, comme le héron, qui après avoir dédaigné les tanches et le goujon, fut tout heureux et tout aise d'avaler une limace.

5 avril 1885.

II

HABITS ET GALONS

AUX LECTEURS

Il ne faut plus s'étonner de rien. On me raconte que le maire républicain d'une grosse commune, voulant représenter dignement ses administrés aux opérations du tirage au sort, se serait fait habiller des pieds à la tête aux frais des contribuables. Les quinze conseillers municipaux de la commune auraient voté, à cet effet, une somme de deux cents francs.

J'imagine que le tailleur a dû prendre ses précautions et couper l'habit de telle façon que chacun des conseillers puisse à tour de rôle, dans les circonstances solennelles, endosser la redingote municipale.

Un si bel exemple ne peut manquer de trouver des imitateurs. Et je crois que la Chambre, avant de se séparer, ferait bien de décider qu'à l'avenir les municipalités républicaines pourront se faire habiller aux frais des communes qu'elles représentent. Chaque commune alors, outre son secrétaire de mairie, son cantonnier et son garde champêtre, aurait son tailleur municipal. Ce serait un emploi nouveau et les députés républicains qui ont tant de mal à caser toutes leurs créatures trouveraient là un débouché précieux.

Vous me direz que la plupart des agents électoraux de nos députés ne savent pas tirer l'aiguille et qu'il serait difficile de leur confier un emploi de tailleur municipal. A cela, je vous répondrai qu'on a vu, de nos jours, choisir pour juges de paix des marchands de cochons, et pour bibliothécaires des gens qui ne savaient pas lire ; les juges de paix se sont mis à piocher leur Code, les bibliothécaires à épeler leur alphabet, et aujourd'hui ils émargent au budget tout aussi bien que d'autres. Est-il plus difficile d'apprendre à tirer l'aiguille ou à couper un pantalon que d'étudier les lois et la jurisprudence ? Je ne le pense pas, car vous conviendrez avec moi qu'à notre époque les bons tailleurs sont plus communs que les bons juges de paix.

Voilà donc à l'horizon une réforme qui aurait l'inestimable avantage d'augmenter de plusieurs milliers le nombre de nos fonctionnaires.

Au surplus, cette réforme n'est pas aussi hardie qu'on pourrait le croire. Un décret qui n'est pas abrogé et qui figure, par conséquent, parmi les « lois existantes », a fixé jadis ainsi qu'il suit le costume officiel des maires et des adjoints :

« Maires : habit bleu, broderies argent ; branche d'olivier au collet, parements et taille ; baguette au bord de l'habit, gilet blanc, chapeau français à plumes noires, ganses brodées en argent, épée argentée à poignée de nacre, écharpe tricolore à franges d'or.

» Adjoints : Habit bleu, coins brodés au collet, parements, taille et baguette, écharpe tricolore à franges d'argent. »

Le décret ci-dessus ne parlait pas des conseillers municipaux : c'est une lacune à combler.

Sous cette réserve, on pourrait remettre le décret en vigueur en substituant le rouge au bleu qui est passé de mode.

Quant à moi, je verrais avec plaisir un défilé de maires et d'adjoints républicains ainsi costumés et chantant sur l'air connu :

Vêtus par la patrie,
C'est le sort le plus beau, le plus digne d'envie.

Tout au plus pourrait-on trouver que ce luxe de costumes s'accorderait mal avec les principes de 93. Mais bah ! nous ne sommes plus au temps où Anaxagoras Chaumette voulait faire raser tous les monuments publics et faire planter des pommes de terre dans le jardin des Tuileries. A cette époque, tous les bons patriotes devaient être uniformément vêtus de la carmagnole et coiffés du bonnet phrygien. Aujourd'hui l'élégant Bibi lui-même se refuserait à cette mascarade.

C'est que, depuis Chaumette, les républicains ont bien changé de mœurs et d'avis ; Bibi porte un veston à la dernière mode, et les préfets ne dédaignent pas d'endosser l'habit brodé d'argent. Jamais le galon, jamais « les hochets de la vanité » n'ont eu autant d'amateurs qu'à présent. Le ruban rouge de la Légion d'honneur et les palmes d'officier d'Académie ne suffisant plus à satisfaire les appétits républicains, un ministre ingénieux a dû créer l'ordre du Mérite agricole que les irrévérencieux appellent l'ordre de la Carotte nationale.

On m'a dit même que M. Jules Ferry songeait, en ce moment, à créer l'ordre de la Pépite. Cette décoration sera donnée à tous les Français majeurs qui consentiront, lors des prochaines élections, à déclarer que l'expédition du Tonkin est « la grande pensée » de la République et que la Chine est une « quantité négligeable ».

Pour parer ce coup, M. Clémenceau, M. Ch. Boysset et les intransigeants n'ont qu'un moyen, c'est de déclarer que tous les Français qui voteront pour eux seront nourris, habillés et recevront le journal aux frais de la patrie.

Et les conservateurs qu'offriront-ils ? Ils se contenteront de dire aux électeurs : « Si vous nous faites l'honneur de nous choisir pour représentants, nous ferons vos affaires et non les nôtres, nous servirons le peuple, nous ne nous servirons pas de lui. »

28 mars 1885.

M. LE DÉPUTÉ EN TOURNÉE

I

AUX LECTEURS

M. le Député est en vacances. Il voudrait bien se reposer de ses travaux parlementaires, il a tant voté d'ordres du jour de confiance, il a tant de fois levé la main pour accorder les millions demandés par les ministres pour leur budget, qu'il aurait besoin de délassement, de doux loisirs !

Avec quelle joie, par exemple, M. le Député utiliserait son permis de circulation sur nos chemins de fer pour transporter gratuitement sa précieuse personne aux bords ensoleillés de la Méditerranée ou vers les déjà verdoyantes vallées des Pyrénées. Mais M. le Député se rappelle qu'il sera bientôt candidat et que l'intérêt de la République (lisez ses 9,000 francs de traitement) exige qu'il soit réélu.

M. le Député s'est déjà préoccupé de la grave question de savoir sur quelle liste il sera porté. Ses amitiés et ses relations l'entraineraient plutôt vers les opportunistes, mais son intérêt serait peut-être de marcher avec les radicaux. Aussi fait-il les yeux doux aux uns et aux autres. Avant d'arrêter son choix, de fixer ses convictions et son programme, M. le Député veut savoir d'où vient le vent.

Voilà pourquoi l'un des jours de cette semaine, M. le Député, profitant du soleil printanier qui commence à égayer nos campagnes, s'est mis en route. Le voilà parti en tournée électorale. Suivons-le.

M. le Député a pris pour la circonstance son air le plus

guilleret ; il chemine simplement dans le village, le bâton du voyageur à la main. Il salue de loin tous les passants connus ou inconnus. Les saluts ! cela ne coûte rien.

Il a toute une provision de sourires aimables, de poignées de main énergiques à distribuer.

Et des promesses donc ! le matin, avant de partir, il en a bourré son carnet. Il promettra à Pierre une perception pour son fils, à Paul un bureau de tabac pour lui, à Claude une exemption du service militaire pour son fils, à tout le monde plus de beurre que de pain, des diminutions d'impôts, la paix perpétuelle, le bonheur universel, et tout ce qui lui passera par la cervelle.

Cette collection de promesses a été jadis sa torpille, sa dynamite électorale. Il compte bien que cela réussira encore, quoique aujourd'hui la poudre soit mouillée et la mèche éventée, ou, pour parler sans figure, quoique M. le Député ait manqué à toutes les promesses qu'il avait jadis faites.

N'importe ! M. le Député va essayer de nouveau. Il sera si enjôleur, il saura si bien farder et grimer la vérité qu'on ne saura plus la reconnaître.

Mais, trêve de réflexions. Voici M. le Député arrivé sur la place du village. Un cultivateur passe, se rendant à l'un de ses champs. M. le Député l'aborde.

— Bonjour, l'ami, savez-vous que votre commune a bâti là une école splendide. C'est un vrai palais !

— Oui, monsieur, c'est dommage que ça coûte si cher.

— Cependant, mon ami, j'ai fait obtenir à votre commune une subvention de dix mille francs.

— Ça n'empêche pas, monsieur, que nous payons pour cette bâtisse et que nous payerons pendant trente ans 40 centimes additionnels. Et puis ce cadeau que vous nous avez fait, les ministres l'ont pris sur le budget de l'Etat. Et qui est-ce qui fournit l'argent au budget de l'Etat ? C'est nous autres, contribuables. Et parmi les contribuables, qui est-ce qui paye le plus d'impôt ? C'est nous autres paysans.

M. le Député se dit : « J'ai affaire à un réactionnaire. Ne prolongeons pas l'entretien. » Il tourne le dos, pendant que le cultivateur rit tout bas de l'air déconfit du personnage.

M. le Député se dirige alors vers la maison d'école. « Là, au moins, se dit-il, je vais trouver un homme satisfait. »

Il entre : — Bonjour, monsieur l'Instituteur. Savez-vous que vous êtes superbement logé. Votre maison est un vrai château.

— Oui, monsieur le Député, mais j'aimerais mieux que la cage fût moins belle et que l'oiseau fût mieux nourri

— Comment cela ?

— C'est qu'on nous avait promis d'augmenter nos traitements ; on nous a supprimé une foule de petits bénéfices que nous pouvions nous faire, en nous affirmant que l'on compenserait cette perte par l'élévation du chiffre de nos émoluments. Au lieu de cela, une circulaire ministérielle les a diminués pour la plupart d'entre nous.

— Je sais bien, nous pensons à vous, votre heure viendra ; dans le moment, c'était impossible, nous n'avions pas d'argent.

— Vous trouvez bien des centaines de millions pour le Tonkin.

— Quoi ! c'est vous, monsieur l'Instituteur, vous, l'homme intelligent de la commune, vous sur lequel la République compte pour être défendue ici, c'est vous qui tenez ce langage ? Si vos chefs le savaient, cela ne servirait pas à votre avancement.

— La République, monsieur le Député, n'avait qu'à tenir les promesses qu'elle nous a faites. Et quant à l'avancement, je n'en ai nul souci : dans la plus petite comme dans la plus grosse commune, mon traitement sera le même.

M. le Député juge qu'il n'y a rien à faire de ce côté-là. Il bat en retraite, non sans avoir fait à l'instituteur toutes les plus belles promesses pour l'avenir.

M. le Député continue sa poursuite à la recherche d'un

homme satisfait. Le maire de la commune lui était jadis très dévoué. Il va le voir.

— Eh bien, mon cher ami, vous n'êtes pas, j'en suis sûr, du nombre de ces mécontents grincheux qu'on trouve aujourd'hui partout, même dans votre commune jadis toute républicaine, et je puis toujours compter sur votre dévouement.

— Non, pas cette fois-ci, monsieur le Député.

— Et pourquoi donc?

— Vous voulez que je vous dise pourquoi? Parce que vous avez voté cette guerre interminable du Tonkin et que nous sommes dans la commune six pères de famille dont les enfants ont été envoyés là-bas. Deux déjà ont été tués. Le mien est malade. On n'a pas de nouvelles des autres.

— Je comprends votre chagrin, mon cher ami, mais il faut savoir faire des sacrifices pour la gloire et la grandeur de la patrie.

— Et quels sacrifices avez-vous faits, vous, monsieur le Député? Et puis, si c'était pour défendre le pays contre les Prussiens, nous nous résignerions, mais lorsqu'on voit sacrifier des milliers de braves jeunes gens et des centaines de millions pour favoriser des faiseurs d'affaires, des banquistes, des chercheurs de mines, ça vous révolte... Aussi!...

M. le Député ne demande pas son reste. Il file au plus vite. En sortant de chez M. le Maire, il rencontre un marchand de l'endroit.

— Eh bien, mon cher ami, et les affaires? comment vont-elles? — Mal, très mal! les bénéfices diminuent et les impôts augmentent. Il faut que ça finisse!

M. le Député n'essaye même pas de discuter, tant la réplique est énergique. Il poursuit sa tournée. Nous le retrouverons samedi prochain.

En attendant, veuillez agréer, mes chers lecteurs, l'assurance de mon entier dévouement.

18 avril 1885.

II

AUX LECTEURS

M. le Député continue sa tournée au village. Son front s'est un peu assombri. Pourquoi trouve-t-il partout des mécontents? Les arbres en fleurs, les oiseaux qui chantent sur son passage, les champs qui reverdissent, un soleil d'avril aussi chaud que celui de Messidor, tout cela devrait mettre le monde en belle humeur.

Quelle raison ont-ils de se plaindre tous? se demande M. le Député. N'ai-je pas bien travaillé pour la démocratie? Lorsque je voyage gratuitement en première classe, n'est-ce pas la démocratie qui s'épanouit en ma personne sur les coussins moelleux? Lorsque je touche de beaux appointements, lorsque par une protection, tous mes parents, tous mes amis, tous les amis de mes amis obtiennent de bonnes places, des faveurs, des exemptions, des concessions de terrain, n'est-ce pas la démocratie qui triomphe en nos personnes? Grâce à moi, la démocratie dort bien, mange mieux encore, s'engraisse et s'enrichit à vue d'œil. Et cependant je trouve partout des gens qui se plaignent. C'est probablement que je cherche mal. »

Et M. le Député, enhardi par ces réflexions, continue sa route. Cette fois, il s'en va chez un fermier.

— Bonjour, mon ami, j'espère que vous êtes content de moi; j'ai voté le relèvement des droits sur les blés et sur les bestiaux uniquement pour vous être agréable à vous et à vos amis, car ce vote était contraire à mes convictions.

— Ce serait bien, monsieur le Député, si les 34 millions

que vont produire les droits établis sur les blés et les bestiaux étrangers étaient, comme l'exigerait la justice, employés à dégrever les impôts qui pèsent sur l'agriculture. On aurait pu les consacrer, par exemple, à diminuer les prestations, ou à soulager les cultivateurs et les fermiers qui, après avoir bien travaillé toute l'année, sont obligés de porter dans les caisses des percepteurs le plus clair de leurs bénéfices. Au lieu de cela, vous employez ces 34 millions à payer les dettes que l'Etat a contractées par suite de votre gaspillage. Vous trouvez bien cinq cents millions pour la guerre du Tonkin, vous ne voulez pas même laisser aux ouvriers des champs ces 34 millions qui devraient leur appartenir. Et vous voulez que nous soyons satisfaits? Je vois bien ce que vous cherchez, vous venez me demander de vous donner ma voix pour les prochaines élections. Vous ne l'aurez pas, je vous le dis tout net. Allez, si vous voulez, demander les suffrages de ces Tonkinois pour lesquels vous avez voté des centaines de millions.

M. le Député s'en va tout marri. Il quitte le fermier et court chez un vigneron.

— Le vin s'est-il bien vendu, mon ami?

— Pas trop bien, monsieur le Député. Et c'est de votre faute.

— Comment cela ?

— Oui, si au lieu de perdre votre temps à des bavardages sur la Constitution, vous aviez voté une bonne loi pour empêcher le commerce de toutes les piquettes fabriquées avec des raisins secs, nous aurions pu, malgré la petite récolte, nous tirer d'affaire...

— Mais, mon ami, et la liberté? Comment voulez-vous empêcher les gens de vendre des vins de raisins secs? C'est aux consommateurs de ne pas les acheter.

— Ce ne serait pas entraver la liberté, monsieur le Député, que de forcer les fabricants à vendre leurs vins sous l'étiquette *vins de raisins secs*? Au moins, les consommateurs seraient prévenus, tandis qu'on les trompe indignement. L'ouvrier qui paye très cher un liquide qu'on lui vend pour du vin se ruine l'estomac avec ces piquettes frelatées au lieu d'acquérir des forces. Qui vous aurait empêchés d'édicter une forte amende contre les fabricants qui ne vendent leur liquide pour ce qu'il est, qui vont puiser en une minute à la fontaine un soi-disant vin qu'ils font payer aussi cher que le nôtre, produit d'une année de peine et de travail?

—Vous avez peut-être raison, mon ami, j'y penserai.

—Vous auriez dû y songer plus tôt, monsieur le Député. Mais vous ne vous occupez guère de nos intérêts. Vous savez que nous luttons énergiquement contre le phylloxera qui menace de nous ruiner, qu'est-ce que vous avez fait pour nous aider?

— Mais, mon ami, nous votons, tous les ans, un crédit de 1,270,000 fr. pour la lutte contre le phylloxera.

—Oui, et vous avez refusé cette année d'augmenter ce crédit devenu tout à fait insuffisant en raison des progrès de l'insecte. Vous allez me dire que le budget était en déficit, que l'Etat n'avait plus d'argent... Pourquoi alors avez-vous voté, à la veille des vacances, 200 millions pour le Tonkin? C'est pour conquérir une colonie. Eh bien! la meilleure colonie pour nous, monsieur le Député, c'est la vigne. Celle-là n'exige pas la vie de plusieurs milliers de soldats et son rapport est beaucoup plus sûr que celui de vos prétendues pépites du Tonkin. Si vous aviez consacré à la défense des vignobles le quart ou le dixième seulement des millions que vous avez engloutis sottement chez les Chinois, toutes les vignes détruites seraient en voie de reconstitution. Vingt ou trente millions que vous auriez dépensés là en auraient produit des centaines, tandis que le demi-milliard que vous avez voté pour vos tonkineries ne nous rapportera jamais rien. Bien mieux, c'est une cinquantaine de millions que votre Tonkin nous coûtera tous les ans. sans compter les guerres que nous aurons à soutenir avec la Chine. Ah! vous faites de belle besogne, il est grand temps qu'on vous remplace.

M. le Député est ahuri par cette sortie, il balbutie, essaye une justification, dit qu'il a été trompé par M. Jules Ferry et s'en va.

— Bon voyage, monsieur Dumollet! lui crie le vigneron. Allez voir au Tonkin si votre Jules Ferry s'y trouve.

M. le Député, espérant toujours être plus heureux, fait une nouvelle tentative, il va frapper chez un commerçant retiré des affaires.

— Voilà l'homme heureux! dit-il en le voyant.

— Heureux! pas tant que cela, monsieur le Député! A force d'économies, j'avais, après trente ans de travail, amassé une cinquantaine de mille francs. J'avais acheté pour mille francs de rentes sur l'Etat, et acquis avec le surplus, un petit bien que je louais aussi un millier de francs. J'avais arrêté mon petit budget et avec ce revenu de 2,000 francs, comme mes goûts sont modestes, je pouvais vivre heureux. Mais voilà que votre ministre des finances fait la conversion du 5 0/0 en 4 1/2, mes pièces de 100 sous ne valaient plus que 4 fr. 50, mes 1,000 fr. de rentes sur l'Etat étaient réduits à 900 fr. Cependant je m'étais arrangé pour vivre avec mes 1,900 fr. de revenu. Arrive alors la crise agricole, mon fermier, un travailleur pourtant, me quitte en me disant qu'il ne fait pas ses affaires et qu'en restant dans mon bien il ne pourrait pas me payer mon fermage. J'ai loué mon petit domaine 700 francs à un autre... qui ne me paye pas. Si cela continue, je vais être forcé de me remettre au travail. Voilà comment je suis heureux.

M. le Député n'en demande pas davantage. Il se retire, et, en désespoir de cause, il entre à l'auberge.

Là, il trouve un homme à grande barbe inculte, en train de pérorer bruyamment et de faire l'éloge de la République.

Tout ragaillardi par ce spectacle, M. le Député s'en va trouver l'aubergiste.

— A la bonne heure, lui dit-il, je trouve donc enfin chez vous un homme heureux et content de la République.

— Oh! pour celui-là, monsieur le Député, ce n'est pas difficile, il a 1,200 bonnes raisons par an pour être content de la République.

— Que voulez-vous dire par là ?

— Je veux dire que ce citoyen-là est une victime du 2 Décembre, pensionnée à 1,200 francs par la République. Moi, je ne m'en plains pas, car c'est une de mes meilleures pratiques, mais dans le village on a bien crié...

— Pourquoi? C'est un homme qui s'est jadis dévoué pour la République; il est juste que la République le récompense.

— Parlons de son dévouement. Un jour, il avait eu une discussion plus ou moins politique avec un de ses voisins; ne pouvant pas le convaincre, il l'avait assommé. Pour échapper aux poursuites, il s'est sauvé en Suisse. Et c'est cet exploit-là qui lui vaut une pension de douze cents francs par an, tandis que l'ancien facteur, mon voisin, qui, pendant ses trente ans de service, a fait près de cent mille lieues, touche à peine 400 fr. de retraite. Avec vous, il est plus avantageux d'assommer les gens, sous prétexte de politique, que de servir son pays.

M. le Député, furieux de cette nouvelle réplique, sort de l'auberge et se hâte de quitter le village où il n'a trouvé qu'un homme heureux et content de la République. Et cet homme est... une victime du 2 Décembre.

Nous verrons quelles sont les réflexions que cette première tournée a inspirées à M. le Député.

24 avril 1885.

III

AUX LECTEURS

M. le Député est rentré au logis. Il est mausssade, et de fort mauvaise humeur. Il songe au passé. Il médite sur l'avenir.

Il revoit par la pensée ce fauteuil du Palais-Bourbon où son insouciance a dormi pendant tant d'après-midi, tandis qu'à la tribune on discutait des questions d'affaires.

Il revoit la buvette dont il était l'un des clients les plus assidus et où il se dédommageait amplement du silence qu'il était forcé de garder à la Chambre.

Il revoit les ministres qui, les jours de crise, venaient à lui, humbles et flatteurs, vantant son intelligence, son patriotisme, son esprit politique pour lui arracher un vote en faveur d'un ordre du jour de confiance.

Il revoit le préfet souriant et empressé, prêt à exécuter ses moindres volontés.

Fauteuil du Palais-Bourbon, doux loisirs de la buvette, flatteries des ministres, obséquiosité du préfet, circulation gratuite et en première classe sur tous les chemins de fer de France, places et rubans, profits et galons à volonté pour tous les parents, pour tous les amis et pour tous les amis des amis, neuf mille francs de traitement pour ne rien faire, faudra-t-il renoncer à tout cela? M. le Député en a peur, car, sur sa route, il n'a trouvé que des mécontents.

Que faire pour détourner ce coup de balai qu'il prévoit, qu'il devine? Comment ramener ces milliers d'électeurs qu'il avait si bien englués? Quelle amorce mettre à sa ligne pour que la pêche électorale soit encore fructueuse?

M. le Député y songe, il rêve, il rumine. Il passe en revue tous les vieux clichés, toutes les phrases sonores, toutes les promesses mirobolantes, tous les gluaux habiles dont il s'est servi jadis. M. le Député se demande s'ils pourront encore lui servir. Faisons cette revue avec lui.

1er Gluau. — *La République est le Gouvernement à bon marché.*

Hors de service. A mettre au rancart, se dit M. le Député. Il est impossible d'appeler la République un Gouvernement à bon marché, puisqu'elle a augmenté de sept cents millions les dépenses annuelles, accru la dette de plusieurs milliards, vidé les caisses publiques, endetté pour longtemps presque toutes les communes, les villes et les départements.

A un autre.

2e Gluau. — *La République est une ère de prospérité.*

Usé aussi. Les industriels chôment, les commerçants disent tous que les affaires ne vont pas, les cultivateurs crient misère, le nombre des failllites et des saisies immobilières a plus que doublé. On se ferait huer en disant que ce Gouvernement nous a donné la prospérité et l'abondance.

A un autre.

3e Gluau. — *La République c'est la paix.*

Impossible. La Tunisie, Madagascar, le Tonkin sont autant d'expéditions qui signifient que la République c'est la guerre ruineuse, meurtrière, la guerre interminable, follement entreprise, follement conduite.

A un autre.

4e Gluau. — *La République, c'est le régime de l'égalité, de l'abolition du cumul et des gros traitements.*

Impossible encore. On répondra que la République a augmenté de cent millions les traitements des fonctionnaires, que les républicains cumulent facilement deux ou trois places et deux ou trois salaires, qu'ils ont distribué les emplois non d'après les mérites, mais d'après la faveur et les protections.

5e Gluau. — *La République, c'est le Gouvernement des paysans*.

Impossible toujours. Les paysans sont écrasés d'impôts et de centimes additionnels, le dernier ministre de l'agriculture a déclaré à la Chambre que le cultivateur payait en impositions à l'Etat 33 0/0, c'est-à-dire le tiers de son revenu. Accablés d'impôts, vendant mal leurs récoltes, voyant la terre diminuer de valeur, les paysans comprennent que la République, jusqu'ici, a gouverné contre eux et non pour eux.

A un autre.

6e Gluau. — *La République, c'est la guerre aux curés*.

« Cette fois, voilà la formule se dit M. le Député. On a déjà rogné sur les traitements des curés, je promettrai de rogner davantage, de les supprimer tout à fait. » Et M. le Député se frotte les mains, tout heureux et tout aise d'avoir trouvé enfin le levier qui doit soulever les électeurs.

Toutefois, en y réfléchissant, M. le Député comprend que cette formule n'est pas suffisante. D'abord, elle commence à s'user. Et puis, manger du curé, ce n'est pas un remède aux maux dont on se plaint de toutes parts. Au contraire. « Ce n'est pas la guerre aux curés que nous demandons, diront les électeurs, ce que nous voulons, avant tout, c'est l'économie, la paix, le travail, l'ordre et la sécurité du lendemain. »

Bref, M. le Député, après avoir passé en revue tout son arsenal, est convaincu que le meilleur programme qu'il pourrait faire tiendrait en ces deux lignes :

» Citoyens,

» Je me suis trompé et je vous ai trompés. Dorénavant, je ferai tout le contraire de ce que j'ai fait ; je voterai tout le contraire de ce que j'ai voté ; j'ai gaspillé, je serai économe ; j'ai augmenté les impôts, je les diminuerai ; j'ai voté la guerre, je demanderai la paix ; j'ai été égoïste, je serai désintéressé. »

Mais M. le Député comprend que les électeurs ne voudront pas croire à une telle conversion, et qu'ils donneront leurs suffrages à des hommes qui pourront leur promettre la paix, l'économie, la diminution des impôts, la bonne gestion des affaires, en disant : « Vous nous connaissez, notre passé vous répond de ce que nous pourrons faire à l'avenir. »

Aussi M. le Député, triste et mélancolique, boucle ses malles pour rentrer à Paris où il va jouir de son reste.

Bon voyage, M. le Député, allez dormir encore quelques jours sur votre fauteuil, faire quelques stations à la buvette, marchander votre suffrage aux ministres, décrocher quelques bureaux de tabac ; circulez dans les wagons de 1re classe, employez bien les quelques mois qui vous restent. Votre règne touche à sa fin. Il est trop tard maintenant pour préparer de nouveaux gluaux.

3 mai 1885.

LE SCRUTIN DE LISTE

AUX LECTEURS

Après plus d'une année de tiraillements, d'hésitations et de tergiversations, le Sénat vient de voter en rechignant et la Chambre d'adopter en renâclant la réforme électorale.

Les prochaines élections se feront au scrutin de liste et non au scrutin d'arrondissement.

« Qu'est-ce que le scrutin de liste ? m'ont demandé plusieurs lecteurs de la Bresse, du Charollais et du Morvan. Quels sont les avantages de cette manière de voter ?

« C'est un outil nouveau, une machine nouvelle que nous avons besoin de connaître. »

Je vais répondre à ces questions qui m'ont été posées, il y a déjà longtemps et à plusieurs reprises.

Le scrutin de liste devrait s'appeler plutôt le scrutin de département. Il donnerait mieux l'idée de la réforme qui vient d'être votée.

Autrefois on votait par arrondissement ; tous les électeurs de l'arrondissement de Louhans, par exemple, étaient appelés à nommer un député. Les autres arrondissements plus peuplés étaient divisés en deux circonscriptions qui élisaient chacune un député. D'après la nouvelle loi, tous les électeurs du département, de Savigny-en-Revermont à Bourbon-Lancy, d'Anost à Romanèche-Thorins, vont être appelés à élire les neuf représentants de Saône-et-Loire. Ils voteront pour une liste de neuf députés.

Quels sont les avantages de ce mode de scrutin ? Prenons un exemple qui rende la démonstration plus sensible.

Les élections des conseils municipaux se font au scrutin de liste. Supposons une commune qui compte 600 habitants et 240 électeurs, elle a 12 conseillers à élire.

Si l'on votait d'après le mode du scrutin d'arrondissement, cette commune serait divisée en douze sections ou quartiers qui éliraient chacun un conseiller municipal.

Qu'arriverait-il ? Il pourrait se faire que dans tel quartier, il se trouvât trois ou quatre hommes en état de bien gérer les affaires de la commune, et comme ce quartier n'aurait qu'un conseiller à élire, trois de ces administrateurs capables se trouveraient éliminés. Le quartier voisin, au contraire, ne possédant pas d'hommes d'affaires, serait forcé de choisir pour représentant un conseiller nul ou incapable. On dira qu'il pourrait choisir son mandataire parmi les habitants d'un autre quartier, mais on n'aime pas à aller chez les voisins chercher un représentant : c'est avouer son insuffisance.

Maintenant supposons les 12 conseillers élus par leurs douze quartiers. Chacun défendra *mordicus* les intérêts de son hameau. Qu'il s'agisse d'une construction d'école, de lavoir, d'une création de chemin, chaque conseiller voudra que la préférence soit donnée à son quartier, des discussions interminables s'engageront, toutes les mesures proposées seront rejetées, rien n'aboutira et les affaires de la commune souffriront de ces tiraillements.

Au contraire, avec le scrutin de liste, les électeurs peuvent choisir leurs douze conseillers parmi les plus capables, les plus intelligents, les plus économes, sans s'occuper de savoir s'ils habitent le bourg ou tel ou tel hameau. En outre, les conseillers élus par la commune tout entière et non par un seul quartier votent au mieux des intérêts du pays et ne sont pas obligés pour assurer leur réélection de chercher à contenter en tout et pour tout le petit coin qui les a élus.

Ce que je viens de dire de la commune peut s'appliquer au département. Si les députés que l'on a élus en 1876, en 1877 et en 1881 ont si mal géré les affaires du pays, s'ils étaient si médiocres que Gambetta, leur chef, les avait qualifiés de sous-vétérinaires, c'est qu'ils étaient des représentants de quartiers, qu'ils s'occupaient des intérêts de l'arrondissement qui les avait élus, au lieu de surveiller les intérêts du département entier et de la France, qu'on les voyait quêter dans toutes les antichambres, mendier dans tous les ministères des places, des bureaux de tabacs, des pensions, des faveurs pour leurs électeurs de l'arrondissement afin de garder leur influence, leur siège à la Chambre et les neuf mille francs par an qu'il rapporte.

Que le budget augmentât, que les dépenses et les impôts fussent augmentés de sept cents millions par an, peu leur importait pourvu qu'ils eussent une subvention pour un de leurs bourgs pourris, un avancement pour tel fonctionnaire qui leur était dévoué, la disgrâce de tel autre qui leur déplaisait.

Avec le scrutin de liste, cette manière d'acheter des votes est impraticable. Pour être l'élu d'un département tout entier, il faut avoir une situation acquise, un nom connu par les services rendus au pays. Avec le scrutin de liste, les petites coteries disparaissent, les ambitions des coqs de village ou des aigles de brasserie sont obligées de s'effacer, il ne suffit pas d'avoir à son service deux ou trois courtiers électoraux remuants pour enlever une majorité, il faut se recommander ou par des qualités personnelles éminentes ou par les idées politiques que l'on représente.

Car c'est là encore un des avantages du scrutin de liste. Avec le scrutin d'arrondissement on vote pour M. Pierre contre M. Paul; avec le scrutin de département on vote pour ou contre tel système politique.

Ainsi, lors des prochaines élections, nous aurons, sans doute, trois listes dans Saône-et-Loire : une liste radicale, une liste opportuniste et une liste conservatrice.

La liste radicale sera composée des gens qui trouvent que nous n'avons pas encore la vraie République, parce que l'administration n'est pas encore assez désorganisée, parce que leurs amis et eux n'ont pas encore assez de places, et n'ont pas mordu suivant leur appétit au gâteau du budget, parce que les révolutionnaires n'ont pas encore le droit de promener leurs drapeaux rouges dans Paris sans que la police intervienne ; parce que le curé du village n'est pas encore assez molesté et tracassé, qu'il faut le supprimer en laissant au paysan le soin de s'imposer un sacrifice s'il en veut un dans sa commune.

Si vous voulez que la désorganisation s'accentue, que les révolutionnaires aient encore plus de liberté et que les curés en aient encore moins, si vous voulez qu'au lieu d'une seule église fermée, comme le Panthéon vient de l'être, on en ferme des milliers, vous voterez pour la liste radicale, vous voterez pour les neuf candidats qui représentent ces idées, à commencer par M. Ch. Boysset pour finir peut-être par le citoyen Dumay, le proclamateur de la Commune révolutionnaire, en 1871, au Creusot.

La liste opportuniste, au contraire, comprendra des hommes qui trouvent que la République actuelle est la vraie République, puisqu'ils en sont les maîtres, que tout va bien puisqu'ils sont contents, que les impôts ne sont pas trop lourds puisqu'ils servent à payer des aubaines et des pensions à eux et à leurs amis, que les aventures du Tonkin, de Madagascar et d'ailleurs ne sont pas funestes au pays puisqu'ils les ont votées, que la crise agricole, commerciale et industrielle n'a rien d'alarmant puisqu'ils n'en souffrent pas et que leurs appointements leur sont toujours payés aussi régulièrement.

Donc, si vous voulez que le gaspillage financier continue,

que la politique des aventures coloniales nous ruine et nous épuise encore davantage, que les affaires aillent de mal en pis, vous voterez pour la liste opportuniste, pour les neuf candidats qui représentent la politique suivie pendant ces dernières années et dont vous avez pu juger les brillants résultats. Cette liste commencera probablement par le nom de M. Margue pour finir par celui de M. Bouthier de Rochefort.

Enfin, la liste conservatrice comprendra l'élite des administrateurs, des industriels, des commerçants, des agriculteurs, des hommes d'affaires du département. Si vous voulez l'ordre dans la rue, l'économie dans les dépenses de l'Etat pour arriver à la diminution des impôts, la sécurité assurée aux intérêts pour permettre la reprise des affaires, la fin des aventures coloniales pour épargner nos millions et le sang de nos soldats, la liberté donnée à tous et remplaçant l'ère d'inquisitions et de dénonciations dans laquelle nous vivons depuis plus de six ans, si vous voulez tout cela, vous voterez pour la liste conservatrice, sur laquelle figureront M. de Rambuteau, l'ancien conseiller d'Etat, l'homme qui a défendu, pendant ces dix dernières années, au Conseil général, les intérêts du département avec une compétence que ses adversaires eux-mêmes sont obligés de reconnaître, et M. Henri Schneider, le grand industriel, dont le nom est connu dans le monde entier, l'administrateur éminent qui, au milieu de la crise générale de l'industrie, a su maintenir la prospérité de l'immense établissement du Creusot, les plus vastes ateliers du monde.

Avec le scrutin de liste, la question qui vous sera posée est donc des plus simples.

Ou vous voulez avancer encore dans l'œuvre de révolution et de désorganisation, et vous voterez pour la liste radicale.

Ou vous voudrez stationner dans le gâchis actuel,

perpétuer le gaspillage financier, éterniser la crise des affaires, et vous voterez pour la liste opportuniste.

Ou vous voudrez ramener l'ordre dans les finances, dans les esprits, dans la rue, revenir à cette prospérité que l'Assemblée nationale élue au scrutin de liste assura jusqu'à l'époque où elle disparut, en 1876, et vous voterez pour la liste conservatrice.

Votre réponse n'est pas douteuse.

Si vous aviez à choisir entre neuf coquelicots et neuf épis de blé, vous choisiriez les épis, n'est-ce pas ?

14 juin 1885.

FIN.

TABLE DU TOME I

	Pages
Préface.	v
Avertissement.	ix
Une Visite a Saint-Point. — A Madame Valentine de Lamartine.	1
Lamartine. — Aux organisateurs des Fêtes.	5
Lamartine et Victor de Laprade. — A Monsieur de Laprade.	13
Robinson du *Moniteur universel* a Jean Lavigne.	19
Les Fêtes Lamartine. — Jean Lavigne à Robinson.	22
Le Centenaire de Voltaire. — A Monsieur de Voltaire, gentilhomme ordinaire de la chambre du Roi.	27
La Seconde a Voltaire.	32
Jeanne d'Arc. — A Madame la Duchesse de Chevreuse.	40
Jean Raclet. — A Monsieur Testelin, sénateur.	45
Les Avocats. — La seconde à Monsieur Testelin.	48
Le Bonnet phrygien. — A Monsieur Hérisson, président du conseil municipal de Paris.	54
Les Caricatures. — A un Ami.	58
Les Enseignes. — Aux citoyens conseillers municipaux de Paris.	65
Le Divorce. — A Monsieur Alfred Naquet, député.	70
Le Divorce. — A Monsieur Alexandre Dumas, de l'Académie française.	78
Le Divorce. — A Monsieur Alexandre Dumas, de l'Académie française.	85
Le Divorce. — A Monsieur Alexandre Dumas, de l'Académie française.	94
Les Droits de la Femme. — Aux Dames du Congrès.	103

Pages

L'Éducation des Femmes. — A Monsieur Charles Boysset, député.. 110

L'Instruction secondaire des jeunes filles. — Aux députés de Saône-et-Loire............................. 115

Les Processions. — A Monsieur de Marcère, ministre de l'intérieur.. 122

La seconde sur les Processions. — A Monsieur Lepère, ministre de l'intérieur et des cultes............... 128

La Question sociale. — A Monsieur Bardoux, ministre de l'instruction publique................................ 133

La Question sociale. — A Monsieur Hervé, rédacteur en chef du journal le *Soleil*........................... 141

Les Grèves. — A Monsieur Jacques Durand, ouvrier mineur à Montceau... 150

Protestation d'un petit Propriétaire. — Aux orateurs du congrès socialiste de Marseille.................. 155

Le Vagabondage. — A un correspondant..................... 162

LES ROMANS DE M. DE LACRETELLE.

I. Le Sylphius. — A Monsieur de Lacretelle............... 167
II. Les Mouches sur le lion. — Au même..................... 173
III. Monsignore. — Aux lecteurs............................. 179

Un Mot malheureux. — A Monsieur Margue, député de Saône-et-Loire.. 189

Un Trio de Muets. — A Messieurs Demôle, général Guillemaut et Alfred Mathey, sénateurs de Saône-et-Loire.... 194

Opinions d'hiver et opinions d'été. — A Monsieur Mathey, sénateur.. 200

Les Écoliers du Parlement. — Aux Lecteurs............... 204

Un Réformateur. — A Monsieur Ch. Boysset, député..... 210

La Guerre aux petits. — A Monsieur le Maire de Mâcon... 217

La Guerre aux petits. — A Monsieur Martin, maire de Mâcon.. 224

Les Républicains de vieille date. — Aux Lecteurs........ 227

La Liberté de l'enseignement a Macon. — A Messieurs les Conseillers municipaux de Mâcon....................... 233

La Liberté de l'enseignement. — Au Père de famille de l'*Alliance*.. 240

La Liberté de l'enseignement. — A Messieurs les Membres du conseil municipal de Mâcon.................... 246

La Liberté de l'enseignement a Mâcon. — A Monsieur Ernest Hendlé, préfet de Saône-et-Loire............. 251

L'Article 7. — Pétition de Jean Lavigne à MM. les Sénateurs et à MM. les Députés...................... 258

Une Conférence a Mâcon. — A Monsieur Margue, député de Saône-et-Loire................................ 264

Le Faux Libéralisme. — A Monsieur Margue, député de Saône-et-Loire.................................. 270

Liberté : Guitare ! — Aux Lecteurs 278

Un Souvenir de 93. — A Monsieur Jules Ferry, ministre de l'instruction publique...................... 283

Maintenant, que va-t-on faire ? — Aux députés de Saône-et-Loire..................................... 289

Monsieur Choufleury restera chez lui. — A Monsieur Jules Ferry, ministre des voyages et des rixes publiques. 293

Pour des Enfants. — A mes Lecteurs.................... 298

Les Permis de chasse. — A Monsieur Chavoix, député de la Dordogne... 302

La Politique ambulante. — Aux habitants d'Azé......... 307

Procession laïque. — A Messieurs les Conseillers municipaux de Mâcon.................................. 311

Les Poissons d'avril. — Aux Lecteurs.................. 318

Ceux qui reviennent et ceux qui s'en vont. — A Messieurs les Exécuteurs des décrets........................ 322

Un ouvrier de la onzième heure. — A Monsieur le Préfet de Saône-et-Loire................................. 328

A propos de l'exécution des décrets. — A Monsieur le Préfet de Saône-et-Loire............................ 333

A bon chat bon rat. — Aux Lecteurs.................... 339

Les Variations d'un sénateur. — A Monsieur Alfred Mathey, sénateur.................................. 344

Jean le Simple. — A Monsieur Alfred Mathey............ 350

I. La Charité (hiver de 1879-80). — Aux Lecteurs....... 356

II. La Comédie de la Charité. — Aux Lecteurs........... 363

III. Politique charitable et Charité politique. — Aux Lecteurs.. 368

TABLE DU TOME II

	Pages
Préface de M. JULES RICHARD.	v
Introduction	xv

LES ROMANS DE M. DE LACRETELLE.

I. L'ouvrier gentilhomme. — Histoire d'une Cabine. — A M. de Lacretelle	1
II. Comme chez Nicollet. — Au même	8
III. Miel et Vinaigre. — Aux Lecteurs	16
IV. Frédéric et Voltaire. — Aux Lecteurs	21

POÈTE ET SOUS-PRÉFET.

I. Mauvais vers et mauvaise politique. — A M. L. Goujon.	29
II. Gerbes déliées. — Inspirations de voyage. — Au même.	36
III. A un Louhannais	49
IV. Farceur! — Aux Lecteurs	55

LA FÊTE NATIONALE.

I. Soyons gais. — Aux Lecteurs	60
II. Echos de la fête. — Aux Lecteurs	65
III. Un Menu historique. — Aux Lecteurs	70
IV. Des jeux et pas de pain. — Aux Lecteurs	76
V. Tout a la joie. — Aux Lecteurs	80
Un point d'histoire. — A M. Margue	86
Dégouté. — Au même	92
Déja. — Au même	97
M. Boysset-Caton. — Aux Lecteurs	101

TABLE DU TOME II.

INSTRUCTION MORALE ET CIVIQUE.

	Pages
I. A M. F. Sarcey..	105
II. Au même...	112
III. Au même..	120

COLLÉGIENS ÉMANCIPÉS.

I. A quelques élèves du Lycée Lamartine................	126
II. D'une pierre deux coups. — Aux Lecteurs............	131

L'Etendard de Sainte-Catherine. — Aux Lecteurs........	136

PÈRE ET FILS.

I. Aux Lecteurs..	141
II. Une cause grasse. — Aux Lecteurs....................	146
III. Seringue et garde champêtre. — Aux Lecteurs........	152

Frères et Amis. — Aux Lecteurs...........................	155
Nos juges. — Aux Lecteurs................................	161
Les exploits d'Isidore. — A M. Isidore Martin............	168

NOS PRÉFETS.

I. Avis pratique. — A M. René Laffon....................	174
II. Un préfet de passage. — Au même...................	180

Les Diffamateurs. — Aux Lecteurs........................	193
La Légende d'un Chapeau. — Aux Lecteurs...............	199

LA BANDE NOIRE.

I. Aux Lecteurs..	203
II. Meneurs et Menés. — Aux Lecteurs...................	208
III. Blouses blanches et Bande noire. — Aux Lecteurs....	214
IV. Un héron officiel. — A M. Hendlé....................	220
V. Le Candidat de la Bande noire. — Aux Lecteurs.......	225

Pétition. — A M. le Maire et à MM. les Conseillers municipaux de Paray, pour des musiciens qu'on empêche de jouer..	230

L'ABBÉ TAMBOUR.

	Pages
I. A M. l'abbé Sanvert	235
II. LE LENDEMAIN DE L'ÉLECTION. — Au même	244
III. LE TIRE-BOUCHON. — Au même	250
IV. LE NOUVEAU PÉTARD DE L'ABBÉ SANVERT. — Au même	254
V. OMBRE ET LUMIÈRE. — Au même	262
VI. BOUSINGOT. — Au même	271
VII. LE DERNIER RANTANPLAN. — Au même	279
RÊVES ET RÉALITÉ. — Aux députés de Saône-et-Loire	289
LES CLEFS DE L'ÉGLISE. — Aux Lecteurs	294
L'INTOLÉRANCE DE NOS MAITRES. — Aux Lecteurs	301
QUERELLE DE MOTS. — Aux Lecteurs	307
LES CITATIONS. — Aux Lecteurs	312

A DEUX DE JEU.

I. Aux Lecteurs	318
II. LISTE CIVILE ET LISTE CIVIQUE. — Aux Lecteurs	322
III. DIAFOIRUS ET BIBI. — Aux Lecteurs	328
IV. LA DERNIÈRE A BIBI	335
DANS LE ROYAUME DES AVEUGLES. — A M. Sarrien	337
HABITS ET GALONS. — Aux Lecteurs	342

M. LE DÉPUTÉ EN TOURNÉE.

I. Aux Lecteurs	345
II. Aux Lecteurs	349
III. Aux Lecteurs	354
LE SCRUTIN DE LISTE. — Aux Lecteurs	358
Table du tome I	365

MACON, IMP. ET LITH. PROTAT FRÈRES.

www.ingramcontent.com/pod-product-compliance
Lightning Source LLC
Chambersburg PA
CBHW050422170426
43201CB00008B/509